湖南调查年鉴

Hunan Survey Yearbook

2023

国家统计局湖南调查总队　编

NBS Survey Office in Hunan

图书在版编目（CIP）数据

湖南调查年鉴. 2023 / 国家统计局湖南调查总队编. -- 北京 : 中国统计出版社, 2023.11
ISBN 978-7-5230-0267-4

Ⅰ. ①湖… Ⅱ. ①国… Ⅲ. ①统计资料－湖南－2023 Ⅳ. ①C832.64

中国国家版本馆 CIP 数据核字(2023)第 184681 号

湖南调查年鉴 2023

作　　者/国家统计局湖南调查总队
责任编辑/高媛媛
执行编辑/吕仁睿
装帧设计/黄　晨
出版发行/中国统计出版社
通信地址/北京市丰台区西三环南路甲 6 号　邮政编码/100073
电　　话/邮购（010）63376909　书店（010）68783171
网　　址/http://www.zgtjcbs.com/
印　　刷/河北鑫兆源印刷有限公司
经　　销/新华书店
开　　本/880×1230mm　1/16
印　　张/12.25　0.75 彩页
字　　数/274 千字
版　　别/2023 年 11 月第 1 版
版　　次/2023 年 11 月第 1 次印刷
定　　价/260.00 元

如有印装差错，请与发行部联系退换。本书附 CD-ROM 一张，如有差异，以图书内容为准。

1 湖南省城乡居民人均可支配收入

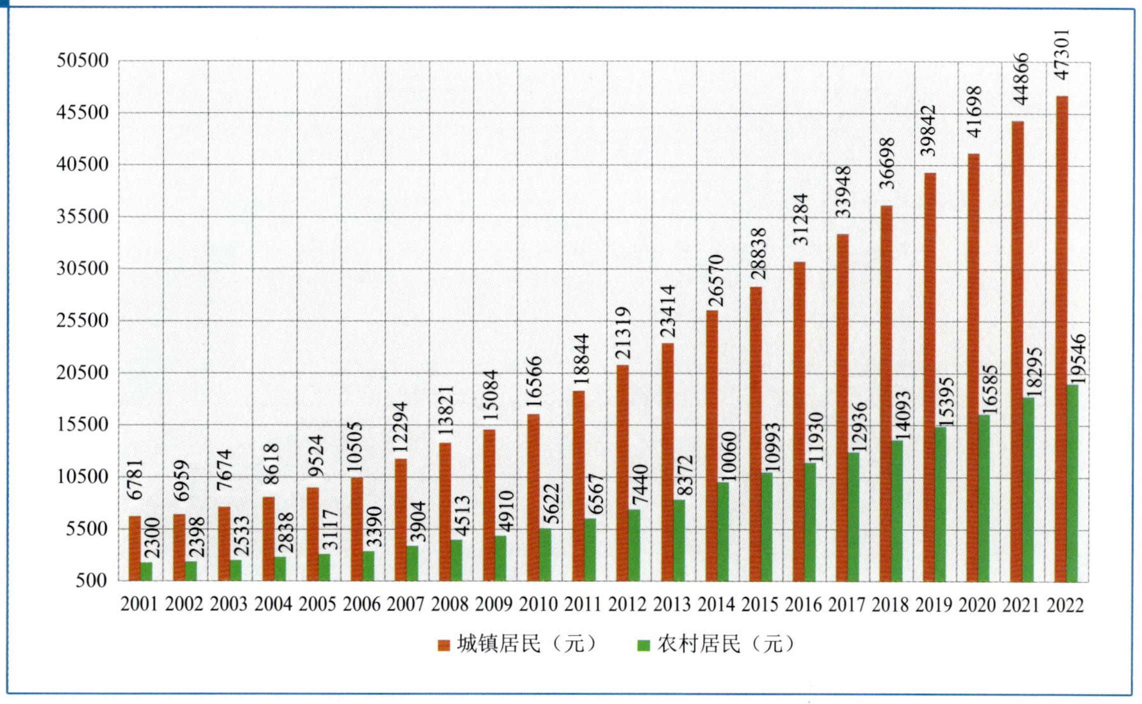

2 湖南省城乡居民人均消费支出

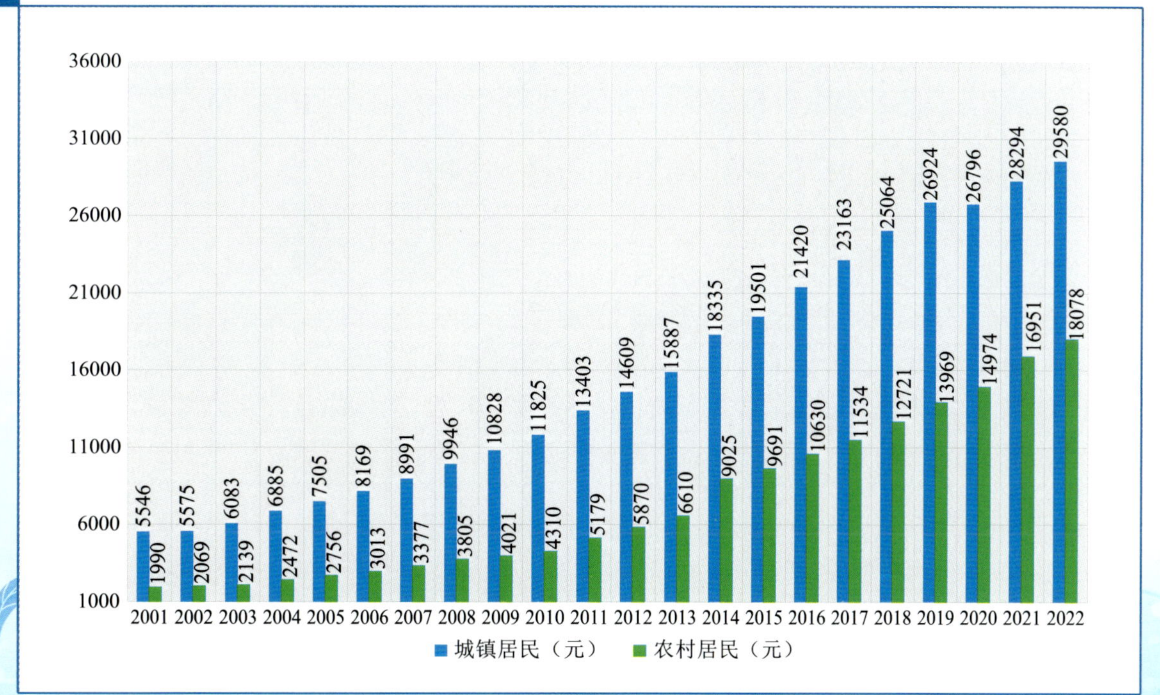

3 湖南省城乡居民消费支出构成(2022年)

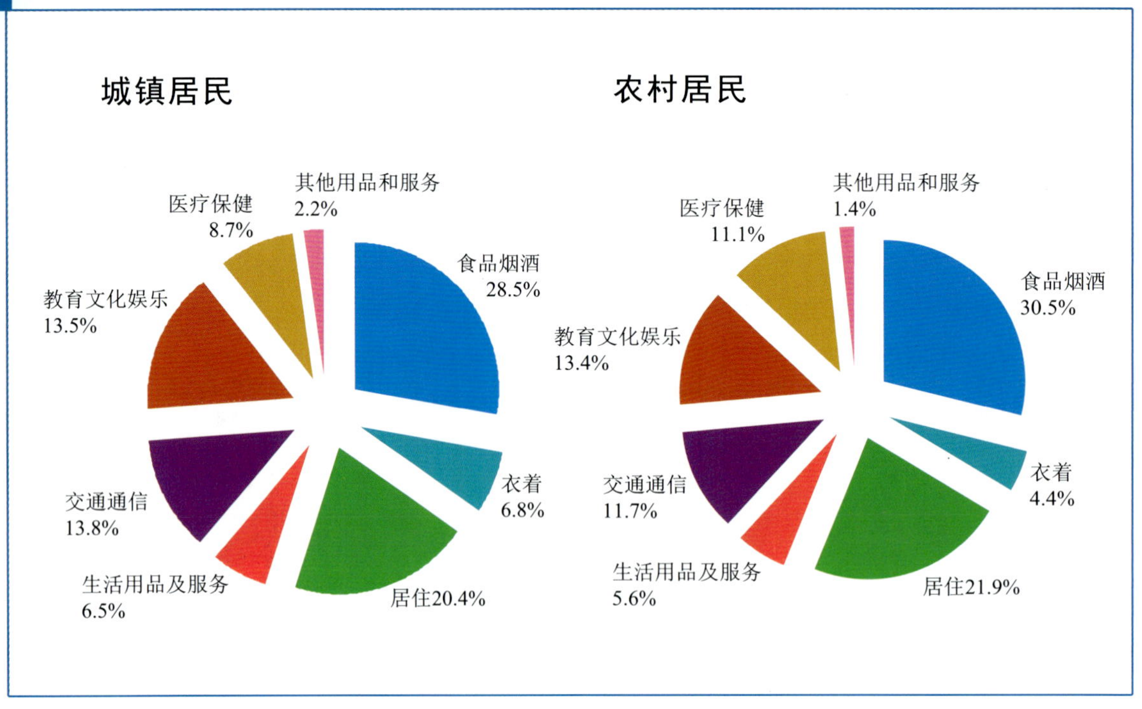

4 湖南省城乡居民人均住房面积

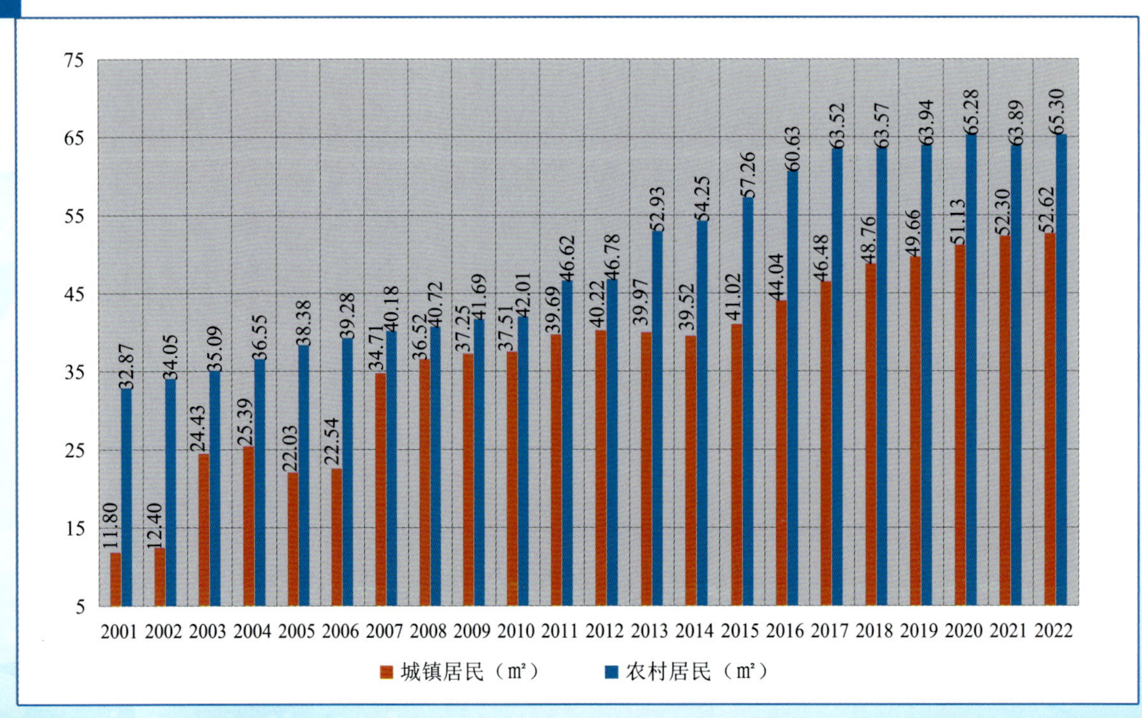

5 湖南省居民消费和商品零售价格指数

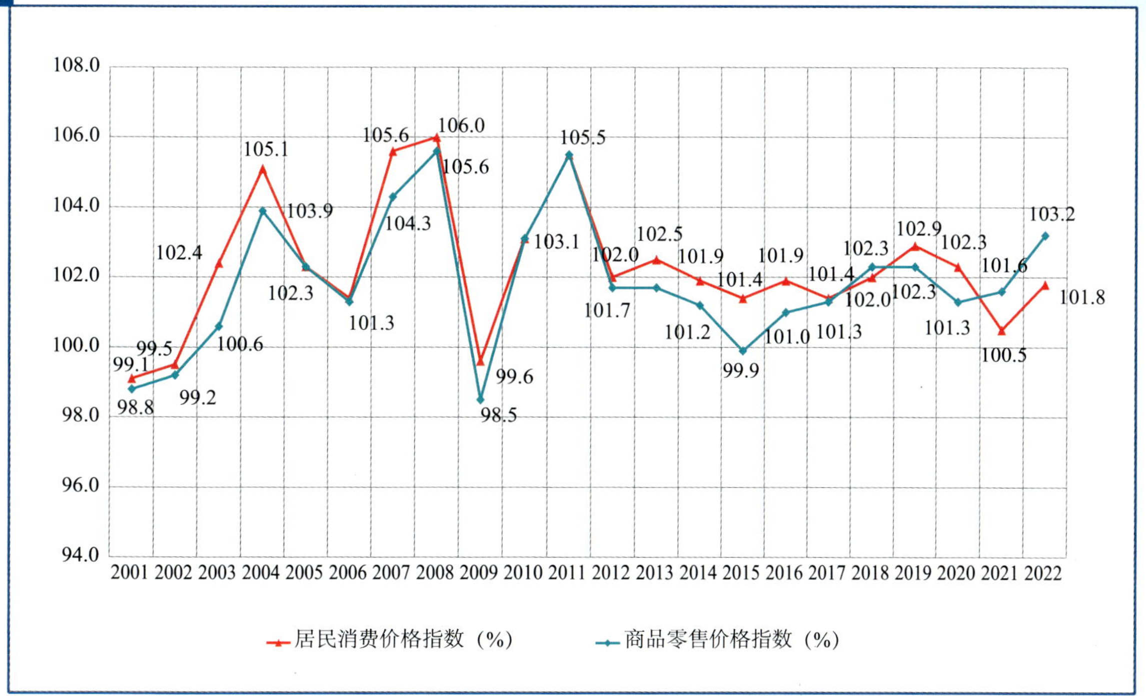

6 湖南省城市与农村居民消费价格指数

7 湖南省城市与农村居民商品零售价格指数

8 湖南省消费和商品零售价格同比指数（2022年）

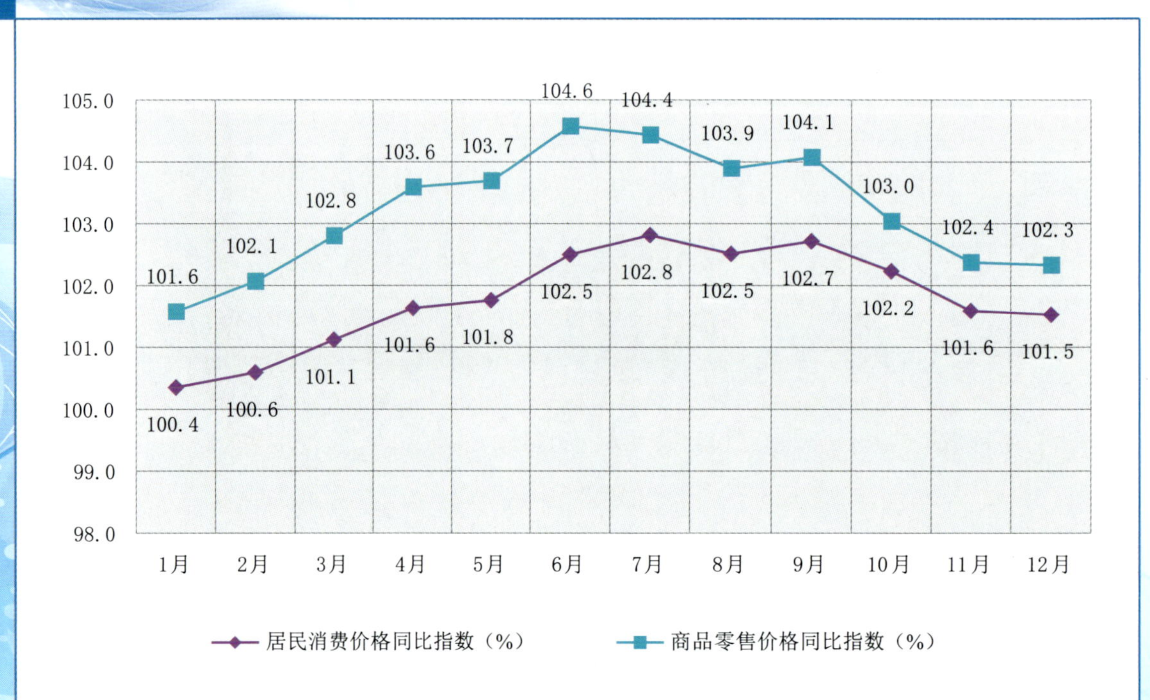

9 湖南省消费和商品零售价格环比指数（2022年）

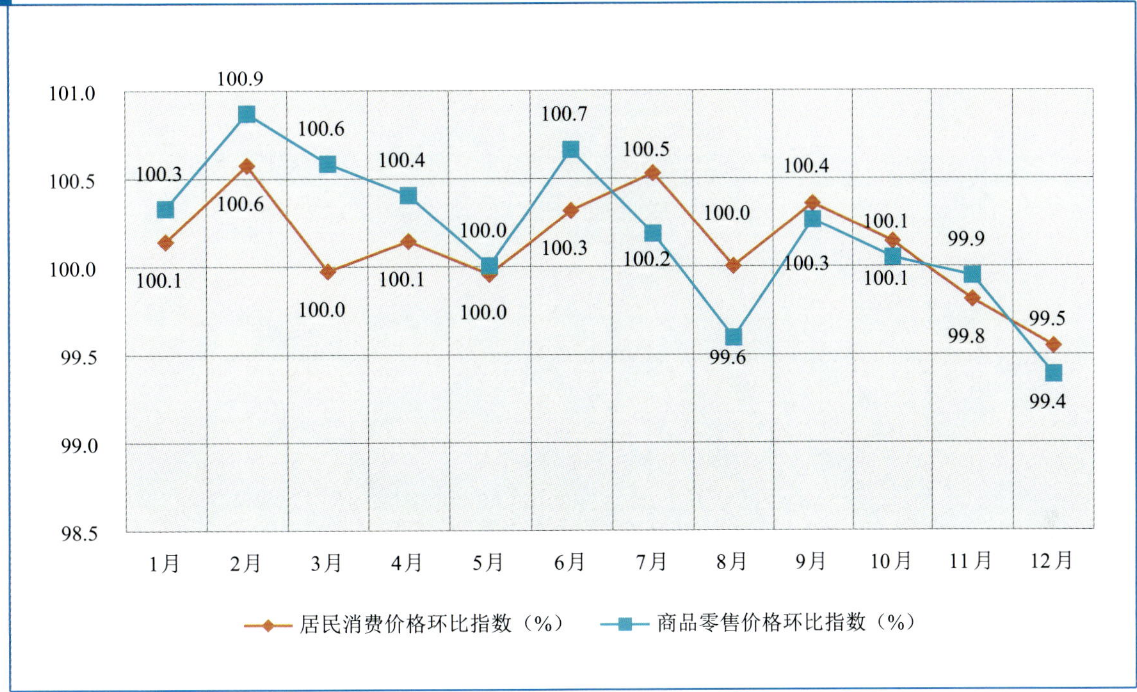

10 湖南省工业生产者出厂和购进价格指数

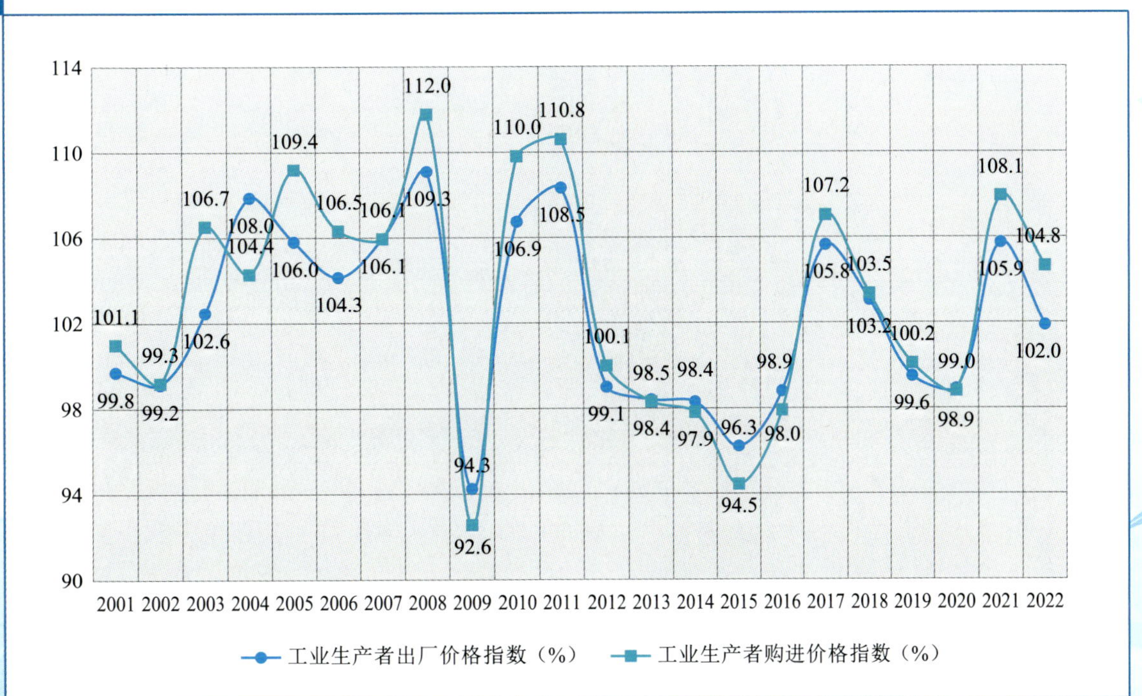

11 湖南省工业生产者出厂和购进价格同比指数（2022年）

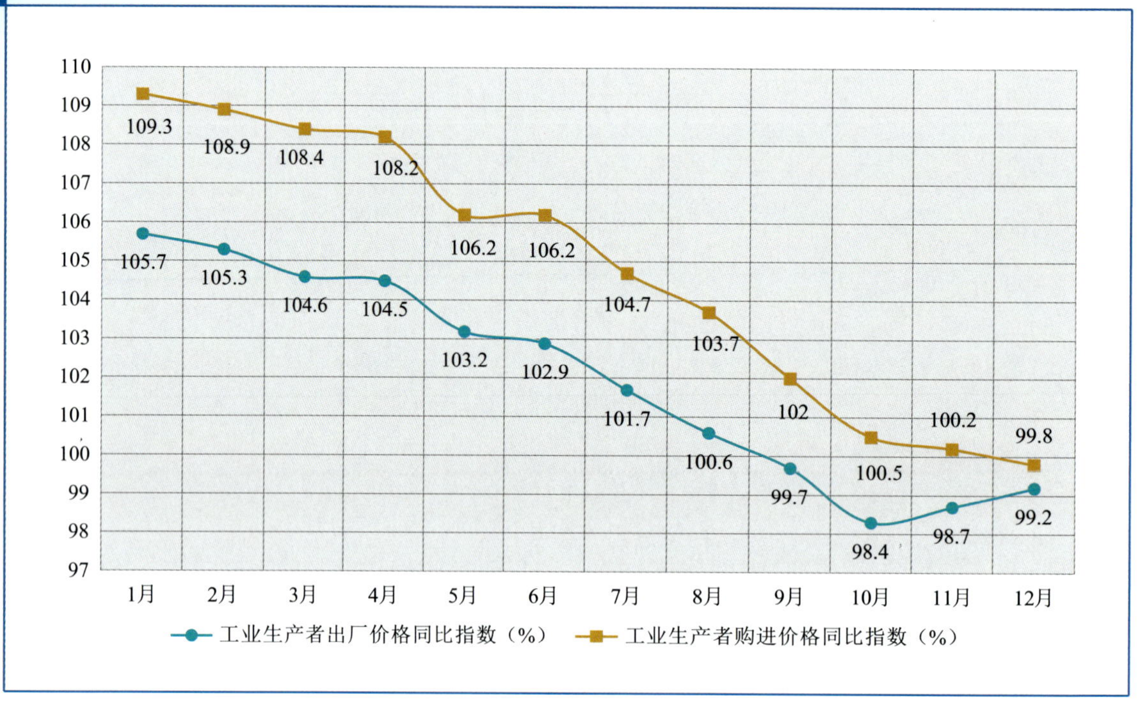

12 湖南省工业生产者出厂和购进价格环比指数（2022年）

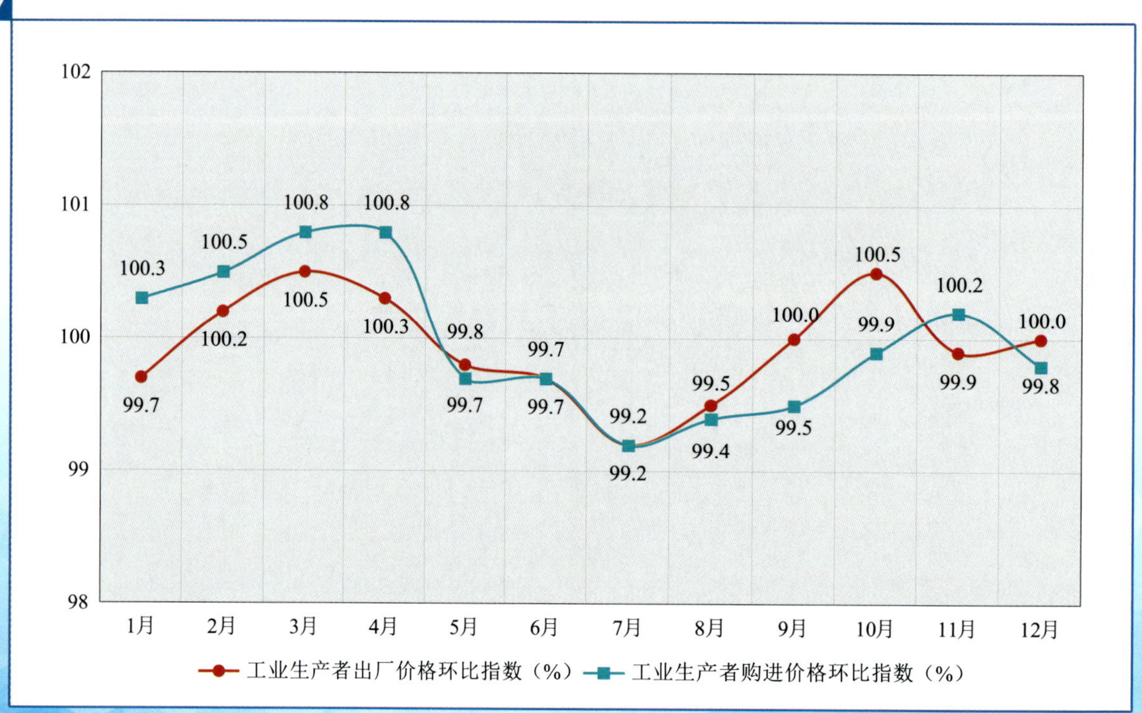

13 湖南省粮食播种面积和粮食总产量

14 湖南省生猪出栏量（万头）

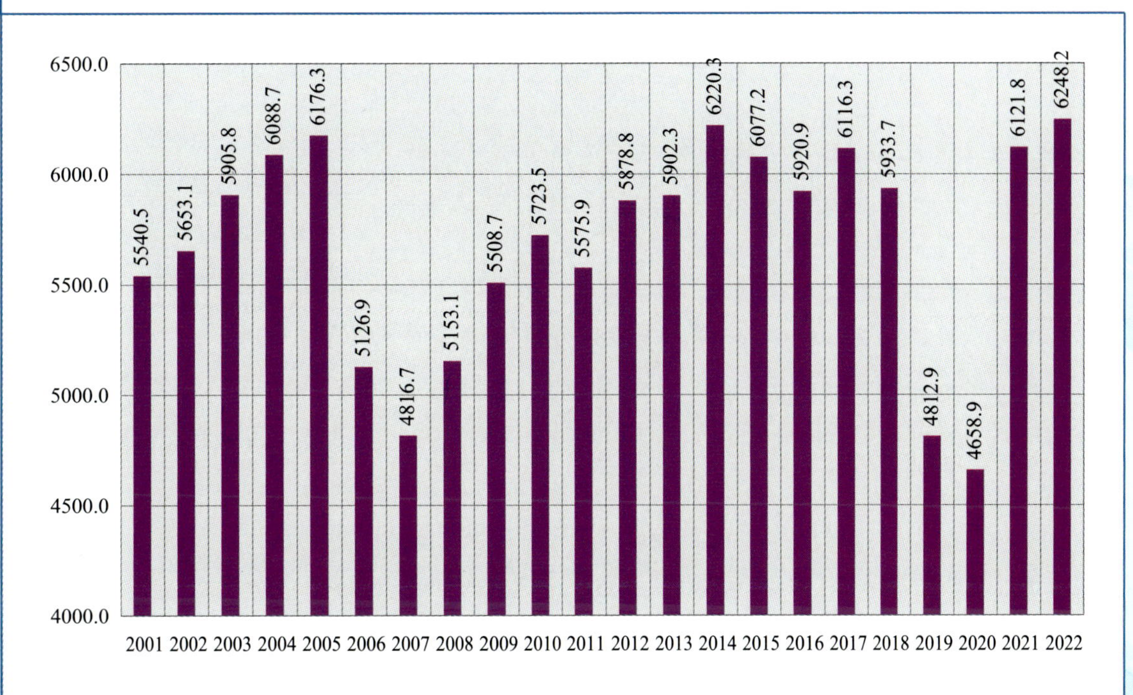

15 湖南省制造业采购经理指数（2022年）

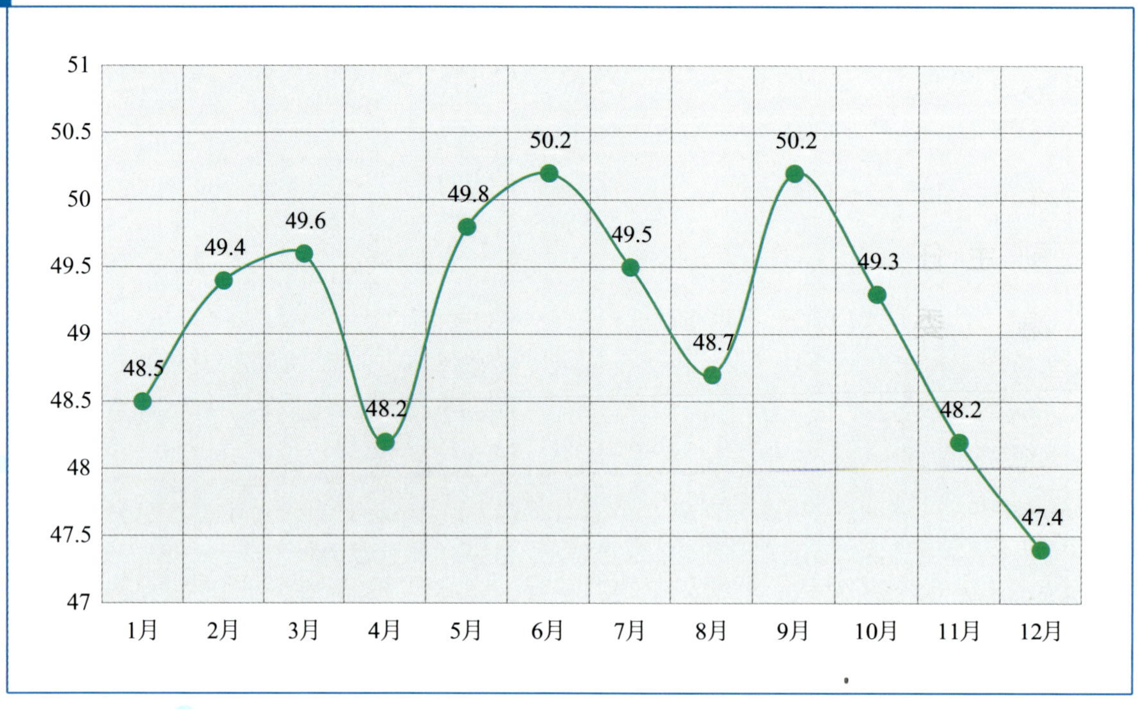

编者说明

一、《湖南调查年鉴2023》是一部反映湖南省经济社会发展情况的抽样调查资料年刊，收录了全省和市、州、县 2022 年经济和社会发展有关方面大量的统计调查数据，以及重要历史年份和改革开放以来的主要统计调查数据，是一本党政部门、企事业单位、经济工作者、教学科研人员的重要工具书。

二、本年鉴正文内容为 5 个部分，即：1.综合；2.住户调查；3.价格调查；4.农业调查；5.监测调查。附录部分有两个方面的内容，即：1.各省（自治区、直辖市）主要社会经济指标；2.主要统计调查项目和主要统计指标解释。

三、本年鉴以国家统计局湖南调查总队的常规统计调查资料为主，根据用户需要，增加了国家统计局反馈资料加工的各省（自治区、直辖市）主要社会经济指标以及由相关单位公开资料加工的主要社会经济指标。

四、本年鉴所使用的度量衡单位均采用国际标准计量单位，根据需要，同时增加了部分习惯计量单位，总量指标计算所采用的价格均为现行价格。

五、本年鉴中部分数据合计数或相对数由于单位取舍不同而产生的计算误差，均未作机械调整。

六、符号使用说明：

“#”表示其中的主要项；

“空格”表示该项统计指标数据不足本表最小单位数、数据不详或无该项数据。

目　录

一、综合

二、住户调查

三、价格调查

四、农业调查

五、监测调查

附录一　各省（自治区、直辖市）主要社会经济指标

附录二

国家统计局湖南调查总队
2022年湖南民生调查数据（新闻稿）

国家统计局湖南调查总队

2023年1月19日

2022 年，在以习近平同志为核心的党中央坚强领导下，全省上下认真学习贯彻党的二十大和习近平总书记对湖南重要讲话重要指示批示精神，全面落实“疫情要防住、经济要稳住、发展要安全”的重要要求，有效应对疫情、旱情等冲击，加力落实稳经济各项举措，全省经济持续恢复、稳中向好，主要民生经济指标运行平稳，民生福祉达到新水平。

一、粮食生产保持稳定

粮食安全党政同责扎实到位，奋力抗旱保收有力有效，确保了干旱之年粮食生产基本稳定。2022 年，全省粮食播种面积 7148.3 万亩（4765.5 千公顷），比上年增加 10.7 万亩（7.2 千公顷），增长 0.2%。其中，夏粮面积 169.0 万亩（112.6 千公顷），减少 1.8 万亩（1.2 千公顷），下降 1.1%；早稻面积 1819.2 万亩（1212.8 千公顷），减少 10.2 万亩（6.8 千公顷），下降 0.6%；秋粮面积 5160.2 万亩（3440.1 千公顷），增加 22.8 万亩（15.2 千公顷），增长 0.4%。

全省粮食产量 603.6 亿斤（3018.0 万吨），比上年减少 1.8%，仍连续 3 年保持在 600 亿斤以上。其中，夏粮产量 9.1 亿斤（45.6 万吨），比上年增加 0.1 亿斤（0.5 万吨），增长 1.0%；早稻产量 148.3 亿斤（741.3 万吨），减少 0.5 亿斤（2.5 万吨），下降 0.3%；秋粮产量 446.2 亿斤（2231.1 万吨），减少 10.9 亿斤（54.3 万吨），下降 2.4%。

二、畜牧业生产稳中有进

全年全省生猪出栏 6248.2 万头，比上年增长 2.1%，出栏量处于近年历史高位。年末生猪存栏 4116.2 万头，同比下降 2.0%，其中，能繁母猪 369.6 万头，增长 0.4%，处于合理区间。生猪供给从过剩转向平衡，出栏价格自 4 月份开始回升，10 月份达到年内最高，全年生猪养殖略有盈利。

全年猪牛羊禽肉产量 577.3 万吨，比上年增长 3.1%。其中，猪肉产量 457.9 万吨，增长 3.3%；牛肉产量 21.6 万吨，增长 1.4%；羊肉产量 18.2 万吨，增长 4.0%；禽肉产量 79.6 万吨，增长 2.3%。禽蛋产量 117.5 万吨，下降 0.3%。

三、居民收入稳步增长，城乡居民收入差距缩小

2022 年，全省居民人均可支配收入 34036 元，比上年增长 6.4%，扣除价格因素，实际增长 4.5%，与经济增长基本同步。

从收入来源看，四大类收入全面增长。其中，工资性收入 16908 元，增长 6.2%；经营净收入 7094 元，增长 5.7%；财产净收入 2583 元，增长 7.0%；转移净收入 7451 元，增长 7.3%。

按常住地分，城镇居民人均可支配收入 47301 元，比上年增长 5.4%，扣除价格因素，实际增长 3.7%。农村居民人均可支配收入 19546 元，增长 6.8%，扣除价格因素，实际增长 4.8%。

城乡居民收入差距继续缩小。农村居民人均可支配收入增幅比城镇高 1.4 个百分点；城乡居民人均可支配收入比值（以农村居民收入为 1）为 2.42，比上年缩小 0.03。

四、居民生活消费支出稳中有升

2022 年，全省居民人均生活消费支出 24083 元，比上年增长 5.6%。分类别看，八大类消费全面增长。其中，食品烟酒支出 7047 元，增长 4.6%；衣着支出 1366 元，增长 2.8%；居住支出 5038 元，增长 4.7%；生活用品及服务支出 1491 元，增长 5.6%；交通通信支出 3135 元，增长 8.4%；教育文化娱乐支出 3250 元，增长 6.2%；医疗保健支出 2296 元，增长 8.2%；其他用品和服务支出 459 元，增长 5.6%。

按常住地分，城镇居民人均生活消费支出 29580 元，增长 4.5%；农村居民人均生活消费支出 18078 元，增长 6.6%，高于城镇居民 2.1 个百分点。城乡居民人均生活消费支出比值为 1.64（以农村居民消费为 1），较上年缩小 0.03。

五、城镇调查失业率总体稳定

2022 年，全省城镇调查失业率平均为 5.5%。其中，一季度平均为 5.6%，二、三、四季度及 12 月份均为 5.5%。

六、居民消费价格温和上涨

2022 年，全省居民消费价格上涨 1.8%，其中，城市上涨 1.7%，农村上涨 1.9%。分类别看，八大类消费价格全面上涨，其中，交通通信价格上涨 6.3%，其他用品及服务价格上涨 1.6%，食品烟酒价格上涨 1.4%，衣着价格上涨 1.3%，生活用品及服务价格上涨 1.2%，医疗保健价格上涨 1.0%，教育文化娱乐价格上涨 0.9%，居住价格上涨 0.7%。食品烟酒价格中，粮食价格上涨 2.3%，鲜菜价格上涨 2.4%，鲜果价格上涨 12.3%，蛋类价格上涨 7.8%；猪肉价格下降 5.0%。

七、工业生产者价格整体回落

2022 年，全省工业生产者价格同比上涨 2.0%。重点行业中，石油、煤炭及其他燃料加工业上涨 15.3%，电力、热力生产和供应业上涨 7.6%，有色金属冶炼和压延加工业上涨 5.3%，黑色金属冶炼和压延加工业下降 10.6%。分月看，1-8 月，工业生产者出厂价格同比涨幅持续回落，分别上涨 5.7%、5.3%、4.6%、4.5%、3.2%、2.9%、1.7%、0.6%，9 月份开始下降，9-12

月，分别下降 0.3%、1.6%、1.3%和 0.8%。2022 年，工业生产者购进价格同比上涨 4.8%，高于出厂价格 2.8 个百分点。

总的来看，2022 年我省有效应对疫情和旱情等冲击，稳住了经济大盘，民生发展形势稳定向好。下阶段，要全面贯彻党的二十大精神，坚持稳中求进工作总基调，完整、准确、全面贯彻新发展理念，服务和融入新发展格局，着力推动高质量发展，全面落实“三高四新”战略定位和使命任务，突出做好稳增长、稳就业、稳物价工作，有效防范化解重大风险，推动经济运行整体好转，在发展中保障和改善民生，为全面建设社会主义现代化新湖南开好局起好步。

谢谢大家！

附注：

部分数据因四舍五入，存在总计与分项合计不等的情况。

一、综　合

资料整理人员：贺玉龙

1-1 国民经济和社会发展总量指标

指　　标	2013	2014	2015	2016	2017	2018	2019	2020	2021	2022
年末常住人口(万人)	6600.0	6611.0	6615.0	6625.0	6633.0	6635.0	6640.0	6645.4	6622.0	6604.0
#城镇人口	3143.6	3238.1	3359.8	3491.4	3622.9	3721.6	3814.7	3905.1	3954.0	3983.0
乡村人口	3456.4	3372.9	3255.3	3133.6	3010.1	2913.4	2825.3	2740.3	2668.0	2621.0
年底从业人员(万人)	4036.5	4044.1	3980.3	3920.4	3817.2	3738.6	3666.5	3280.0	3258.0	3219.0
地区生产总值(亿元)	23545.2	25881.3	28538.6	30853.5	33828.1	36329.7	39894.1	41542.6	45713.5	48670.4
第一产业	2589.2	2671.0	2747.9	2915.6	2998.4	3084.2	3647.2	4240.7	4323.0	4602.7
第二产业	10913.8	11825.1	12665.7	12942.0	13459.8	13904.1	15401.7	15949.2	17852.5	19182.6
第三产业	10042.3	11385.2	13125.0	14995.9	17369.9	19341.4	20845.2	21352.7	23537.9	24885.1
人均地区生产总值(元)	35702	39181	43155	46606	51030	54763	60104	62537	68913	73598
社会消费品零售总额(亿元)	8948.4	10053.2	11241.4	12500.0	13793.7	15134.3	16683.9	16258.1	18596.9	19050.7
地方一般公共预算收入(亿元)	2030.9	2262.8	2515.4	2697.9	2757.8	2860.8	3007.2	3008.7	3250.7	3101.8
一般公共预算支出(亿元)	4690.9	5017.4	5728.7	6339.2	6869.4	7479.6	8034.4	8403.1	8325.5	8991.6
物价指数(以上年为100)										
居民消费价格指数	102.5	101.9	101.4	101.9	101.4	102.0	102.9	102.3	100.5	101.8
商品零售价格指数	101.7	101.2	99.9	101.0	101.3	102.3	102.3	101.3	101.6	103.2
工业生产者出厂价格指数	98.5	98.4	96.3	98.9	105.8	103.2	99.6	99.0	105.9	102.0
工业生产者购进价格指数	98.4	97.9	94.5	98.0	107.2	103.5	100.2	98.9	108.1	104.8
农产品生产价格指数	102.1	98.6	104.1	104.7	98.0	95.4	118.0	123.3	90.1	103.6
农作物总播种面积(千公顷)										
粮食	4936.6	4975.1	4944.7	4890.6	4862.5	4747.9	4616.4	4754.8	4758.4	4765.5
早稻	1446.7	1453.3	1444.9	1420.5	1383.1	1238.2	1094.6	1225.7	1219.6	1212.8
中稻	1171.8	1173.7	1178.5	1206.2	1233.1	1472.5	1602.1	1476.1	1479.2	1481.9
晚稻	1466.6	1493.8	1490.7	1458.8	1432.6	1298.3	1158.5	1292.0	1272.3	1273.0
主要农牧业产品产量										
粮食(万吨)	2925.7	3001.3	3002.9	2953.1	2984.0	3022.9	2974.8	3015.1	3074.4	3018.0
早稻	860.5	854.8	858.9	834.1	808.5	755.5	661.4	718.7	743.8	741.3
中稻	770.4	816.5	822.7	832.4	895.3	1086.7	1206.8	1110.2	1122.2	1104.2
晚稻	730.7	962.7	963.2	935.9	923.0	831.8	743.3	810.0	817.1	794.4
生猪出栏头数(万头)	5951.0	6279.0	6141.7	5990.8	6116.3	5993.7	4812.9	4658.9	6121.8	6248.2
牛出栏头数(万头)	136.8	139.1	142.5	143.4	147.0	152.7	162.5	174.6	180.7	183.1
禽出笼只数(万羽)	41324.9	40089.6	41528.0	42732.9	42263.8	42476.7	51057.0	54403.6	54025.2	55213.2
生活及消费(元/人)										
全体居民可支配收入		17621.7	19317.5	21114.8	23102.7	25241.0	27680.0	29380.0	31993.7	34036.0
城镇居民可支配收入	24352.0	26570.2	28838.1	31283.9	33947.9	36698.0	39842.0	41698.0	44866.1	47301.2
城镇居民消费性支出	16867.3	18334.7	19501.4	21420.0	23162.6	25064.0	26924.0	26796.0	28293.8	29580.1
农村居民可支配收入(纯收入)	9028.6	10060.2	10992.5	11930.4	12935.8	14093.0	15395.0	16585.0	18295.2	19546.3
农民生活消费支出	7832.6	9024.8	9690.6	10629.9	11533.6	12721.0	13969.0	14974.0	16950.7	18077.7

注：1.本表价值量指标均按当年价格计算。
　　2.粮食产量1988年起为抽样调查数，棉花产量1998年起为抽样调查数。
　　3.归口省统计局的数据为统计快报数。

1–2 国内生产总值

单位：亿元

年 份	国内生产总值			
		第一产业	第二产业	第三产业
1978	146.99	59.83	59.82	27.34
1979	178.01	79.40	68.42	30.19
1980	191.72	81.14	76.99	33.59
1981	209.68	93.29	77.78	38.61
1982	232.52	107.99	82.51	42.02
1983	257.43	117.79	93.37	46.27
1984	287.29	128.28	104.34	54.67
1985	349.95	147.72	127.08	75.15
1986	397.68	165.28	143.31	89.09
1987	469.44	187.09	172.45	109.90
1988	584.07	217.03	221.28	145.76
1989	640.80	234.31	238.15	168.34
1990	744.44	279.09	249.98	215.37
1991	833.30	301.02	281.95	250.33
1992	986.98	323.91	337.17	325.90
1993	1244.71	383.68	470.05	390.98
1994	1650.02	532.89	589.72	527.41
1995	2132.13	685.30	770.67	676.16
1996	2540.13	793.98	920.06	826.09
1997	2849.27	855.75	1041.79	951.73
1998	3025.53	828.31	1123.08	1074.14
1999	3214.54	778.25	1192.99	1243.30
2000	3551.49	784.92	1293.18	1473.39
2001	3831.90	825.73	1412.82	1593.35
2002	4151.54	847.25	1523.50	1780.79
2003	4659.95	869.68	1772.29	2017.98
2004	5542.62	1022.45	2135.55	2384.62
2005	6369.87	1078.34	2490.17	2801.36
2006	7431.55	1244.63	3030.72	3156.20
2007	9285.45	1563.81	3867.42	3854.22
2008	11307.36	1761.78	4870.03	4675.56
2009	12772.80	1795.80	5494.66	5482.34
2010	15574.32	2073.19	7034.70	6466.43
2011	18914.96	2420.00	8883.59	7611.37
2012	21207.23	2567.85	9926.66	8712.72
2013	23545.24	2589.18	10913.80	10042.26
2014	25881.28	2671.01	11825.12	11385.15
2015	28538.60	2747.91	12665.72	13124.97
2016	30853.45	2915.58	12941.99	14995.88
2017	33828.11	2998.40	13459.82	17369.89
2018	36329.68	3084.18	13904.11	19341.39
2019	39894.14	3647.23	15401.70	20845.21
2020	41542.57	4240.73	15949.19	21352.65
2021	45713.45	4323.04	17852.53	23537.88
2022	48670.37	4602.73	19182.58	24885.06

注：本表按当年价格计算。2022年数据为快报数。

1-3　国内生产总值分产业构成

单位：%

年　份	第一产业	第二产业	第三产业
1978	40.7	40.7	18.6
1979	44.6	38.4	17.0
1980	42.3	40.2	17.5
1981	44.5	37.1	18.4
1982	46.4	35.5	18.1
1983	45.8	36.3	17.9
1984	44.7	36.3	19.0
1985	42.2	36.3	21.5
1986	41.6	36.0	22.4
1987	39.9	36.7	23.4
1988	37.2	37.9	24.9
1989	36.6	37.2	26.2
1990	37.5	33.6	28.9
1991	36.1	33.8	30.1
1992	32.8	34.2	33.0
1993	30.8	37.8	31.4
1994	32.3	35.7	32.0
1995	32.1	36.1	31.8
1996	31.3	36.2	32.5
1997	30.0	36.6	33.4
1998	27.4	37.1	35.5
1999	24.2	37.1	38.7
2000	22.1	36.4	41.5
2001	21.5	36.9	41.6
2002	20.4	36.7	42.9
2003	18.7	38.0	43.3
2004	18.5	38.5	43.0
2005	16.9	39.1	44.0
2006	16.7	40.8	42.5
2007	16.8	41.7	41.5
2008	15.6	43.1	41.3
2009	14.1	43.0	42.9
2010	13.3	45.2	41.5
2011	12.8	47.0	40.2
2012	12.1	46.8	41.1
2013	11.0	46.4	42.6
2014	10.3	45.7	44.0
2015	9.6	44.4	46.0
2016	9.4	42.0	48.6
2017	8.9	39.8	51.3
2018	8.5	38.3	53.2
2019	9.1	38.6	52.3
2020	10.2	38.4	51.4
2021	9.5	39.0	51.5
2022	9.5	39.4	51.1

注：2022年数据为快报数。

1-4 户籍人口数

年 份	总人口(万人)	男	女	城镇	乡村	性别比(女=100)
1950	3074.34	1601.97	1472.37	245.79	2828.55	108.80
1955	3472.83	1831.58	1641.25	327.94	3144.89	111.60
1960	3569.37	1857.07	1712.30	404.63	3164.74	108.45
1965	3901.47	2022.78	1878.69	405.64	3495.83	107.67
1970	4480.76	2324.73	2156.03	481.97	3998.79	107.82
1975	4991.36	2594.18	2397.18	531.82	4459.54	108.22
1980	5280.95	2740.40	2540.55	671.05	4609.90	107.87
1985	5622.49	2928.44	2694.05	915.90	4706.59	108.70
1986	5695.73	2966.85	2728.88	963.15	4732.58	108.72
1987	5782.61	3012.59	2770.02	1003.28	4779.33	108.76
1988	5915.68	3079.65	2836.03	1044.12	4871.56	108.59
1989	6013.62	3130.76	2882.86	1049.25	4964.37	108.60
1990	6110.89	3178.31	2932.58	1072.46	5038.43	108.38
1991	6166.33	3208.42	2957.91	1147.86	5018.47	108.47
1992	6207.78	3231.73	2976.05	1217.74	4990.04	108.59
1993	6245.58	3249.20	2996.38	1205.95	5039.63	108.44
1994	6302.58	3279.07	3023.51	1356.56	4946.02	108.45
1995	6392.00	3322.27	3069.73	1550.99	4841.01	108.23
1996	6428.00	3339.25	3088.75	1606.95	4821.05	108.11
1997	6465.00	3356.43	3108.57	1629.00	4836.00	107.97
1998	6502.00	3374.33	3127.67	1684.00	4818.00	107.89
1999	6532.00	3389.32	3142.68	1724.00	4808.00	107.85
2000	6562.05	3422.77	3139.28	1952.21	4609.84	109.03
2001	6595.85	3409.72	3186.13	2031.52	4564.33	107.02
2002	6628.50	3433.56	3194.94	2121.12	4507.38	107.47
2003	6662.80	3453.33	3209.47	2232.04	4430.76	107.60
2004	6697.70	3470.75	3226.95	2377.68	4320.02	107.56
2005	6732.10	3490.59	3241.51	2490.88	4241.22	107.68
2006	6768.10	3513.35	3254.75	2619.93	4148.17	107.95
2007	6805.70	3533.87	3271.83	2752.91	4052.79	108.01
2008	6845.20	3549.30	3295.90	2885.25	3959.95	107.69
2009	6900.20	3583.24	3316.96	2980.89	3919.31	108.03
2010	7089.53	3674.49	3415.04	3069.77	4019.76	107.60
2011	7135.60	3699.10	3436.50	3218.16	3917.44	107.64
2012	7179.87	3725.63	3454.24	3349.41	3830.46	107.86
2013	7147.28	3712.32	3434.96	3427.84	3719.44	108.07
2014	7202.29	3740.97	3461.32	3549.29	3653.00	108.08
2015	7242.02	3761.09	3480.93	2037.29	5204.73	108.05
2016	7318.81	3797.57	3521.24	2187.82	5130.99	107.85
2017	7296.26	3781.75	3514.51	2446.87	4849.39	107.60
2018	7326.62	3796.24	3530.38	2519.76	4806.86	107.53
2019	7319.53	3794.45	3525.08	2557.35	4762.18	107.64
2020	7295.58	3778.99	3516.59	2630.82	4664.76	107.46
2021	7246.26	3755.24	3491.02	2715.30	4530.96	107.57
2022	7211.25	3737.18	3474.07	2714.51	4496.74	107.57

注：1995年以前的人口数均为年报数；2000年和2010年的人口数根据人口普查有关数据推算，其余各年人口数均根据人口变动抽样调查资料推算。2013年起，为公安户籍统计数据。

1-5 主要年份城乡居民生活发展状况

指 标	2010		2013	
	城镇	农村	城镇	农村
户均常住人口(人)	2.90	3.88	2.94	3.97
居民可支配收入(元/人)	16565.70	5621.96	24351.99	9028.55
居民生活消费支出(元/人)	11825.33	4310.37	16867.25	7832.64
恩格尔系数(%)	36.55	48.44	31.56	34.59
教育文化娱乐支出(元/人)	1418.85	315.93	2016.38	733.77
交通通信支出(元/人)	1541.40	343.82	2141.20	798.84
医疗保健支出(元/人)	776.85	293.59	1022.80	747.08
就业者负担人数(人)	2.07	1.36	1.95	1.51
居住面积(平方米/人)	37.51	42.01	39.97	52.93
耐用消费品拥有量(台/百户)				
彩色电视机	125.80	96.08	115.03	113.72
普通电话	72.00	54.56	41.34	24.07
移动电话	169.53	122.87	213.37	238.60
家用电脑	52.68	4.39	65.77	18.49
汽车	7.69	0.84	17.99	5.47
空调器	108.37	10.54	121.92	33.33

1-5 续表 1

指 标	2014		2015		2016	
	城镇	农村	城镇	农村	城镇	农村
户均常住人口(人)	2.90	3.19	3.00	3.28	3.10	3.22
居民可支配收入(元/人)	26570.16	10060.17	28838.10	10992.50	31283.90	11930.40
居民生活消费支出(元/人)	18334.66	9024.84	19501.40	9690.60	21420.00	10629.90
恩格尔系数(%)	30.52	34.30	31.10	32.90	29.91	31.71
教育文化娱乐支出(元/人)	2537.51	1112.12	2934.10	1276.40	3406.10	1477.30
交通通信支出(元/人)	2462.14	871.88	2430.20	920.20	2837.10	1083.10
医疗保健支出(元/人)	1209.76	771.41	1174.60	844.10	1362.60	986.50
就业者负担人数(人)	1.81	1.50	1.90	1.50	1.96	1.68
居住面积(平方米/人)	39.52	54.25	41.02	57.26	44.04	60.63
耐用消费品拥有量(台/百户)						
彩色电视机	116.58	112.17	115.23	112.53	117.21	114.03
普通电话	48.91	27.93	39.26	19.70	31.57	16.49
移动电话	223.81	227.35	235.36	242.07	249.52	259.48
家用电脑	71.28	19.34	76.66	19.76	78.29	20.57
汽车	21.05	5.94	25.27	8.09	32.02	11.25
空调器	129.24	34.00	139.61	36.19	154.97	42.32

1-5 续表 2

指　标	2017		2018		2019	
	城镇	农村	城镇	农村	城镇	农村
户均常住人口(人)	3.03	3.18	3.17	3.23	3.15	3.18
居民收入(元/人)	33947.94	12935.78	36698.30	14092.50	39841.93	15394.79
居民生活消费支出(元/人)	23162.64	11533.56	25064.20	12720.50	26923.99	13968.75
恩格尔系数(%)	28.43	30.53	27.33	29.20	27.85	28.81
教育文化娱乐支出(元/人)	3972.95	1710.23	3924.50	1678.60	4172.16	1850.97
交通通信支出(元/人)	2904.65	1234.53	3220.30	1449.70	3425.18	1642.91
医疗保健支出(元/人)	1692.98	1171.76	2034.50	1385.50	2305.23	1614.54
就业者负担人数(人)	1.98	1.71	2.03	1.83	2.02	1.87
居住面积(平方米/人)	46.48	63.52	48.76	63.57	49.66	63.94
耐用消费品拥有量(台/百户)						
彩色电视机	119.14	115.45	119.81	113.36	120.07	115.00
普通电话	30.03	17.89	15.32	11.33	9.96	7.83
移动电话	253.98	267.22	272.68	285.56	274.79	286.00
家用电脑	79.62	22.18	74.94	27.43	74.93	27.25
家用汽车	34.32	12.46	33.10	12.51	36.33	14.62
空调器	159.76	45.87	179.96	65.83	184.98	71.79

1-5 续表 3

指　标	2020		2021		2022	
	城镇	农村	城镇	农村	城镇	农村
户均常住人口(人)	3.15	3.23	3.22	3.16	3.17	3.12
居民收入(元/人)	41697.52	16584.57	44866.10	18295.20	47301.19	19546.28
居民生活消费支出(元/人)	26796.44	14973.96	28293.80	16950.70	29580.10	18077.72
恩格尔系数(%)	29.13	30.96	28.73	31.00	28.54	30.54
教育文化娱乐支出(元/人)	3360.81	1783.83	3859.50	2212.10	4005.95	2424.80
交通通信支出(元/人)	3722.55	1730.50	3802.70	1921.00	4069.34	2115.00
医疗保健支出(元/人)	2350.54	1706.65	2399.20	1827.50	2562.03	2004.77
就业者负担人数(人)	2.06	1.95	1.99	1.85	1.99	1.85
居住面积(平方米/人)	51.13	65.28	52.30	63.89	52.62	65.30
耐用消费品拥有量(台/百户)						
彩色电视机	119.61	115.93	117.82	112.76	116.91	113.39
普通电话	7.80	5.25	5.57	4.35	5.73	3.44
移动电话	274.75	288.45	278.27	292.93	276.56	293.32
家用电脑	73.46	27.73	56.64	26.29	56.86	25.74
家用汽车	43.24	20.96	46.64	26.02	48.00	29.01
空调器	182.84	72.38	191.07	91.75	194.91	95.37

二、住户调查

资料整理人员：张颖洁　罗金城

2-1 湖南居民收支与生活状况调查基本情况

指　　标	2016	2017	2018	2019	2020	2021	2022
基本情况							
户均常住人口(人/户)	3.13	3.11	3.20	3.16	3.19	3.19	3.15
户均常住从业人口(人/户)	1.74	1.69	1.66	1.63	1.59	1.66	1.64
平均每户家庭从业人口比重(%)	55.50	54.58	51.88	51.55	49.84	52.04	52.01
平均每一从业人口负担人数(包括从业者本人)(人)	1.80	1.83	1.93	1.94	2.01	1.92	1.92
住户成员受教育程度(6岁以上)(%)							
未上过学	2.52	2.63	3.13	2.98	2.83	2.30	2.33
小学	25.71	28.51	28.92	28.26	28.48	27.72	26.95
初中	36.79	33.83	33.43	33.69	33.56	35.09	34.80
高中	20.18	20.24	18.96	19.38	19.31	20.70	20.64
大学专科	8.65	8.57	8.71	8.78	8.76	8.04	8.71
大学本科及以上	6.14	6.22	6.85	6.91	7.07	6.15	6.60
常住从业人员就业类型(%)							
雇主	1.52	1.02	0.77	0.71	0.32	0.32	0.20
公职人员	3.30	3.53	3.99	4.30	4.04	3.06	3.17
事业单位人员	6.16	6.29	6.28	6.19	5.96	5.29	5.67
国有企业雇员	4.46	4.18	3.13	3.04	2.80	2.20	2.26
其他雇员	36.31	38.41	42.14	43.38	43.00	45.79	45.63
农业自营	35.59	34.02	31.15	29.09	29.76	28.82	28.87
非农自营	12.67	12.55	12.54	13.29	14.11	14.52	14.19
常住从业人员从事主要行业(%)							
第一产业	36.76	35.23	32.22	30.07	30.74	30.06	30.02
第二产业	20.64	20.49	20.13	20.14	19.90	23.21	22.43
第三产业	42.60	44.28	47.65	49.79	49.36	46.73	47.55
常住劳动力文化程度(%)							
未上过学	1.76	1.68	2.28	2.11	2.26	1.69	1.60
小学	22.12	21.17	21.62	20.94	21.75	21.01	20.73
初中	39.84	39.09	38.11	38.36	38.01	40.59	40.29
高中	20.15	22.23	20.82	21.40	20.89	21.70	21.59
大学专科	9.60	10.03	10.34	10.29	10.12	9.34	9.68
大学本科及以上	6.53	5.80	6.84	6.90	6.99	5.67	6.12
常住户家庭收入与支出							
居民可支配收入(元/人)	21114.8	23102.7	25240.7	27679.7	29379.9	31992.7	34036.0
居民消费支出(元/人)	15750.5	17160.4	18807.9	20478.9	20997.6	22798.2	24082.7

2-2 历年湖南居民平均每人家庭收入及来源

单位：元

年　份	可支配收入				
		工资性收入	经营净收入	财产性收入	转移性收入
2005	5664.1	3232.8	1497.1	132.4	801.8
2006	6363.7	3661.0	1537.2	200.1	965.3
2007	7586.9	4362.9	1692.9	285.1	1245.9
2008	8804.1	4795.8	2077.0	263.5	1667.8
2009	9745.4	5276.2	2175.6	376.8	1916.8
2010	10861.2	5690.5	2355.9	559.6	2255.1
2011	12612.5	6327.6	2849.9	792.1	2642.8
2012	14390.8	7369.9	3102.4	896.7	3021.9
2013	16004.9	8124.8	3255.2	1158.0	3466.8
2014	17621.7	8930.8	3605.8	1293.6	3791.4
2015	19317.5	9827.5	3949.9	1399.5	4140.5
2016	21114.8	10796.9	4233.8	1503.5	4580.7
2017	23102.7	11836.6	4483.5	1626.8	5155.7
2018	25240.7	12797.9	5015.9	1923.1	5503.8
2019	27679.7	13917.5	5609.3	2089.2	6063.7
2020	29379.9	14664.5	6033.9	2226.1	6455.4
2021	31992.7	15926.6	6709.5	2413.5	6943.2
2022	34036.0	16908.4	7093.6	2582.8	7451.2

2-3 历年湖南居民平均每人消费性分类支出

单位：元

年　份	消费性支　出								
		食品	衣着	居住	家庭设备用品及服务	交通和通讯	文教娱乐用品及服务	医疗保健	其他商品和服务
2005	4805.2	1939.5	373.4	639.0	247.1	436.9	707.3	335.6	126.2
2006	5370.0	2040.4	418.5	820.5	287.9	525.8	757.0	373.6	146.4
2007	6098.0	2373.6	507.1	933.8	349.2	568.2	783.5	414.0	168.6
2008	6951.1	2879.4	554.5	1140.3	400.7	577.6	721.0	489.1	188.5
2009	7614.6	2993.8	592.7	1327.9	481.1	724.1	790.1	500.3	204.7
2010	8308.0	3125.3	660.3	1486.5	553.3	843.5	913.0	519.7	206.4
2011	9713.2	3551.1	792.5	1830.2	634.8	1075.4	1007.6	595.2	226.4
2012	10805.7	3909.2	888.7	1993.3	708.9	1163.9	1173.5	715.8	252.3
2013	11945.9	3899.1	851.5	2521.8	783.3	1381.8	1353.2	865.4	289.9
2014	13288.7	4240.5	914.1	2708.4	796.9	1600.2	1764.9	972.2	291.4
2015	14267.3	4535.5	1028.0	2810.8	883.6	1624.6	2049.7	998.3	336.8
2016	15750.5	4812.0	1057.9	3104.6	993.1	1915.5	2392.7	1165.0	309.8
2017	17160.4	5003.6	1086.1	3428.9	1054.0	2042.6	2805.1	1424.0	316.1
2018	18807.9	5260.0	1215.5	3976.1	1190.2	2322.9	2786.2	1705.5	351.5
2019	20478.9	5771.0	1262.2	4306.1	1226.2	2538.5	3017.4	1961.6	395.8
2020	20997.6	6251.7	1236.9	4436.2	1289.0	2745.5	2587.3	2034.7	416.3
2021	22798.2	6736.5	1329.3	4811.5	1411.2	2891.0	3061.3	2122.2	435.0
2022	24082.7	7046.6	1366.4	5038.4	1490.6	3135.3	3250.3	2295.7	459.5

2-4　湖南居民可支配收入

指　　标	2018		2019		2020		2021		2022	
	绝对数(元/人)	构成(%)	绝对数(元/人)	构成(%)	绝对数(元/人)	构成(%)	绝对数(元/人)	构成(%)	绝对数(元/人)	构成(%)
可支配收入	**25240.7**		**27679.7**		**29379.9**		**31992.7**		**34036.0**	
工资性收入	12797.9	50.7	13917.5	50.3	14664.5	49.9	15926.6	49.8	16908.4	49.7
工资	12258.4	48.6	13311.0	48.1	13990.4	47.6	15216.1	47.6	16125.4	47.4
实物福利	97.4	0.4	101.9	0.4	114.5	0.4	137.1	0.4	118.2	0.3
其他	442.2	1.8	504.6	1.8	559.6	1.9	573.4	1.8	664.8	2.0
经营净收入	5015.9	19.9	5609.3	20.3	6033.9	20.5	6709.5	21.0	7093.6	20.8
第一产业净收入	1509.0	6.0	1655.7	6.0	1849.2	6.3	2134.1	6.7	2249.5	6.6
农业	1047.3	4.1	1129.5	4.1	1286.3	4.4	1482.9	4.6	1568.7	4.6
林业	106.0	0.4	89.8	0.3	76.0	0.3	102.4	0.3	112.8	0.3
牧业	266.4	1.1	320.8	1.2	379.8	1.3	415.1	1.3	432.1	1.3
渔业	89.2	0.4	115.7	0.4	107.1	0.4	133.7	0.4	135.9	0.4
第二产业经营净收入	589.9	2.3	653.6	2.4	693.1	2.4	747.3	2.3	796.0	2.3
第三产业经营净收入	2917.0	11.6	3299.9	11.9	3491.6	11.9	3828.1	12.0	4048.1	11.9
财产净收入	1923.1	7.6	2089.2	7.5	2226.1	7.6	2413.5	7.5	2582.8	7.6
转移净收入	5503.8	21.8	6063.7	21.9	6455.4	22.0	6943.2	21.7	7451.2	21.9
转移性收入	6692.1	26.5	7342.3	26.5	7797.3	26.5	8424.5	26.3	9009.5	26.5
养老金或离退休金	3462.9	13.7	3849.8	13.9	3933.3	13.4	4096.1	12.8	4364.9	12.8

2-5　湖南居民消费支出

指　　标	2016		2017		2018		2019		2020		2021		2022	
	绝对数(元/人)	构成(%)	绝对数(元/人)	构成(%)	绝对数(元/人)	构成(%)	绝对数(元/人)	构成(%)	绝对数(元/人)	构成(%)	绝对数(元/人)	构成(%)	绝对数(元/人)	构成(%)
消费支出	**15750.5**		**17160.4**		**18807.9**		**20478.9**		**20997.6**		**22798.2**		**24082.7**	
食品烟酒	4812.0	30.6	5003.6	29.2	5260.0	28.0	5771.0	28.2	6251.7	29.8	6736.5	29.5	7046.6	29.3
衣着	1057.9	6.7	1086.1	6.3	1215.5	6.5	1262.2	6.2	1236.9	5.9	1329.3	5.8	1366.4	5.7
居住	3104.6	19.7	3428.9	20.0	3976.1	21.1	4306.1	21.0	4436.2	21.1	4811.5	21.1	5038.4	20.9
生活用品及服务	993.1	6.3	1054.0	6.1	1190.2	6.3	1226.2	6.0	1289.0	6.1	1411.2	6.2	1490.6	6.2
交通通信	1915.5	12.2	2042.6	11.9	2322.9	12.4	2538.5	12.4	2745.5	13.1	2891.0	12.7	3135.3	13.0
教育文化娱乐	2392.7	15.2	2805.1	16.3	2786.2	14.8	3017.4	14.7	2587.3	12.3	3061.3	13.4	3250.3	13.5
医疗保健	1165.0	7.4	1424.0	8.3	1705.5	9.1	1961.6	9.6	2034.7	9.7	2122.2	9.3	2295.7	9.5
其他用品和服务	309.8	2.0	316.1	1.8	351.5	1.9	395.8	1.9	416.3	2.0	435.0	1.9	459.5	1.9

2-6　湖南居民消费支出细项

指　　标	2016		2017		2018	
	绝对数(元/人)	构成(%)	绝对数(元/人)	构成(%)	绝对数(元/人)	构成(%)
消费支出	**15750.5**		**17160.4**		**18807.9**	
食品烟酒	4812.0	30.6	5003.6	29.2	5260.0	28.0
食品	3631.2	23.1	3729.3	21.7	3653.1	19.4
烟酒	470.8	3.0	468.8	2.7	522.0	2.8
饮料	78.9	0.5	86.6	0.5	86.7	0.5
饮食服务	631.1	4.0	718.9	4.2	998.3	5.3
衣着	1057.9	6.7	1086.1	6.3	1215.5	6.5
衣类	824.0	5.2	852.3	5.0	1001.5	5.3
鞋类	233.8	1.5	233.9	1.4	214.0	1.1
居住	3104.6	19.7	3428.9	20.0	3976.1	21.1
租赁房房租	76.8	0.5	89.3	0.5	128.3	0.7
住房维修及管理	501.8	3.2	630.5	3.7	717.6	3.8
水电燃料及其他	702.7	4.5	802.0	4.7	793.8	4.2
自有住房折算租金	1823.3	11.6	1907.1	11.1	2336.3	12.4
生活用品及服务	993.1	6.3	1054.0	6.1	1190.2	6.3
家具及室内装饰品	146.9	0.9	172.7	1.0	186.2	1.0
家用器具	274.2	1.7	285.5	1.7	355.0	1.9
家用纺织品	95.7	0.6	104.6	0.6	113.0	0.6
家庭日用杂品	260.8	1.7	265.0	1.5	269.9	1.4
个人用品	139.0	0.9	157.5	0.9	201.6	1.1
家庭服务	76.5	0.5	68.7	0.4	64.4	0.3
交通通信	1915.5	12.2	2042.6	11.9	2322.9	12.4
交通	1271.8	8.1	1410.2	8.2	1709.6	9.1
通信	643.7	4.1	632.4	3.7	613.2	3.3
教育文化娱乐	2392.7	15.2	2805.1	16.3	2786.2	14.8
教育	1477.4	9.4	1694.1	9.9	1656.0	8.8
文化娱乐	915.2	5.8	1111.0	6.5	1130.2	6.0
医疗保健	1165.0	7.4	1424.0	8.3	1705.5	9.1
医疗器具及药品	404.8	2.6	455.4	2.7	513.6	2.7
医疗服务	760.1	4.8	968.6	5.6	1191.9	6.3
其他用品和服务	309.8	2.0	316.1	1.8	351.5	1.9
其他用品	186.3	1.2	187.4	1.1	199.7	1.1
其他服务	123.5	0.8	128.7	0.7	151.8	0.8

2-6 续表

指 标	2019		2020		2021		2022	
	绝对数（元／人）	构成（%）	绝对数（元／人）	构成（%）	绝对数（元／人）	构成（%）	绝对数（元／人）	构成（%）
消费支出	**20478.9**		**20997.6**		**22798.2**		**24082.7**	
食品烟酒	5771.0	28.2	6251.7	29.8	6736.5	29.5	7046.6	29.3
食品	3899.7	19.0	4502.2	21.4	4633.3	20.3	4760.4	19.8
烟酒	581.9	2.8	610.7	2.9	739.2	3.2	825.7	3.4
饮料	93.7	0.5	99.4	0.5	122.6	0.5	141.0	0.6
饮食服务	1195.7	5.8	1039.4	5.0	1241.4	5.4	1319.5	5.5
衣着	1262.2	6.2	1236.9	5.9	1329.3	5.8	1366.4	5.7
衣类	1035.4	5.1	1013.9	4.8	1090.4	4.8	1112.6	4.6
鞋类	226.9	1.1	223.0	1.1	238.9	1.0	253.9	1.1
居住	4306.1	21.0	4436.2	21.1	4811.5	21.1	5038.4	20.9
租赁房房租	142.7	0.7	125.8	0.6	104.2	0.5	95.3	0.4
住房维修及管理	819.1	4.0	887.6	4.2	1018.2	4.5	1056.1	4.4
水电燃料及其他	822.6	4.0	837.1	4.0	927.1	4.1	1007.4	4.2
自有住房折算租金	2521.7	12.3	2585.6	12.3	2762.0	12.1	2879.6	12.0
生活用品及服务	1226.2	6.0	1289.0	6.1	1411.2	6.2	1490.6	6.2
家具及室内装饰品	201.3	1.0	228.7	1.1	235.7	1.0	243.7	1.0
家用器具	317.4	1.5	335.2	1.6	412.8	1.8	457.0	1.9
家用纺织品	126.5	0.6	117.0	0.6	130.0	0.6	138.9	0.6
家庭日用杂品	274.6	1.3	281.5	1.3	292.6	1.3	295.9	1.2
个人用品	234.4	1.1	254.3	1.2	267.6	1.2	281.7	1.2
家庭服务	72.0	0.4	72.2	0.3	72.5	0.3	73.4	0.3
交通通信	2538.5	12.4	2745.5	13.1	2891.0	12.7	3135.3	13.0
交通	1976.6	9.7	2095.6	10.0	2196.7	9.6	2399.9	10.0
通信	561.9	2.7	649.9	3.1	694.4	3.0	735.4	3.1
教育文化娱乐	3017.4	14.7	2587.3	12.3	3061.3	13.4	3250.3	13.5
教育	1977.6	9.7	1861.2	8.9	2317.7	10.2	2461.5	10.2
文化娱乐	1039.8	5.1	726.1	3.5	743.6	3.3	788.8	3.3
医疗保健	1961.6	9.6	2034.7	9.7	2122.2	9.3	2295.7	9.5
医疗器具及药品	513.2	2.5	537.9	2.6	521.6	2.3	552.1	2.3
医疗服务	1448.4	7.1	1496.9	7.1	1600.6	7.0	1743.6	7.2
其他用品和服务	395.8	1.9	416.3	2.0	435.0	1.9	459.5	1.9
其他用品	218.4	1.1	229.2	1.1	235.9	1.0	239.5	1.0
其他服务	177.4	0.9	187.2	0.9	199.1	0.9	219.9	0.9

2-7 湖南居民主要食品消费量

单位：公斤/人

指　标	2016	2017	2018	2019	2020	2021	2022
粮食	144.4	146.6	137.6	144.1	157.2	161.5	159.1
谷物	136.0	138.1	128.4	134.2	146.6	151.2	148.6
薯类	1.3	1.3	1.4	1.3	1.4	1.2	1.1
豆类	7.1	7.2	7.8	8.6	9.1	9.1	9.3
#大豆	0.9	0.8	1.1	0.6	0.6	0.5	0.5
食用油	11.9	12.4	11.8	11.7	12.5	14.0	12.8
#食用植物油	9.3	9.7	9.0	9.5	10.6	11.1	10.5
蔬菜及食用菌	101.4	104.9	94.4	97.9	104.5	104.4	104.9
#鲜菜	99.2	102.3	91.4	94.5	101.5	101.8	102.6
肉类及其制品	29.5	31.8	34.5	30.3	27.1	36.9	39.1
#猪肉	25.1	27.1	29.8	25.7	22.7	32.0	33.9
牛肉	1.8	1.9	1.9	2.2	2.2	2.2	2.4
羊肉	0.6	0.7	0.6	0.6	0.6	0.7	0.6
家禽	10.7	10.7	10.8	13.7	15.8	15.3	14.3
水产品	12.3	11.8	11.9	14.8	14.6	14.6	14.6
蛋类	7.6	8.0	7.8	8.7	10.3	10.9	10.7
奶类	5.4	5.7	6.7	6.9	7.4	8.9	8.0
#鲜瓜果	47.8	48.5	52.8	55.2	52.2	56.8	55.8
食糖	1.4	1.4	1.3	1.2	1.2	1.1	1.1

2-8 湖南居民年末主要耐用消费品拥有量

单位：平均每百户

指　　标	2016	2017	2018	2019	2020	2021	2022
家用汽车(辆)	21.39	23.30	22.76	25.58	32.44	36.56	38.84
摩托车(辆)	56.31	56.02	57.74	57.19	56.88	60.69	59.90
电动助力车(台)	18.02	20.70	21.88	25.21	26.75	32.23	34.07
洗衣机(台)	87.44	90.43	95.06	97.17	97.89	100.78	101.37
电冰箱、柜(台)	95.79	98.07	101.89	103.82	105.37	108.74	108.72
微波炉(台)	25.83	27.08	25.69	26.46	26.50	26.36	27.09
彩色电视机(台)	115.04	117.28	116.57	117.56	117.83	115.35	115.21
空调(台)	96.97	102.35	122.63	128.92	129.30	142.50	146.92
热水器(台)	74.52	78.47	88.47	91.25	94.27	97.11	98.04
排油烟机(台)	43.28	47.36	52.86	56.73	57.26	60.35	61.78
固定电话(线)	23.83	23.91	13.32	8.90	6.56	4.98	4.63
移动电话(部)	253.33	260.65	279.15	280.34	281.39	285.44	284.64
计算机(台)	48.65	50.66	51.08	51.31	51.29	41.80	41.86
照相机(台)	13.47	13.67	10.01	9.83	9.84	5.31	5.59

2-9 湖南居民第一产业生产经营收支情况

单位：元/人

指　　标	2016	2017	2018	2019	2020	2021	2022
生产经营收入	1408.5	1436.4	1509.0	1655.7	1849.2	2134.1	2249.5
农业	978.7	999.8	1047.3	1129.5	1286.3	1482.9	1568.7
林业	54.7	59.7	106.0	89.8	76.0	102.4	112.8
牧业	312.3	307.6	266.4	320.8	379.8	415.1	432.1
渔业	62.8	69.3	89.2	115.7	107.1	133.7	135.9
生产经营费用支出	1241.1	1272.8	1361.9	1263.6	1330.2	1559.7	1654.3
农业	470.6	522.7	647.9	676.3	719.3	813.7	920.9
林业	12.4	11.7	34.8	24.2	22.7	35.3	25.0
牧业	723.8	700.4	570.4	406.7	410.2	469.0	422.6
渔业	34.3	37.9	108.9	156.3	177.9	241.7	285.8

2-10 历年城镇居民生活

年份	可支配收入（元/人）	指数（1978年为100）	消费支出（元/人）	#食品支出	每一就业者负担人数（人）	人均居住面积（平方米）
1978	323.9	100.0	289.6	166.1	1.90	3.90
1980	475.9	125.2	425.5	244.1	1.76	4.30
1981	505.1	118.7	465.8	260.3	1.72	4.80
1982	519.0	116.8	449.4	264.5	1.70	5.10
1983	564.0	123.2	492.7	289.4	1.72	5.40
1984	645.0	138.0	540.8	310.4	1.71	5.80
1985	760.8	161.8	685.3	366.5	1.88	6.00
1986	904.4	182.5	775.3	427.9	1.90	6.40
1987	1017.8	184.5	871.6	497.1	1.87	6.50
1988	1255.0	181.0	1142.7	580.7	1.84	6.90
1989	1492.6	183.5	1234.0	678.3	1.82	7.00
1990	1591.5	194.5	1294.0	720.3	1.80	6.91
1991	1783.2	207.3	1446.0	772.1	1.80	7.07
1992	2166.5	221.9	1732.0	881.6	1.76	7.41
1993	2816.5	245.8	2194.0	1049.4	1.73	8.14
1994	3887.6	271.9	3138.0	1496.8	1.70	7.93
1995	4699.2	278.7	3886.0	1898.1	1.67	7.75
1996	5052.1	279.2	4098.0	1986.6	1.64	8.06
1997	5209.7	280.1	4317.2	1972.8	1.64	8.66
1998	5434.3	290.7	4371.0	1907.6	1.62	9.91
1999	5815.4	312.2	4800.0	1942.2	1.66	10.77
2000	6218.7	328.9	5218.8	1943.7	1.71	11.75
2001	6780.6	362.6	5546.2	1943.6	1.77	11.80
2002	6958.6	399.7	5574.7	1985.9	1.97	12.40
2003	7674.2	434.7	6082.6	2179.3	1.89	24.43
2004	8617.5	468.9	6884.6	2479.6	1.88	25.39
2005	9524.0	507.6	7505.0	2689.4	2.05	22.03
2006	10504.7	551.2	8169.3	2850.9	2.03	22.54
2007	12293.5	613.2	8990.7	3243.9	1.99	34.71
2008	13821.2	651.2	9945.5	3970.4	2.10	36.52
2009	15084.3	713.1	10828.2	4174.6	2.06	37.25
2010	16565.7	759.4	11825.3	4322.1	2.07	37.51
2011	18844.1	819.4	13402.9	4943.9	2.15	39.69
2012	21318.8	907.1	14609.0	5441.6	2.05	40.22
2013	24352.0	970.6	16867.3	5323.0	1.95	39.97
2014	26570.2	1037.6	18334.7	5596.0	1.84	39.52
2015	28838.1	1109.2	19501.4	6075.5	1.90	41.02
2016	31283.9	1181.3	21420.0	6407.7	1.96	44.04
2017	33947.9	1261.6	23162.6	6585.0	1.98	46.48
2018	36698.3	1338.6	25064.2	6848.9	2.03	48.76
2019	39841.9	1413.7	26924.0	7499.6	2.02	49.66
2020	41697.5	1450.4	26796.4	7807.1	2.06	51.14
2021	44866.1	1520.0	28293.8	8129.8	1.99	52.30
2022	47301.2	1575.8	29580.1	8443.5	1.99	52.62

注：1991年及以前的可支配收入均系全部收入。2002年起，可支配收入剔除了出售财物收入和个人交纳的社会保障支出。

2-11 历年城镇居民平均每人家庭收入及来源

单位：元

年 份	可支配收入	全部收入				
			工资性收入	经营净收入	财产性收入	转移性收入
1978	323.9	323.9	306.0			
1980	475.9	475.9	466.2			9.7
1981	505.1	505.1	496.6	0.3		8.2
1982	519.0	519.0	507.3	0.1		11.6
1983	564.0	564.0	549.7			14.3
1984	645.0	645.0	627.7	0.4		16.9
1985	760.8	760.8	651.1	9.5		100.2
1986	904.4	904.4	752.4	9.7		142.4
1987	1017.8	1017.8	840.4	11.2		166.2
1988	1255.0	1255.0	1078.7	21.3		155.0
1989	1492.6	1492.6	1213.2	28.2	14.2	237.0
1990	1591.5	1591.5	1327.7	23.6	16.4	223.7
1991	1783.2	1783.2	1567.0	14.4	19.8	182.1
1992	2166.6	2172.0	1768.2	18.2	28.8	356.8
1993	2821.6	2822.0	2298.9	31.2	54.5	437.4
1994	3892.7	3893.0	3154.5	27.8	81.5	629.2
1995	4699.2	4705.2	3971.1	26.0	81.6	626.5
1996	5052.1	5060.0	4309.5	44.3	86.8	619.4
1997	5209.7	5248.9	4433.6	35.2	112.0	668.1
1998	5434.3	5474.6	4517.5	35.4	142.6	779.1
1999	5815.4	5855.7	4723.6	52.4	153.9	925.8
2000	6218.7	6261.2	4954.2	140.1	158.8	1008.1
2001	6780.6	6832.6	5168.4	170.0	239.5	1254.7
2002	6958.6	7371.8	5408.2	235.4	111.0	1617.2
2003	7674.2	8145.1	5984.8	356.2	100.7	1703.4
2004	8617.5	9190.2	6807.3	494.0	92.9	1796.0
2005	9524.0	10106.1	6805.4	872.2	195.6	2232.9
2006	10504.7	11146.1	7401.7	929.8	287.2	2527.3
2007	12293.5	14148.9	8612.5	2343.4	170.9	3022.1
2008	13821.2	14577.3	9071.0	1575.1	316.5	3614.7
2009	15084.3	16078.1	9854.1	1744.4	419.2	4060.5
2010	16565.7	17657.1	10782.0	1880.9	541.1	4453.0
2011	18844.1	20083.9	11550.1	2674.2	770.7	5089.0
2012	21318.8	22804.6	13237.1	3008.3	867.8	5691.4
2013	24352.0	26107.6	13453.0	3254.8	2387.3	5256.8
2014	26570.2	28796.4	14661.7	3566.7	2628.6	5713.1
2015	28838.1	31468.3	15902.8	3993.6	2801.0	6140.8
2016	31283.9	35055.6	17274.9	4339.2	3009.6	6660.2
2017	33947.9	38845.9	18765.9	4605.8	3204.1	7372.2
2018	36698.3	42316.8	20021.5	5252.5	3715.3	7708.9
2019	39841.9	46345.4	21534.1	5946.8	3950.9	8410.1
2020	41697.5	47985.1	22457.3	6255.2	4146.1	8839.0
2021	44866.1	52258.7	24160.9	6878.0	4436.0	9391.2
2022	47301.2	54620.1	25401.6	7214.7	4687.9	9997.0

2-12 历年城镇居民平均每人消费性分类支出

单位：元

年 份	消费性支出	食品	衣着	居住	家庭设备用品及服务	交通和通讯	文教娱乐用品及服务	医疗保健	其他商品和服务
1978	289.6	166.1					99.5		24.0
1980	425.5	244.1	54.0	17.0	46.3	6.4	32.8	2.8	22.2
1981	465.8	260.3	57.8	18.5	50.6	5.8	47.0	3.8	21.9
1982	449.4	264.5	54.8	20.0	42.7	6.1	35.6	4.2	21.4
1983	492.7	289.4	61.9	21.4	46.8	7.2	39.1	4.2	22.7
1984	540.8	310.4	70.4	22.2	53.9	7.8	47.5	4.2	24.4
1985	685.3	366.5	86.5	33.0	80.2	7.6	74.8	8.3	28.6
1986	775.3	427.9	102.0	36.4	89.0	8.4	67.2	9.7	34.7
1987	871.6	497.1	101.5	36.0	96.6	9.4	77.3	10.3	43.3
1988	1142.7	580.7	132.0	54.9	168.1	11.9	110.9	18.4	65.8
1989	1234.4	678.3	146.4	51.5	144.9	14.9	108.3	21.6	68.6
1990	1294.1	720.3	170.4	60.0	124.6	26.8	122.8	19.2	50.0
1991	1445.5	772.1	197.6	71.3	142.8	33.2	135.4	25.6	67.6
1992	1731.6	881.6	237.0	95.9	164.7	39.3	176.8	41.1	95.3
1993	2194.0	1049.4	305.0	141.8	230.6	72.4	215.2	57.7	121.9
1994	3138.2	1496.8	420.7	184.5	301.9	184.6	316.6	82.1	151.0
1995	3885.6	1898.1	481.1	244.3	370.7	206.9	408.4	108.7	167.5
1996	4098.3	1986.6	507.1	267.8	334.1	210.6	460.9	149.8	181.4
1997	4317.2	1972.8	497.6	316.7	327.8	276.7	576.4	161.3	188.1
1998	4371.0	1907.6	458.4	411.2	332.2	255.8	642.7	183.9	179.2
1999	4800.0	1942.2	512.3	492.6	401.4	321.3	697.2	206.1	226.5
2000	5218.8	1943.7	495.2	576.7	544.5	395.6	753.8	270.2	239.1
2001	5546.2	1943.6	551.5	662.4	460.1	474.7	826.9	328.6	298.4
2002	5574.7	1985.9	577.7	581.9	420.4	596.0	883.6	343.7	185.6
2003	6082.6	2179.3	621.3	586.9	420.2	680.2	993.9	391.3	209.5
2004	6884.6	2479.6	689.5	640.7	388.2	881.9	1091.3	475.6	237.9
2005	7505.0	2689.4	790.7	771.5	451.0	801.3	1138.7	601.3	261.2
2006	8169.3	2850.9	868.2	871.7	513.6	965.1	1182.2	632.5	285.0
2007	8990.7	3243.9	1017.6	869.6	603.2	986.9	1285.2	668.5	315.8
2008	9945.5	3970.4	1090.7	960.8	674.8	971.1	1110.1	791.0	376.6
2009	10828.2	4174.6	1146.3	1074.7	798.4	1233.8	1207.7	784.7	408.1
2010	11825.3	4322.1	1277.5	1182.3	903.8	1541.4	1418.9	776.9	402.5
2011	13402.9	4943.9	1499.0	1292.6	940.8	1975.5	1526.1	790.8	434.3
2012	14609.0	5441.6	1624.6	1301.6	1034.3	2084.2	1737.6	918.4	466.7
2013	16867.3	5323.0	1387.9	3427.8	1108.3	2141.2	2016.4	1022.8	439.8
2014	18334.7	5596.0	1442.1	3567.6	1098.6	2462.1	2537.5	1209.8	421.0
2015	19501.4	6075.5	1638.1	3519.6	1202.6	2430.2	2934.1	1174.6	526.6
2016	21420.0	6407.7	1666.4	3918.7	1384.1	2837.1	3406.1	1362.6	437.4
2017	23162.6	6585.0	1682.4	4353.2	1492.6	2904.6	3972.9	1693.0	478.9
2018	25064.2	6848.9	1823.5	5060.9	1635.6	3220.3	3924.5	2034.4	516.0
2019	26924.0	7499.6	1843.7	5447.8	1660.4	3425.2	4172.2	2305.2	569.8
2020	26796.4	7807.1	1778.4	5465.5	1708.7	3722.5	3360.8	2350.5	602.8
2021	28293.8	8129.8	1857.0	5795.6	1830.0	3802.7	3859.5	2399.2	620.0
2022	29580.1	8443.5	1894.6	6031.6	1924.5	4069.3	4006.0	2562.0	648.6

注：1.1992年以前的数据，按现行的指标进行重新计算。
2.2013年起，居住消费中加入自有住房折算租金。

2-13 历年城镇居民可支配收入指数

年 份	可支配收入（元/人）	以上年为100		以1978年为100	
		货币收入	实际收入	货币收入	实际收入
1978	323.9			100.0	100.0
1980	475.9			146.9	125.2
1985	760.8	117.0	104.6	234.9	161.8
1990	1591.5	106.0	105.4	491.4	194.5
1995	4699.2	121.0	102.5	1452.6	278.7
1999	5815.4	107.0	107.4	1795.2	312.2
2000	6218.7	106.9	105.5	1919.9	328.9
2001	6780.6	109.0	110.2	2092.7	362.6
2002	6958.6	109.8	110.2	2298.6	399.7
2003	7674.2	110.3	108.8	2534.9	434.7
2004	8617.5	112.3	107.9	2846.2	468.9
2005	9524.0	110.5	108.2	3145.6	507.6
2006	10504.7	110.3	108.6	3469.6	551.6
2007	12293.5	117.0	111.2	4059.4	613.2
2008	13821.2	112.4	106.2	4562.8	651.2
2009	15084.3	109.1	109.5	4978.0	713.1
2010	16565.7	109.8	106.5	5465.9	759.4
2011	18844.1	113.8	107.9	6220.2	819.4
2012	21318.8	113.1	110.7	7035.0	907.1
2013	24352.0	109.8	107.0	7724.4	970.6
2014	26570.2	109.1	106.9	8427.4	1037.6
2015	28838.1	108.5	106.9	9146.7	1109.2
2016	31283.9	108.5	106.5	9924.1	1181.3
2017	33947.9	108.5	106.8	10769.2	1261.6
2018	36698.3	108.1	106.1	11641.6	1338.6
2019	39841.9	108.6	105.6	12638.8	1413.7
2020	41697.5	104.7	102.6	13232.8	1450.4
2021	44866.1	107.6	104.8	14238.5	1520.0
2022	47301.2	105.4	103.7	15011.3	1575.8

注：1.实际收入指数，指扣除价格上涨因素后的指数。
2.1991年及以前的可支配收入均系全部收入，2002年起，可支配收入剔除了出售财物收入和个人交纳的社会保障支出。

2-14 近年城镇居民家庭基本情况

项 目	2014	2015	2016	2017	2018	2019	2020	2021	2022
调查户数(户)	**2121**	**2381**	**2511**	**2493**	**2990**	**2990**	**3330**	**3340**	**3340**
平均每户家庭人口(人)	2.94	3.00	3.10	3.03	3.17	3.15	3.15	3.22	3.21
平均每户就业人口(人)	1.60	1.58	1.62	1.69	1.56	1.56	1.53	1.62	1.60
平均每户就业面(包括就业者)(%)	54.40	52.77	52.27	55.93	49.21	49.41	48.57	50.31	49.84
平均每人全部年收入(元)	**28796.4**	**31468.3**	**35055.6**	**38845.9**	**42316.8**	**46345.4**	**47985.1**	**52258.7**	**54620.1**
#可支配收入	26570.2	28838.1	31283.9	33947.9	36698.3	39841.9	41697.5	44866.1	47301.2
工资性收入	14661.7	15902.8	17274.9	18765.9	20021.5	21534.1	22457.3	24160.9	25401.6
经营净收入	3566.7	3993.6	4339.2	4605.8	5252.5	5946.8	6255.2	6878.0	7214.7
财产净收入	2628.6	2801.0	3009.6	3204.1	3715.3	3950.9	4146.1	4436.0	4687.9
转移净收入	5713.1	6140.8	6660.2	7372.2	7708.9	8410.1	8839.0	9391.2	9997.0
平均每人消费支出(元)	**18334.7**	**19501.4**	**21420.0**	**23162.6**	**25064.2**	**26924.0**	**26796.4**	**28293.8**	**29580.1**
#食品烟酒	5596.0	6075.5	6407.7	6585.0	6848.9	7499.6	7807.1	8129.8	8443.5
衣着	1442.1	1638.1	1666.4	1682.4	1823.5	1843.7	1778.4	1857.0	1894.6
居住	3567.6	3519.6	3918.7	4353.2	5060.9	5447.8	5465.5	5795.6	6031.6
生活用品及服务	1098.6	1202.6	1384.1	1492.6	1635.6	1660.4	1708.7	1830.0	1924.5
交通通信	2462.1	2430.2	2837.1	2904.6	3220.3	3425.2	3722.5	3802.7	4069.3
教育文化娱乐	2537.5	2934.1	3406.1	3972.9	3924.5	4172.2	3360.8	3859.5	4006.0
医疗保健	1209.8	1174.6	1362.6	1693.0	2034.4	2305.2	2350.5	2399.2	2562.0
其他用品和服务	421.0	526.6	437.4	478.9	516.0	569.8	602.8	620.0	648.6
可支配收入中位数	**25711.0**	**27216.0**	**29064.0**	**31600.0**	**33213.0**	**36036.1**	**37477.5**	**40176.6**	**42432.0**

2-15 湖南城镇居民年末主要耐用消费品拥有量

单位：平均每百户

指　标	2018	2019	2020	2021	2022
家用汽车(辆)	33.10	36.33	43.24	46.64	48.00
摩托车(辆)	36.89	36.22	37.61	43.27	42.65
电动助力车(台)	26.36	29.37	30.91	36.18	38.26
洗衣机(台)	103.72	104.41	104.74	104.61	104.86
电冰箱、柜(台)	104.08	104.96	106.10	109.10	108.74
微波炉(台)	42.61	43.33	42.12	39.42	39.87
彩色电视机(台)	119.81	120.07	119.61	117.82	116.91
空调(台)	179.96	184.98	182.84	191.07	194.91
热水器(台)	103.34	104.40	105.89	104.14	104.26
排油烟机(台)	77.64	80.94	80.72	77.82	79.15
固定电话(线)	15.32	9.96	7.80	5.57	5.73
移动电话(部)	272.68	274.79	274.75	278.27	276.56
计算机(台)	74.94	74.93	73.46	56.64	56.86
照相机(台)	17.90	17.37	17.28	9.17	9.52

2-16 历年农村居民生活

单位：元/人·年

年 份	可支配收入(纯收入)	收入指数(1978=100)	总支出	生活消费支出	#食品支出	每一劳动力负担人数(人)	农村人均自有现住房建筑面积(平方米)
1978	142.6		167.1	140.1	97.9	2.33	10.50
1980	219.7	147.6	236.1	193.0	127.7	2.09	11.15
1981	241.7	160.5	265.3	207.6	136.0	1.95	11.87
1982	284.4	186.5	323.2	248.7	164.0	2.00	12.89
1983	315.7	205.0	409.2	273.9	175.6	1.77	16.10
1984	348.2	221.9	441.8	293.2	191.0	1.74	16.77
1985	395.3	239.4	519.9	348.5	219.4	1.69	18.20
1986	439.7	255.9	568.0	386.4	229.0	1.68	19.25
1987	471.3	257.4	639.1	434.8	245.7	1.67	20.01
1988	515.4	244.8	730.1	480.8	266.9	1.65	20.48
1989	558.3	236.5	786.5	516.3	290.4	1.63	21.57
1990	664.2	229.4	930.2	608.7	390.7	1.65	22.27
1991	688.9	234.4	1008.1	655.5	412.6	1.69	22.58
1992	739.4	239.7	1116.1	707.8	442.6	1.67	23.12
1993	851.9	244.5	1306.5	816.6	499.0	1.63	24.56
1994	1155.0	257.0	1766.5	1088.7	665.7	1.60	24.23
1995	1425.2	270.4	2203.4	1367.3	823.9	1.60	25.57
1996	1792.3	292.8	2784.6	1736.7	1025.3	1.56	26.88
1997	2037.1	318.9	2853.4	1815.8	1078.0	1.56	27.37
1998	2064.9	326.6	2829.9	1889.2	1107.2	1.54	28.79
1999	2147.2	344.6	2772.4	1920.2	1123.0	1.52	29.88
2000	2197.2	361.1	2964.9	1942.9	1053.4	1.46	30.92
2001	2299.5	379.5	3030.1	1990.3	1053.2	1.45	32.87
2002	2397.9	398.5	3114.7	2068.7	1086.1	1.44	34.05
2003	2532.9	417.2	3184.3	2139.2	1111.3	1.42	35.09
2004	2837.8	450.6	3729.1	2472.3	1338.7	1.40	36.55
2005	3117.7	483.0	4289.5	2756.4	1433.0	1.40	38.38
2006	3389.8	519.7	4502.7	3013.1	1463.3	1.38	39.28
2007	3904.3	562.8	5009.9	3377.4	1675.2	1.37	40.18
2008	4512.5	607.8	5695.0	3805.0	1947.5	1.37	40.72
2009	4910.0	664.3	6024.2	4020.9	1967.5	1.36	41.69
2010	5622.0	737.1	6507.9	4310.4	2087.9	1.36	42.01
2011	6567.1	815.2	8480.5	5179.4	2343.1	1.35	46.62
2012	7440.2	909.0	9356.8	5870.1	2574.8	1.36	46.78
2013	9028.6	998.0	14349.5	7832.6	2708.9	1.51	52.93
2014	10060.2	1096.8	16612.3	9024.8	3095.2	1.50	54.25
2015	10992.5	1185.6	17387.2	9690.6	3188.9	1.50	57.26
2016	11930.4	1262.7	18231.3	10629.9	3370.7	1.68	60.63
2017	12935.8	1353.6	19309.0	11533.6	3521.2	1.71	63.52
2018	14092.5	1445.7	23632.9	12720.5	3713.9	1.83	63.57
2019	15394.8	1531.8	24603.3	13968.8	4024.9	1.87	63.94
2020	16584.6	1603.8	25198.1	14974.0	4635.9	1.95	65.28
2021	18295.2	1769.0	29636.7	16950.7	5254.1	1.85	63.89
2022	19546.3	1854.7	31501.1	18077.7	5520.7	1.85	65.30

注：从2013年开始收入指标改为可支配收入，收支口径有所变化。主要变化是参与平均的人口由家庭户籍人口改为家庭常住人口。居住面积也因人口口径变化而变化，指标名称由农村人均居住面积改为农村居民人均自有现住房建筑面积。收入指数扣除价格因素影响。

2-17 历年农村居民平均每人家庭收入及来源

单位：元

年 份	可支配收入(纯收入)	工资性收入	经营净收入	财产净收入	转移净收入
1978	142.6				
1979	177.1				
1980	219.7	104.2	88.5		27.0
1981	243.2	110.5	102.5		30.2
1982	284.4	132.3	124.6		27.5
1983	315.7	50.1	236.0		29.5
1984	348.2	53.0	266.5		28.8
1985	395.3	53.8	326.2		15.2
1986	439.7	59.2	364.4		16.1
1987	471.3	74.9	379.5		16.9
1988	515.4	86.5	409.5		19.3
1989	558.3	99.9	436.2		22.3
1990	664.2	85.1	557.1		22.0
1991	688.9	94.2	570.8		24.0
1992	739.4	114.0	601.1		24.3
1993	851.9	135.9	685.9		30.2
1994	1155.0	206.8	903.0		45.2
1995	1425.2	268.0	1095.9		61.3
1996	1792.3	352.1	1367.1		73.1
1997	2037.1	460.0	1508.6		68.5
1998	2064.9	613.1	1383.3		68.4
1999	2147.2	695.6	1372.7		78.9
2000	2197.2	789.7	1329.1	20.7	57.6
2001	2299.5	840.1	1371.1	23.2	65.1
2002	2397.9	914.3	1376.7	29.0	77.9
2003	2532.9	988.4	1427.2	32.3	85.0
2004	2837.8	1081.2	1614.6	41.9	100.1
2005	3117.7	1228.8	1713.4	42.1	133.6
2006	3389.8	1449.7	1743.5	42.5	154.2
2007	3904.3	1712.3	1963.9	39.9	188.1
2008	4512.5	1990.5	2196.6	57.1	268.3
2009	4910.0	2234.0	2257.3	81.2	337.5
2010	5622.0	2655.6	2463.9	101.6	400.9
2011	6567.1	3240.8	2725.2	112.2	488.9
2012	7440.2	3847.6	2903.2	112.8	576.6
2013	9028.6	3671.6	3255.5	130.7	1970.7
2014	10060.2	4088.1	3638.9	165.6	2167.5
2015	10992.5	4515.2	3911.7	174.1	2391.5
2016	11930.4	4946.2	4138.6	143.1	2702.5
2017	12935.8	5340.8	4368.9	148.2	3077.9
2018	14092.5	5769.3	4785.7	179.3	3358.2
2019	15394.8	6224.0	5268.3	208.8	3693.6
2020	16584.6	6569.6	5804.0	231.7	3979.3
2021	18295.2	7165.0	6530.2	261.5	4338.5
2022	19546.3	7631.3	6961.3	283.4	4670.3

注：从2013年开始收入指标改为可支配收入，口径与纯收入有所变化。主要变化是参与平均的人口由家庭户籍人口改为家庭常住人口。

2–18 历年农村居民生活消费分类支出

单位：元/人

年 份	生活消费支出	食品烟酒	衣着	居住	生活用品及服务	交通通信	教育文化娱乐	医疗保健	其他用品和服务
1978	140.1	97.9	14.3	18.2					
1980	192.9	127.9	20.5	27.3	3.1	0.5	7.5	3.2	2.9
1981	207.6	136.0	23.1	27.9					
1982	248.7	164.0	24.7	35.8					
1983	273.9	175.6	26.7	41.8	16.3	1.3	6.4	4.7	1.1
1984	293.2	191.2	28.8	41.5	16.2	1.6	7.0	5.5	1.3
1985	348.5	219.6	33.8	51.0	15.7	6.6	11.9	7.5	2.4
1986	386.4	229.1	36.5	66.8	23.9	2.7	16.1	8.3	3.0
1987	434.8	248.1	36.9	79.3	29.7	3.1	23.0	10.7	4.0
1988	480.8	269.8	38.7	88.4	33.0	3.9	31.5	11.6	3.9
1989	516.3	294.0	39.6	87.7	33.5	4.6	37.1	16.1	3.6
1990	608.7	390.7	37.3	82.8	28.6	8.8	39.2	18.3	3.0
1991	655.5	412.6	42.9	92.3	34.7	6.8	41.1	20.6	4.6
1992	707.3	442.6	43.5	98.8	35.9	8.2	52.6	22.7	3.5
1993	816.6	499.0	45.4	108.1	40.1	16.1	74.2	24.4	9.3
1994	1088.7	665.7	61.2	148.6	50.4	21.6	98.9	29.3	13.0
1995	1367.3	823.9	73.5	192.4	68.8	26.3	128.8	35.8	17.8
1996	1736.7	1025.3	96.0	229.7	84.7	38.7	177.0	58.7	26.6
1997	1821.1	1081.6	90.5	241.9	84.2	46.3	188.0	58.3	30.3
1998	1889.2	1107.2	91.5	251.7	85.7	45.9	206.6	61.7	38.9
1999	1920.2	1123.0	82.7	267.9	79.7	60.2	207.7	62.1	36.9
2000	1942.9	1053.4	89.8	251.9	78.1	99.4	222.5	82.2	65.7
2001	1990.3	1053.2	93.4	268.7	80.8	102.4	234.4	95.7	61.8
2002	2068.7	1086.1	97.9	271.3	84.8	118.6	248.6	102.8	58.7
2003	2139.2	1111.3	106.2	272.0	79.6	146.9	270.5	105.2	47.5
2004	2472.3	1338.7	112.4	293.2	92.4	174.5	280.0	124.1	57.1
2005	2756.4	1433.0	127.9	307.3	114.3	219.0	329.3	168.2	57.5
2006	3013.1	1463.3	137.7	420.8	129.8	249.6	341.7	196.5	73.6
2007	3377.4	1675.2	161.8	508.3	152.6	278.8	293.9	220.0	86.9
2008	3805.0	1947.5	169.1	629.8	171.1	286.0	278.7	244.2	78.7
2009	4020.9	1967.5	182.5	691.6	203.7	341.3	291.0	258.1	85.3
2010	4310.4	2087.9	209.9	719.2	243.9	343.8	315.9	293.6	96.2
2011	5179.4	2343.1	260.4	969.7	330.7	421.7	346.6	396.5	110.6
2012	5870.1	2574.8	318.0	1088.2	373.5	481.6	400.2	497.2	136.6
2013	7832.6	2708.9	403.1	1764.6	511.6	798.8	733.8	747.1	164.6
2014	9024.8	3095.2	468.0	1982.4	541.9	871.9	1112.1	771.4	181.9
2015	9690.6	3188.9	494.5	2191.0	604.7	920.2	1276.4	844.1	170.7
2016	10629.9	3370.7	508.3	2369.4	639.9	1083.1	1477.3	986.5	194.6
2017	11533.6	3521.2	527.2	2562.5	642.8	1234.5	1710.2	1171.8	163.4
2018	12720.5	3713.9	624.1	2920.6	756.8	1449.7	1678.6	1385.5	191.4
2019	13968.8	4024.9	674.9	3152.9	787.7	1642.9	1851.0	1614.5	220.1
2020	14974.0	4635.9	674.4	3367.0	853.0	1730.5	1783.8	1706.6	222.6
2021	16950.7	5254.1	767.9	3764.4	965.5	1921.0	2212.1	1827.5	238.2
2022	18077.7	5520.7	789.5	3953.5	1016.7	2115.0	2424.8	2004.8	252.9

注：从2013年开始支出口径有所变化。

2-19　农村居民家庭基本情况(2011-2022年)

项　　目	2011	2012	2013	2014	2015	2016	2017	2018	2019	2020	2021	2022
调查村数　(个)	**370**	**370**	**330**	**330**	**330**	**330**	**330**	**301**	**301**	**267**	**266**	**266**
已通电话村所占比重　(%)	100.0	100.0	100.0	100.0	100.0	100.0	100.0	100.0	100.0	100.0	100.0	100.0
已通公路村所占比重　(%)	99.7	99.7	99.4	99.7	99.7	99.7	100.0	100.0	100.0	100.0	100.0	100.0
调查户数　(户)	**3700**	**3700**	**3292**	**3799**	**3563**	**3516**	**3522**	**3010**	**3010**	**2670**	**2660**	**2660**
调查户人口(常住人口)(人)	14678	14680	12932	12125	11434	11293	11198	9774	9613	8538	8432	8315
平均每户常住人口　(人)	3.97	3.97	3.97	3.19	3.28	3.22	3.18	3.23	3.18	3.23	3.16	3.13
平均每户整半劳动力　(人)	2.93	2.91	3.02	2.15	2.12	2.13	2.09	2.08	2.04	2.06	2.07	2.09
平均每个劳动力负担人口(人)	1.35	1.36	1.46	1.48	1.50	1.51	1.45	1.55	1.56	1.95	1.85	1.49
平均每人经营耕地面积(亩)	1.18	1.22	1.10	1.46	1.49	1.53	1.56	1.71	1.55	1.89	1.85	1.87
平均每人经营水面面积(亩)	0.04	0.03	0.04	0.06	0.04	0.33	0.35	0.12	0.16	0.13	0.10	0.10
平均每百个劳动力中(%)												
不识字或识字很少	2.9	2.9	4.0	3.9	3.4	3.0	2.9	3.9	3.7	3.9	2.6	2.5
小学程度	26.7	26.6	32.6	32.7	32.8	34.3	34.4	33.3	33.0	34.0	30.8	30.5
初中程度	50.7	50.6	47.3	46.9	47.8	48.1	48.0	45.0	45.1	44.5	47.4	47.5
高中程度	13.7	13.8	13.3	13.6	13.8	12.5	12.5	14.7	15.0	14.5	16.6	16.7
大专以上	2.8	2.9	2.8	2.9	2.3	2.1	2.3	3.1	3.2	3.1	2.6	2.9

注：从2013年起，为住户一体化改革后的调整数据。

2-20 农民人均收入及指数

年 份	当年价纯收入(元)	以上年为100		以1978年为100		以1990年为100	
		按当年价格计算	扣除价格因素	按当年价格计算	扣除价格因素	按当年价格计算	扣除价格因素
1978	142.6			100.0	100.0		
1980	219.7	124.1	119.6	154.1	147.6		
1981	241.7	110.0	108.2	169.5	160.5		
1982	284.4	117.7	116.2	199.5	186.5		
1983	315.7	111.0	109.9	221.4	205.0		
1984	348.2	110.3	108.2	244.2	221.9		
1985	395.3	113.5	107.9	277.3	239.4		
1986	439.7	111.2	106.9	308.4	255.9		
1987	471.3	107.2	100.6	330.6	257.4		
1988	515.4	109.3	95.1	361.5	244.8		
1989	558.3	108.3	96.6	391.6	236.5		
1990	664.2	119.0	97.0	465.9	229.4	100.0	100.0
1991	688.9	103.7	102.2	483.2	234.4	103.7	102.2
1992	739.4	107.3	102.0	518.7	239.7	111.3	104.2
1993	851.9	115.2	102.0	597.6	244.5	128.2	106.1
1994	1155.0	135.6	105.1	810.2	257.0	173.9	111.6
1995	1425.2	123.4	105.2	999.7	270.4	214.6	117.4
1996	1792.3	125.8	108.3	1257.2	292.8	269.8	127.1
1997	2037.1	113.7	108.9	1428.9	318.9	306.7	138.5
1998	2064.9	101.4	102.4	1448.4	326.6	310.9	141.8
1999	2147.2	104.0	105.5	1506.3	344.6	323.3	149.6
2000	2197.2	102.3	104.8	1540.8	361.1	330.8	156.8
2001	2299.5	104.7	105.1	1613.2	379.5	346.2	164.8
2002	2397.9	104.3	105.0	1682.0	398.5	361.1	173.0
2003	2532.9	105.6	104.7	1776.2	417.2	381.3	181.1
2004	2837.8	112.0	108.0	1989.3	450.6	427.1	195.6
2005	3117.7	109.9	107.2	2186.2	483.0	469.4	209.7
2006	3389.7	108.7	107.6	2376.4	519.7	510.2	225.6
2007	3904.3	115.2	108.3	2737.6	562.8	587.8	244.3
2008	4512.5	115.6	108.0	3164.7	607.8	679.5	263.8
2009	4910.0	108.8	109.3	3443.2	664.3	739.3	288.3
2010	5622.0	114.5	111.0	3943.6	737.1	846.4	321.3
2011	6567.1	116.8	110.6	4606.1	815.2	988.6	355.4
2012	7440.2	113.3	111.5	5218.7	908.9	1120.1	396.3
2013	9028.6	112.5	109.8	6331.4	998.0	1359.3	435.1
2014	10060.2	111.4	109.9	7054.8	1096.8	1514.6	478.2
2015	10992.5	109.3	108.1	7708.6	1185.6	1655.0	516.9
2016	11930.4	108.5	106.5	8363.8	1262.7	1795.6	550.5
2017	12935.8	108.4	107.2	9066.4	1353.6	1946.5	590.1
2018	14092.5	108.9	106.8	9873.3	1445.7	2119.7	630.3
2019	15394.8	109.2	106.0	10781.7	1532.4	2314.7	668.1
2020	16584.6	107.7	104.7	11611.9	1604.4	2493.0	699.5
2021	18295.2	110.3	110.3	12807.9	1769.7	2749.7	771.5
2022	19546.3	106.8	104.8	13683.7	1855.5	2937.8	808.9

注：从2013年起为新口径可支配收入。

2-21　农村居民平均每百户年末耐用消费品拥有量(2012-2022年)

品　名	2012	2013	2014	2015	2016	2017	2018	2019	2020	2021	2022
吸尘器(台)	0.16							0.73	0.86	0.89	1.16
微波炉(台)	4.84	7.93	8.14	6.89	7.58	7.94	8.92	9.27	9.89	12.71	13.35
热水器(台)	24.38	37.10	41.63	44.57	54.29	59.03	73.75	77.85	81.92	89.77	91.37
洗衣机(台)	62.27	66.64	69.43	71.86	76.86	80.24	86.47	89.80	90.60	96.77	97.62
电冰箱(台)	77.46	81.45	85.25	87.39	91.38	93.73	99.73	102.66	104.60	108.36	108.70
摩托车(辆)	64.49	61.86	69.38	74.97	77.55	76.45	78.40	78.55	77.36	78.89	78.42
生活用汽车(台)	2.59	5.47	5.94	8.09	11.25	12.46	12.51	14.62	20.96	26.02	29.01
中高档乐器(架)	0.22	0.51	0.61	0.73	0.90	1.02	1.23	1.45	1.46	1.45	1.56
彩色电视机(台)	111.24	110.42	112.17	112.53	114.03	115.45	113.36	115.00	115.93	112.76	113.39
照相机(架)	3.14	5.05	5.17	4.26	2.75	3.09	2.18	2.15	1.93	1.27	1.36
空调机(台)	24.32	31.40	34.00	36.19	42.32	45.87	65.83	71.79	72.38	91.75	95.37
抽油烟机(台)	6.81	12.30	13.09	14.60	18.65	20.94	28.30	32.07	32.31	42.09	43.13
家用计算机(台)	11.95	16.90	19.34	19.76	20.57	22.18	27.43	27.25	27.73	26.29	25.74
固定电话机(台)	28.41	12.30	27.93	19.70	16.49	17.89	11.33	7.83	5.25	4.35	3.44
移动电话机(台)	192.84	217.97	227.35	242.07	259.48	267.22	285.56	286.00	288.45	292.93	293.32

注：从2013年起为新口径数据。

2-22　农村居民拥有生产性固定资产(2012-2022年)

项　目	2012	2013	2014	2015	2016
按原值计算(每户拥有)					
合计(元)	**8904.32**	**13892.47**	**13413.36**	**12400.17**	**11170.28**
农业	2775.88	3943.64	3916.22	3568.28	3721.28
林业	5.91	64.59	54.23	66.41	26.10
牧业	2358.82	2930.85	2496.74	2114.42	2071.32
渔业	38.58	105.66	69.56	102.52	52.59
制造业	260.66	528.70	242.80	443.14	490.29
电力煤气与水的生产及供应	0.59	198.52	122.89	12.96	14.24
建筑业	257.87	644.37	621.91	1013.30	922.18
交通运输业、仓储和邮政业	1962.12	2774.17	2269.31	1957.27	1904.74
批发和零售贸易业	545.21	1223.92	2377.90	1426.48	1318.98
住宿和餐饮业	107.16	285.55	178.06	157.63	98.73
居民服务与其他服务业	276.06	886.67	767.36	387.22	462.62
其他	103.55	261.77	128.75	1078.94	74.97
按实物统计(每百户拥有)					
大中型拖拉机(台)	0.51	0.74	0.66	0.55	0.26
小型和手扶拖拉机(台)	4.03	6.52	6.36	5.65	5.81
机动脱粒机(台)	18.00	15.50	16.86	11.01	9.07
农用动力机械(台)	31.89	12.10	12.71	122.25	5.99
收割机(台)	1.22	1.35	1.74	35.89	1.70
产品畜(头)	22.49	75.90	103.37	30.14	57.52

注：交通运输邮电业改为交通运输、仓储和邮政业，批发和零售贸易、餐饮业收入改为批发和零售业。

2-22 续表

项　　目	2017	2018	2019	2020	2021	2022
按原值计算(每户拥有)						
合计(元)	**9905.90**	**20234.55**	**15324.90**	**19123.36**	**17688.74**	**16285.79**
农业	3589.21	4844.62	4489.22	5547.35	7044.86	5425.46
林业	29.63	30.05	130.07	52.91	42.79	33.42
牧业	1652.36	1497.71	1045.86	1713.10	1516.56	1062.79
渔业	52.10	251.28	270.16	179.46	341.38	283.61
制造业	483.67	4557.18	1340.92	4188.21	2159.11	2491.85
电力煤气与水的生产及供应	13.15	47.25	65.05	27.46	61.38	52.81
建筑业	510.57	1221.64	1043.91	513.93	876.75	619.44
交通运输业、仓储和邮政业	1838.32	2707.12	2108.96	2352.91	2086.86	1872.87
批发和零售贸易业	1075.07	3298.58	3392.81	3190.14	1979.18	3359.20
住宿和餐饮业	164.77	377.93	301.53	202.22	376.72	258.08
居民服务与其他服务业	363.59	1088.53	790.35	613.92	1074.82	735.82
其他	121.69	307.55	346.06	541.75	128.33	90.42
按实物统计(每百户拥有)						
大中型拖拉机(台)	0.67	1.08	0.80	0.87	1.04	1.14
小型和手扶拖拉机(台)	5.59	230.31	4.72	55.82	3.82	3.88
机动脱粒机(台)	9.99	10.98	9.52	8.07	7.56	5.58
农用动力机械(台)	6.15	32.50	22.17	5.66	6.35	7.99
收割机(台)	1.18	2.66	2.17	1.90	1.31	1.41
产品畜(头)	137.87	72.62	27.99	36.41	22.94	16.26

2-23　农村居民主要农、牧产品生产情况(2011-2022年)

项　　目	2012	2013	2014	2015	2016	2017	2018	2019	2020	2021	2022
粮食(公斤/人)	538.55	454.97	571.03	615.70	630.92	639.59	644.69	632.90	661.98	705.77	729.58
棉花(公斤/人)	26.20	15.11	16.45	10.48	9.78	10.22	9.20	9.92	5.95	4.00	2.94
油料(公斤/人)	22.71	17.61	25.58	24.81	20.32	21.35	27.36	22.02	60.80	37.53	58.18

2-24 农村居民主要农、牧产品出售情况(2012-2022年)

项 目	2012	2013	2014	2015	2016	2017	2018	2019	2020	2021	2022
粮食(公斤/人)	200.79	243.23	316.77	321.65	355.40	332.20	387.39	384.04	275.20	431.13	408.10
棉花(公斤/人)	25.31	18.01	11.84	18.99	6.96	12.09	9.61	8.53	6.24	4.58	2.65
油料(公斤/人)	10.00	8.37	11.34	12.30	8.64	6.75	10.50	8.60	11.68	47.71	25.33
麻类(公斤/人)	0.06	0.09	0.16	0.01	0.00	0.00	0.01	0.00	0.00	0.00	0.00
糖料(公斤/人)	3.64	2.07	4.65	6.69	5.00	3.24	0.19	0.56	0.99	0.08	0.15
烟叶(公斤/人)	8.07	10.65	12.25	12.26	10.30	7.94	8.51	12.27	9.28	14.30	15.72
蔬菜(公斤/人)	55.77	47.45	60.14	95.33	115.38	90.05	103.15	84.43	82.02	154.50	83.01
水果(公斤/人)	70.49	94.24	100.95	108.45	120.31	94.41	166.55	166.66	187.19	169.74	126.11
茶叶(公斤/人)	2.29	1.05	1.22	1.79	0.81	0.88	0.93	0.77	0.91	0.54	0.58
猪肉(公斤/户)	141.42	152.42	145.80	196.46	163.73	189.81	186.37	123.27	69.21	88.29	105.63
牛肉(公斤/户)	1.76	4.50	3.59	6.35	5.05	6.15	5.56	5.67	2.50	9.98	7.88
羊肉(公斤/户)	1.28	1.32	2.85	2.81	3.36	3.82	2.45	4.47	3.00	3.32	3.57
家禽(公斤/户)	8.33	14.16	12.83	17.58	47.52	42.04	13.22	20.84	18.06	11.95	9.91
禽蛋(公斤/户)	6.30	10.11	19.26	23.81	26.11	27.79	39.70	22.77	40.20	6.03	7.16
水产品(公斤/户)	28.22	43.25	34.59	37.11	47.77	45.66	71.05	102.32	123.93	133.39	61.18

2-25 分季度湖南居民人均收支(2022年)

单位：元

指标名称	一季度	上半年	前三季度	全年
可支配收入	**9259**	**16128**	**24282**	**34036**
工资性收入	4867	8367	12461	16908
经营净收入	1700	2944	4693	7094
财产净收入	665	1163	1819	2583
转移净收入	2027	3654	5310	7451
消费支出	**6277**	**11456**	**16923**	**24083**
食品烟酒	2009	3336	4850	7047
衣着	448	718	922	1366
居住	1308	2477	3654	5038
生活用品及服务	366	698	1051	1491
交通通信	783	1518	2324	3135
教育文化娱乐	711	1353	2123	3250
医疗保健	531	1100	1655	2296
其他用品和服务	121	255	344	459

2-26 分季度城镇居民人均收支(2022年)

单位：元

指标名称	一季度	上半年	前三季度	全年
可支配收入	**12860**	**22639**	**34087**	**47301**
工资性收入	7216	12311	18464	25402
经营净收入	1890	3502	5472	7215
财产净收入	1216	2132	3322	4688
转移净收入	2537	4695	6829	9997
消费支出	**7774**	**14229**	**21250**	**29580**
食品烟酒	2455	4198	6176	8443
衣着	602	987	1313	1895
居住	1598	2908	4308	6032
生活用品及服务	444	913	1352	1924
交通通信	991	1911	2946	4069
教育文化娱乐	875	1694	2779	4006
医疗保健	638	1256	1901	2562
其他用品和服务	170	362	475	649

2-27 分季度农村居民人均收支(2022年)

单位：元

指标名称	一季度	上半年	前三季度	全年
可支配收入	**5476**	**9190**	**13834**	**19546**
工资性收入	2398	4164	6065	7631
经营净收入	1499	2350	3863	6961
财产净收入	87	131	217	283
转移净收入	1492	2545	3691	4670
消费支出	**4704**	**8502**	**12313**	**18078**
食品烟酒	1540	2418	3438	5521
衣着	286	431	505	789
居住	1004	2018	2957	3953
生活用品及服务	283	469	729	1017
交通通信	564	1100	1661	2115
教育文化娱乐	538	990	1425	2425
医疗保健	419	934	1394	2005
其他用品和服务	70	141	204	253

2–28 各市州住户调查主要指标（2022年）

地　区	全体居民人均可支配收入（元）	城镇居民人均可支配收入		农村居民人均可支配收入		消费支出（元）
		绝对值（元）	增速（%）	绝对值（元）	增速（%）	
长沙市	58850	65190	4.9	40678	6.5	39411
株洲市	44917	54862	4.7	27273	6.3	28568
湘潭市	39354	46922	4.8	26839	7.2	28408
衡阳市	34722	43888	6.1	25214	7.3	26495
邵阳市	24677	35177	5.4	16815	7.1	18847
岳阳市	33285	42068	5.7	21661	7.4	24246
常德市	30643	40494	5.6	21342	7.2	24904
张家界市	21828	31150	4.6	13429	6.0	17513
益阳市	29598	38075	6.2	22097	6.5	22457
郴州市	31627	42386	6.3	20751	7.5	22628
永州市	27301	37201	5.9	19272	6.7	21912
怀化市	23031	34168	4.7	14267	7.1	17745
娄底市	25578	36715	5.8	16722	7.0	19417
湘西州	20791	31412	5.5	13097	6.2	15766

2-29 各市州居民

项　　目	长沙	株洲	湘潭	衡阳	邵阳
可支配收入	58850	44917	39354	34722	24677
工资性收入	33330	24053	21487	20207	11853
经营净收入	9311	7482	6322	5080	4540
财产净收入	6308	3864	2545	2175	1934
转移净收入	9901	9519	9000	7260	6350
消费支出	39411	28568	28408	26495	18847
食品烟酒	10309	7946	8765	8073	6278
衣着	2338	1633	2077	1746	994
居住	7345	6490	5062	5167	4310
生活用品及服务	2805	1845	1862	1734	1008
交通通信	4886	3657	3301	3160	1965
教育文化娱乐	8213	3806	4573	4304	2402
医疗保健	2710	2613	2243	1780	1546
其他用品和服务	806	579	524	530	344

2-30 各市州城镇居民

项　　目	长沙	株洲	湘潭	衡阳	邵阳
可支配收入	65190	54862	46922	43888	35177
工资性收入	36367	30797	26008	27332	17915
经营净收入	8474	7024	5416	4638	4759
财产净收入	8262	5414	3590	3921	3903
转移净收入	12087	11626	11908	7997	8600
消费支出	42936	32443	32327	30754	21813
食品烟酒	11358	9053	10005	9305	7261
衣着	2649	1993	2638	2373	1413
居住	7986	7051	5393	5408	4622
生活用品及服务	3103	2146	2164	1990	1234
交通通信	4836	4141	3892	3673	2465
教育文化娱乐	9026	4393	5397	5155	2739
医疗保健	3032	2921	2214	2101	1607
其他用品和服务	945	744	624	748	473

人均收支情况(2022年)

单位：元

岳阳	常德	张家界	益阳	郴州	永州	怀化	娄底	湘西
33285	30643	21828	29598	31627	27301	23031	25578	20791
19403	13310	10961	13848	16836	11968	12339	13505	11082
5389	8355	3870	7249	7140	6403	3880	3569	3572
1890	1882	1800	1845	2600	2009	1114	1076	1112
6603	7096	5197	6656	5051	6921	5699	7427	5026
24246	24904	17513	22457	22628	21912	17745	19417	15766
7146	7090	4877	6964	6783	6780	5610	5974	4828
1657	1605	1187	1316	1297	1130	1187	1239	984
4972	5154	4610	4694	4478	5144	3453	3960	3238
1563	1526	1000	1200	1294	1188	1084	1405	925
3360	2914	1746	3284	2583	2443	1916	1788	1747
3037	3951	2459	2745	4030	3264	2734	2543	2156
1925	2172	1328	1788	1781	1622	1368	2166	1587
585	491	306	466	381	341	394	341	301

人均收支情况(2022年)

单位：元

岳阳	常德	张家界	益阳	郴州	永州	怀化	娄底	湘西
42068	40494	31150	38075	42386	37201	34168	36715	31412
25965	19240	16585	19397	24207	18010	20252	21190	18495
4765	8422	4208	6762	7684	6678	3928	3347	3527
2969	3472	3618	3041	4494	4068	2250	2222	2310
8369	9361	6739	8875	6000	8445	7738	9956	7080
27995	29705	21353	25535	27109	26734	24543	24263	19545
8409	8585	5921	8388	8009	7641	7393	7309	6051
2124	2148	1636	1738	1750	1705	1866	1801	1505
5167	5616	5557	5088	4892	6321	4385	4216	3779
1847	1802	1214	1444	1597	1619	1636	1812	1213
3922	3484	2319	3466	3145	2950	2640	2401	2149
3611	5187	3085	3161	5331	4108	4036	3619	2573
2136	2191	1275	1853	1884	1862	1859	2598	1907
779	692	346	397	499	528	728	506	368

2-31　各市州农村居民

项　　目	长沙	株洲	湘潭	衡阳	邵阳
可支配收入	40678	27273	26839	25214	16815
工资性收入	24627	12087	14011	12816	7314
经营净收入	11707	8294	7819	5539	4376
财产净收入	709	1112	817	363	460
转移净收入	3636	5780	4192	6496	4665
消费支出	29309	21692	21927	22076	16626
食品烟酒	7301	5980	6715	6795	5542
衣着	1446	993	1149	1095	680
居住	5508	5494	4513	4918	4075
生活用品及服务	1950	1310	1363	1468	840
交通通信	5028	2797	2324	2628	1590
教育文化娱乐	5882	2764	3212	3422	2150
医疗保健	1788	2067	2293	1447	1501
其他用品和服务	407	286	359	304	247

收支情况(2022年)

单位：元

岳阳	常德	张家界	益阳	郴州	永州	怀化	娄底	湘西
21661	21342	13429	22097	20751	19272	14267	16722	13097
10717	7711	5894	8937	9384	7068	6112	7395	5712
6216	8291	3565	7680	6590	6180	3841	3746	3604
463	382	163	787	684	339	220	165	244
4265	4958	3808	4692	4092	5685	4094	5416	3537
19283	20370	14052	19734	18098	18001	12396	15564	13029
5475	5679	3937	5703	5544	6082	4207	4913	3942
1038	1091	782	943	839	663	652	792	607
4714	4718	3757	4345	4060	4189	2719	3756	2846
1187	1265	808	985	988	839	649	1082	716
2617	2376	1229	3122	2014	2031	1346	1301	1455
2278	2784	1896	2376	2716	2579	1709	1687	1855
1646	2154	1375	1731	1676	1428	982	1823	1356
328	302	269	528	262	190	132	210	252

2-32 各市州居民平均每百户拥有耐用消费品数量(2022年)

项　目	长沙	株洲	湘潭	衡阳	邵阳	岳阳	常德
家用汽车(辆)	68.61	45.82	55.82	38.07	29.58	50.54	39.05
摩托车(辆)	38.50	74.81	44.43	64.15	44.52	58.61	55.06
助力车(辆)	29.86	25.47	48.15	29.88	26.89	31.27	54.80
洗衣机(台)	107.83	103.18	106.91	98.37	96.69	106.19	104.32
电冰箱(台)	110.40	105.10	105.96	104.64	100.96	118.28	115.72
微波炉(台)	51.10	30.94	39.83	26.93	21.73	37.95	34.07
彩色电视机(台)	121.44	126.06	128.36	108.09	109.58	121.81	124.99
空调(台)	261.17	196.55	212.09	138.84	67.88	210.68	184.39
热水器(台)	103.15	99.16	109.29	97.56	87.18	104.00	105.10
洗碗机(台)	3.65	1.98	3.40	1.96	0.50	1.95	1.15
排油烟机(台)	88.54	74.67	74.09	72.46	50.18	86.44	67.52
固定电话(部)	5.97	6.48	13.95	8.42	7.48	8.85	2.22
移动电话(部)	272.81	282.02	275.32	298.89	268.23	278.79	271.56
计算机(台)	69.69	58.46	66.43	45.28	43.98	41.38	40.54
照相机(架)	19.34	7.42	9.79	4.64	7.84	6.21	6.04
中高档乐器(件)	7.45	8.54	8.38	3.42	2.19	4.38	4.12
健身器材(套)	10.72	9.18	9.36	4.73	2.66	3.28	4.66

2-32 续表

项　目	张家界	益阳	郴州	永州	怀化	娄底	湘西
家用汽车(辆)	35.06	40.43	35.01	43.20	24.39	33.29	21.25
摩托车(辆)	64.71	52.26	60.78	67.32	50.63	46.92	51.31
助力车(辆)	21.26	33.72	24.01	40.89	15.26	19.16	11.19
洗衣机(台)	100.79	105.18	97.59	91.37	93.84	100.69	96.42
电冰箱(台)	110.19	110.17	102.14	104.29	104.23	107.52	99.72
微波炉(台)	26.59	24.41	22.78	30.18	19.91	23.46	16.40
彩色电视机(台)	109.89	117.79	106.75	115.13	107.89	105.11	107.54
空调(台)	129.92	165.68	94.89	87.77	96.10	137.35	56.89
热水器(台)	93.69	101.44	96.88	95.95	89.34	96.90	84.22
洗碗机(台)	1.26	1.04	1.84	2.64	0.60	0.69	0.73
排油烟机(台)	51.94	63.26	76.68	63.79	49.45	65.40	30.74
固定电话(部)	1.24	4.35	2.50	5.08	4.98	3.30	2.64
移动电话(部)	295.37	273.18	273.89	299.91	283.01	272.73	307.64
计算机(台)	42.53	38.05	45.15	58.31	41.42	40.33	29.83
照相机(架)	4.70	2.15	5.28	10.04	7.18	5.64	3.69
中高档乐器(件)	7.02	3.48	3.41	5.42	4.22	4.15	1.08
健身器材(套)	5.49	5.22	5.74	5.17	4.84	5.29	2.54

2-33 各市州城镇居民平均每百户耐用消费品拥有量(2022年)

项　　目	长沙	株洲	湘潭	衡阳	邵阳	岳阳	常德
家用汽车(辆)	69.62	51.65	60.61	46.70	38.73	53.55	48.39
摩托车(辆)	25.71	55.13	24.15	41.14	27.11	33.44	34.44
助力车(辆)	26.19	31.61	54.33	40.77	25.72	26.43	54.57
洗衣机(台)	106.54	105.59	106.73	99.95	100.73	107.74	106.83
电冰箱(台)	107.15	106.53	104.23	106.31	102.16	116.63	114.40
微波炉(台)	57.25	43.63	48.95	41.14	35.56	48.76	47.98
彩色电视机(台)	116.93	123.42	124.29	111.88	107.20	120.61	123.17
空调(台)	272.83	235.09	241.76	186.64	109.14	247.27	230.54
热水器(台)	104.03	107.55	112.59	104.09	101.01	105.34	105.50
洗碗机(台)	4.31	2.53	3.85	2.76	1.02	2.15	1.64
排油烟机(台)	92.74	87.16	92.16	90.25	73.58	94.88	86.38
固定电话(部)	6.61	6.00	13.10	6.08	8.45	10.68	1.22
移动电话(部)	259.32	272.93	262.55	290.72	268.84	262.31	266.01
计算机(台)	77.92	73.47	77.87	64.02	66.63	57.95	60.12
照相机(架)	23.59	10.15	13.46	8.51	15.17	10.15	7.28
中高档乐器(件)	8.78	11.89	11.99	5.46	4.09	6.92	6.43
健身器材(套)	12.01	11.92	11.37	7.98	5.18	5.25	6.88

2-33　续表

项　　目	张家界	益阳	郴州	永州	怀化	娄底	湘西
家用汽车(辆)	46.86	48.01	44.53	55.48	32.74	44.13	30.30
摩托车(辆)	46.65	28.62	40.34	45.98	32.67	30.91	42.55
助力车(辆)	28.18	30.89	31.53	46.61	19.62	21.43	11.49
洗衣机(台)	109.24	102.63	99.73	103.73	102.17	103.84	106.94
电冰箱(台)	115.31	106.93	101.53	105.02	102.94	110.27	103.37
微波炉(台)	39.22	35.18	36.04	50.78	35.25	38.74	31.89
彩色电视机(台)	112.74	114.91	107.12	119.18	106.52	110.78	116.60
空调(台)	201.40	203.30	135.87	142.17	161.61	206.95	110.33
热水器(台)	112.00	102.63	102.01	106.69	103.36	107.30	99.38
洗碗机(台)	2.39	1.76	2.20	2.86	1.09	1.52	1.32
排油烟机(台)	80.77	76.98	86.11	92.16	80.23	80.98	60.23
固定电话(部)	1.83	3.31	2.80	5.59	3.90	3.48	3.17
移动电话(部)	297.35	258.32	267.67	291.49	270.24	286.66	304.09
计算机(台)	63.50	47.82	65.94	88.96	62.58	61.19	51.41
照相机(架)	7.19	3.62	8.80	21.82	13.74	12.35	7.57
中高档乐器(件)	10.78	5.43	5.41	9.20	7.80	7.26	1.15
健身器材(套)	9.81	7.35	9.69	10.55	8.95	8.29	5.37

2-34 各市州农村居民平均每百户耐用消费品拥有量(2022年)

项　目	长沙	株洲	湘潭	衡阳	邵阳	岳阳	常德
家用汽车(辆)	65.09	35.07	47.05	29.11	22.46	46.65	30.73
摩托车(辆)	83.05	111.11	81.50	88.04	58.06	91.11	73.45
助力车(辆)	42.64	14.13	36.83	18.58	27.81	37.51	55.00
洗衣机(台)	112.35	98.72	107.23	96.73	93.54	104.18	102.09
电冰箱(台)	121.70	102.46	109.13	102.90	100.03	120.40	116.89
微波炉(台)	29.66	7.54	23.17	12.17	10.96	24.00	21.67
彩色电视机(台)	137.17	130.92	135.81	104.16	111.44	123.37	126.61
空调(台)	220.54	125.44	157.86	89.21	35.76	163.43	143.27
热水器(台)	100.08	83.68	103.25	90.77	76.41	102.27	104.74
洗碗机(台)	1.35	0.98	2.57	1.14	0.10	1.68	0.71
排油烟机(台)	73.92	51.63	41.07	53.99	31.95	75.55	50.70
固定电话(部)	3.76	7.37	15.51	10.86	6.72	6.48	3.11
移动电话(部)	319.82	298.78	298.67	307.37	267.75	300.08	276.50
计算机(台)	41.02	30.75	45.51	25.81	26.35	19.98	23.09
照相机(架)	4.55	2.37	3.07	0.62	2.13	1.12	4.93
中高档乐器(件)	2.84	2.36	1.79	1.31	0.72	1.10	2.06
健身器材(套)	6.22	4.13	5.69	1.35	0.70	0.75	2.68

2-34 续表

项　目	张家界	益阳	郴州	永州	怀化	娄底	湘西
家用汽车(辆)	25.23	33.52	25.22	34.10	17.75	25.03	15.27
摩托车(辆)	79.73	73.80	81.81	83.12	64.90	59.13	57.10
助力车(辆)	15.50	36.29	16.27	36.65	11.79	17.43	10.98
洗衣机(台)	93.76	107.50	95.38	82.22	87.22	98.29	89.46
电冰箱(台)	105.92	113.13	102.76	103.75	105.25	105.42	97.31
微波炉(台)	16.08	14.59	9.14	14.92	7.73	11.82	6.15
彩色电视机(台)	107.52	120.42	106.37	112.13	108.97	100.79	101.55
空调(台)	70.43	131.40	52.72	47.49	44.07	84.31	21.56
热水器(台)	78.46	100.36	91.60	88.00	78.21	88.97	74.20
洗碗机(台)	0.32	0.38	1.47	2.49	0.21	0.06	0.34
排油烟机(台)	27.94	50.77	66.99	42.79	25.00	53.53	11.24
固定电话(部)	0.75	5.30	2.19	4.71	5.85	3.16	2.30
移动电话(部)	293.71	286.72	280.29	306.15	293.16	262.12	309.98
计算机(台)	25.07	29.14	23.76	35.62	24.62	24.42	15.56
照相机(架)	2.63	0.80	1.66	1.32	1.97	0.53	1.12
中高档乐器(件)	3.89	1.70	1.36	2.61	1.38	1.77	1.04
健身器材(套)	1.89	3.29	1.68	1.18	1.58	3.00	0.67

2-35 按户数五等份分组的城乡居民家庭人均可支配收入(2022年)

单位：元

项　　目	低收入组	中间偏下收入组	中间收入户	中间偏上收入组	高收入组
城镇					
#可支配收入	18024.7	30876.7	42598.5	58996.4	103697.2
工资性收入	9854.9	16879.0	23889.4	31708.8	53627.2
经营净收入	2084.8	3673.2	4428.8	7390.8	22177.2
财产净收入	1555.2	2940.3	4424.2	6004.6	12636.8
转移净收入	4529.7	7384.2	9856.1	13892.1	15256.0
农村					
#可支配收入	6239.4	13208.0	18128.4	23910.9	44125.6
工资性收入	2765.8	5779.5	8865.4	10935.0	13450.1
经营净收入	841.4	3050.1	4203.4	7619.5	23297.3
财产净收入	87.1	170.6	245.3	264.3	793.3
转移净收入	2545.1	4207.8	4814.2	5092.0	6585.0

2-36 按户数五等份分组的城乡居民家庭人均可支配收入增速(2022年)

单位：%

项　　目	低收入组	中间偏下收入组	中间收入户	中间偏上收入组	高收入组
城镇					
#可支配收入	5.4	5.9	5.6	5.7	4.3
工资性收入	4.3	4.8	5.6	5.8	4.0
经营净收入	3.5	4.5	5.0	4.6	4.9
财产净收入	6.7	6.6	6.0	5.7	3.5
转移净收入	8.5	8.9	5.5	6.0	5.4
农村					
#可支配收入	7.3	7.3	6.7	6.5	5.8
工资性收入	6.3	6.6	6.0	6.5	5.5
经营净收入	6.8	6.9	6.6	6.3	5.9
财产净收入	8.8	8.6	8.5	8.8	7.7
转移净收入	8.6	8.7	8.1	6.5	6.1

2-37 各县(市、区)住户调查主要指标(2022年)

地区	全体居民人均可支配收入		城镇居民人均可支配收入		农村居民人均可支配收入	
	绝对值(元)	增速(%)	绝对值(元)	增速(%)	绝对值(元)	增速(%)
芙蓉区	69574.2	4.9	69574.2	4.9		
天心区	69985.1	4.9	69985.1	4.9		
岳麓区	69532.3	4.7	69532.3	4.7		
开福区	68748.4	5.1	68748.4	5.1		
雨花区	70239.2	4.9	70239.2	4.9		
望城区	53554.5	5.8	60812.2	5.0	44127.3	6.3
长沙县	53232.0	5.9	60047.0	5.1	43431.9	6.5
宁乡市	46650.3	6.0	55272.0	4.9	37153.9	6.8
浏阳市	52400.8	5.9	59275.4	4.9	43407.4	6.5
荷塘区	57955.0	4.8	57955.0	4.8		
芦淞区	60989.0	4.6	60989.0	4.6		
石峰区	58496.0	4.7	58496.0	4.7		
天元区	66651.0	4.5	66651.0	4.5		
渌口区	31250.0	6.2	43933.0	5.0	25862.0	6.3
攸　县	42868.1	5.5	49352.0	5.1	35434.0	6.2
茶陵县	28442.0	6.3	42784.1	5.2	13759.0	7.1
炎陵县	23500.9	6.6	36662.0	5.3	12740.0	7.0
醴陵市	44586.4	6.3	51061.2	5.4	36089.0	6.5
雨湖区	47804.4	5.0	48126.4	4.9	41943.0	6.9
岳塘区	47157.4	5.5	47240.4	5.0	42150.2	7.1
湘潭县	32658.2	5.9	44220.4	4.6	25587.1	7.3
湘乡市	32840.0	6.7	44822.0	4.7	25076.3	7.4
韶山市	46144.1	5.5	51548.1	4.9	35874.1	7.3
珠晖区	46464.7	6.0	47071.0	6.0		
雁峰区	45889.9	5.8	45893.4	5.8		
石鼓区	48616.2	5.9	48617.3	5.9		
蒸湘区	46974.2	5.7	47063.2	5.7		
南岳区	51567.4	5.8	52026.0	5.8		
衡阳县	31619.6	6.9	42774.4	6.2	24882.2	7.6
衡南县	33814.0	7.2	42437.0	6.5	28413.0	7.3
衡山县	33730.0	7.2	42657.1	6.2	28285.1	7.4
衡东县	32542.0	6.8	42423.8	6.3	26978.8	7.2
祁东县	25711.0	6.9	34591.2	6.6	19932.7	7.3
耒阳市	36192.9	6.6	44379.2	6.1	28113.1	7.5
常宁市	32511.0	7.0	42028.4	6.4	23738.9	7.1

2-37 续表 1

地 区	全体居民人均可支配收入		城镇居民人均可支配收入		农村居民人均可支配收入	
	绝对值(元)	增速(%)	绝对值(元)	增速(%)	绝对值(元)	增速(%)
双清区	36958.9	5.4	39002.0	5.0	27374.0	6.8
大祥区	35512.4	5.5	38178.8	5.2	26955.6	6.8
北塔区	31900.6	5.5	34925.8	5.1	24562.9	6.9
邵东市	36520.7	7.1	43568.0	6.2	30132.0	7.3
新邵县	22340.0	6.7	34847.0	5.8	15874.9	7.0
邵阳县	22273.1	5.7	34053.3	4.5	15701.4	6.9
隆回县	20585.0	7.4	32322.0	5.4	15196.8	7.8
洞口县	23514.3	6.9	34947.8	5.6	15603.4	7.0
绥宁县	19394.3	7.3	31898.7	6.0	14425.8	7.8
新宁县	21174.8	6.5	33534.1	5.9	14193.0	7.2
城步县	17858.1	7.3	30263.9	4.8	12331.1	7.9
武冈市	24692.6	7.3	34501.7	6.3	17556.2	7.3
岳阳楼区	46468.1	5.6	46468.1	5.6		
云溪区	48627.1	5.6	48627.1	5.6		
君山区	34296.9	6.5	41411.9	6.0	25326.0	7.5
岳阳县	29534.1	6.5	37175.7	5.7	23042.2	7.6
华容县	32276.0	6.6	38450.0	5.8	27104.0	7.0
湘阴县	32158.9	6.7	39907.6	5.8	25387.1	7.4
平江县	20507.0	7.3	30365.0	5.4	13597.0	7.9
汨罗市	33785.1	6.5	41386.0	5.5	24736.0	6.9
临湘市	29682.0	6.9	37462.0	6.1	22230.0	7.4
武陵区	48671.1	5.6	49623.1	5.5	36999.0	7.1
鼎城区	32436.3	6.4	43617.1	5.1	22200.4	6.9
安乡县	26407.1	6.2	34396.2	5.3	21445.1	7.1
汉寿县	29475.0	7.2	40028.0	6.0	23028.0	7.4
澧 县	28099.4	6.4	37835.9	5.2	23097.0	7.0
临澧县	31369.2	6.1	41233.5	5.4	23498.0	7.2
桃源县	27619.1	7.0	38812.0	5.7	21143.2	7.5
石门县	23240.2	6.9	32515.2	5.9	16927.2	7.3
津市市	35670.0	7.0	43281.1	6.7	22015.9	7.9
永定区	25590.3	5.4	35632.4	5.4	14208.2	5.5
武陵源区	30056.2	4.5	36800.1	4.1	18114.3	5.8
慈利县	21428.1	5.9	30584.2	5.1	15193.1	6.9
桑植县	15580.0	5.5	21585.0	4.3	12050.0	7.2
资阳区	33416.2	6.5	39694.6	6.4	26176.8	6.8
赫山区	39774.1	6.8	47957.2	6.7	26682.0	7.0
南 县	29222.3	6.6	37172.9	6.6	22958.8	6.7
桃江县	28524.0	6.0	38367.6	6.0	21459.5	6.1
安化县	16534.0	6.8	24073.0	5.7	13045.0	7.7
沅江市	34230.0	6.0	43694.0	5.8	25474.0	6.4

2-37 续表 2

地 区	全体居民人均可支配收入		城镇居民人均可支配收入		农村居民人均可支配收入	
	绝对值(元)	增速(%)	绝对值(元)	增速(%)	绝对值(元)	增速(%)
北湖区	44420.2	6.5	47817.2	6.2	30282.2	7.2
苏仙区	39566.3	6.7	45774.4	6.2	27776.1	7.5
桂阳县	35066.1	6.8	44903.0	6.6	26697.3	7.2
宜章县	24459.7	6.8	38867.8	6.0	13604.7	7.7
永兴县	32826.1	7.4	42251.2	6.7	24604.0	8.0
嘉禾县	28694.4	7.1	36743.4	6.6	22166.4	7.8
临武县	25393.1	6.8	35931.0	5.9	18151.1	7.3
汝城县	18996.2	7.0	28008.3	5.7	14073.1	7.6
桂东县	18411.5	6.6	26477.5	5.8	13525.5	7.6
安仁县	22360.0	6.9	32207.0	6.3	15470.0	7.7
资兴市	38500.2	7.1	44975.2	6.6	27340.1	7.3
零陵区	33203.2	5.9	38971.2	5.8	26247.4	6.1
冷水滩	37746.0	5.8	42645.0	5.7	28095.9	6.1
祁阳市	28353.5	5.9	40663.9	5.9	19135.7	6.0
东安县	27461.1	6.9	39171.3	6.6	20567.0	7.7
双牌县	20767.4	6.5	33087.0	5.8	12603.6	7.4
道 县	27592.9	6.7	35855.9	5.8	21844.9	7.6
江永县	19886.7	5.8	31280.9	5.6	14181.9	6.1
宁远县	25932.9	6.2	34891.9	5.7	20261.6	6.5
蓝山县	27710.2	6.7	37461.0	6.1	20240.0	7.2
新田县	20067.1	6.7	31964.0	6.3	13052.0	6.8
江华县	21364.8	6.5	32317.9	5.9	14841.8	7.2
鹤城区	39732.5	3.8	41386.7	3.7	21015.0	6.2
中方县	22439.9	6.6	35456.0	5.4	16366.4	7.5
沅陵县	19665.6	6.7	29668.2	5.6	14108.4	8.0
辰溪县	20054.3	6.9	30380.3	5.7	14698.8	7.9
溆浦县	21325.3	6.4	30226.0	5.2	16411.0	7.7
会同县	19340.8	5.8	28649.9	4.6	14721.2	6.9
麻阳县	18438.1	7.4	29903.2	5.5	12733.3	8.1
新晃县	17562.2	6.5	26852.3	4.1	12867.4	7.5
芷江县	18980.7	6.2	30919.6	4.9	13127.8	7.1
靖州县	20652.4	5.4	28343.8	4.3	14151.0	6.6
通道县	16947.1	6.6	27300.4	4.3	12238.9	7.1
洪江市	21652.3	5.8	30626.4	4.9	15937.2	6.9
娄星区	41186.3	6.2	43142.3	6.1	26800.4	7.0
双峰县	20707.0	6.5	27915.1	5.7	17382.1	6.8
新化县	17485.0	6.8	27728.1	6.2	12761.0	7.5
冷水江市	40925.0	6.0	44910.1	5.8	27477.1	7.0
涟源市	20003.0	6.5	29569.4	5.7	14790.0	7.4
吉首市	32621.0	6.2	38610.0	6.1	15223.1	6.2
泸溪县	19789.6	6.6	30421.1	6.3	12372.1	7.0
凤凰县	20075.9	5.7	31403.5	5.1	14486.1	5.9
花垣县	20017.5	6.1	31307.5	5.6	12830.5	6.9
保靖县	19679.8	6.5	28660.0	6.0	13999.0	6.8
古丈县	17217.9	5.6	26845.4	5.0	11608.1	5.7
永顺县	17634.2	6.0	27330.0	5.3	11976.0	6.9
龙山县	18687.0	6.4	28107.3	6.0	13524.1	6.9

2-38　分区域人均可支配收入(2022年)

单位：元

项　　目	全省	长株潭城市群	大湘西地区	湘南地区	洞庭湖生态经济区
居民可支配收入	34036	51802	23611	31500	31070
城镇居民可支配收入	47301	59752	34298	41629	40353
农村居民可支配收入	19546	33818	15334	21774	21635

三、价格调查

资料整理人员：宋迪敏　艾　婷
文益龙　李艺斌
彭怡丰

3-1 历年各种物价总指数

上年=100

年 份	居民消费价格指数	商品零售价格指数	农产品生产者价格指数	工业生产者购进价格指数	工业品出厂价格指数
1985	110.9	111.1	111.6		
1986	105.3	104.8	105.7		
1987	109.8	110.6	110.2		
1988	125.6	125.9	123.1		
1989	118.2	118.1	106.8	122.5	118.1
1990	100.4	99.4	94.1	103.3	100.6
1991	104.4	104.1	94.3	110.4	104.7
1992	110.7	109.5	99.1	116.2	111.1
1993	116.8	115.1	114.7	139.7	128.9
1994	125.3	124.5	114.1	119.6	117.6
1995	119.0	115.5	117.2	117.6	121.4
1996	107.7	105.2	104.9	105.7	105.6
1997	102.8	100.3	95.3	100.1	99.2
1998	100.2	97.9	90.4	94.8	95.9
1999	100.5	97.6	91.1	96.2	98.5
2000	101.4	99.3	96.8	106.7	102.9
2001	99.1	98.8	100.9	101.1	99.8
2002	99.5	99.2	99.9	99.3	99.2
2003	102.4	100.6	106.8	106.7	102.6
2004	105.1	103.9	127.3	114.4	108.0
2005	102.3	102.3	99.5	109.4	106.0
2006	101.4	101.3	100.7	106.5	104.3
2007	105.6	104.3	130.6	106.1	106.1
2008	106.0	105.6	126.7	112.0	109.3
2009	99.6	98.5	90.6	92.6	94.3
2010	103.1	103.1	109.9	110.0	106.9
2011	105.5	105.5	121.9	110.8	108.5
2012	102.0	101.7	100.2	100.1	99.1
2013	102.5	101.7	102.1	98.4	98.5
2014	101.9	101.2	98.6	97.9	98.4
2015	101.4	99.9	104.1	94.5	96.3
2016	101.9	101.0	104.7	98.0	98.9
2017	101.4	101.3	98.0	107.2	105.8
2018	102.0	102.3	95.4	103.5	103.2
2019	102.9	102.3	118.0	100.2	99.6
2020	102.3	101.3	123.3	98.9	99.0
2021	100.5	101.6	90.1	108.1	105.9
2022	101.8	103.2	103.6	104.8	102.0

注：1.主要原材料、燃料、动力购进价格指数和工业品出厂价格指数以1988年为100。
2.固定资产投资价格指数以1982年为100。

3-1 续表 1978年=100

年 份	居民消费价格指数	商品零售价格指数	农产品生产者价格指数	工业生产者购进价格指数	工业品出厂价格指数
1985	143.6	137.1	190.3		
1986	151.2	143.7	201.1		
1987	166.0	158.9	221.6		
1988	208.5	200.1	272.8		
1989	246.4	236.3	291.4	122.5	118.1
1990	247.4	234.9	274.2	126.5	118.8
1991	258.3	244.5	258.6	139.7	124.4
1992	285.9	267.7	256.3	162.3	138.2
1993	333.9	308.2	294.0	226.7	178.1
1994	418.4	383.6	335.5	271.1	209.4
1995	497.9	443.1	393.2	318.8	254.2
1996	536.2	466.1	412.5	337.0	268.4
1997	551.2	467.5	393.1	337.3	266.3
1998	552.3	457.7	355.4	319.8	255.4
1999	555.1	446.7	323.8	307.6	251.6
2000	562.9	443.6	313.4	328.2	258.9
2001	557.8	438.3	316.2	331.8	258.4
2002	555.0	434.8	315.9	329.5	256.3
2003	568.3	437.4	337.4	351.6	263.0
2004	597.3	454.5	429.5	402.2	284.0
2005	611.0	465.0	427.4	440.0	301.0
2006	619.6	471.0	430.4	468.6	313.9
2007	654.3	491.3	562.1	497.2	333.0
2008	693.6	518.8	712.2	556.9	364.0
2009	690.8	511.0	645.3	515.7	343.3
2010	712.2	526.8	654.3	567.3	367.0
2011	751.4	555.8	797.6	628.6	398.2
2012	766.4	565.2	799.2	629.2	394.6
2013	785.6	574.8	816.0	619.1	388.7
2014	800.5	581.7	804.6	606.1	382.5
2015	811.7	581.1	837.6	572.8	368.3
2016	827.1	586.9	877.0	561.3	364.3
2017	838.9	594.2	859.4	601.7	385.4
2018	855.4	607.7	819.9	622.8	397.7
2019	880.2	621.7	967.5	624.0	396.1
2020	900.4	629.8	1086.5	617.1	392.1
2021	904.9	639.9	978.9	667.1	415.3
2022	921.2	660.4	1014.1	699.1	423.5

3–2 历年居民消费价格指数

年 份	居民消费价格指数(上年=100)	城 市	农 村	居民消费价格指数(1985年=100)	城 市	农 村
1985	110.9	111.9	110.2	100.0	100.0	100.0
1986	105.3	105.4	105.3	105.3	105.4	105.3
1987	109.8	111.3	108.8	115.6	117.3	114.6
1988	125.6	125.7	125.4	145.2	147.5	143.7
1989	118.2	117.3	119.1	171.6	173.0	171.1
1990	100.4	100.6	100.2	172.3	174.0	171.4
1991	104.4	105.1	103.8	179.9	182.9	178.0
1992	110.7	113.5	107.9	199.2	207.6	192.0
1993	116.8	117.4	116.4	232.6	243.7	223.5
1994	125.3	124.8	125.6	291.5	304.1	280.7
1995	119.0	118.1	119.5	346.9	359.2	335.7
1996	107.7	107.2	108.2	373.6	385.1	363.2
1997	102.8	103.0	102.5	384.1	396.7	372.3
1998	100.2	100.5	100.1	384.9	398.7	372.7
1999	100.5	99.6	101.4	386.8	397.1	377.9
2000	101.4	101.3	101.4	392.2	402.3	383.2
2001	99.1	98.9	99.3	388.7	397.9	380.5
2002	99.5	99.6	99.4	386.8	396.3	378.2
2003	102.4	101.4	104.1	396.1	401.8	393.7
2004	105.1	104.1	105.7	416.3	418.3	416.2
2005	102.3	102.1	102.8	425.8	427.1	427.9
2006	101.4	101.6	101.2	431.8	433.9	433.0
2007	105.6	105.2	106.9	456.0	456.5	462.9
2008	106.0	105.8	107.4	483.4	483.0	497.2
2009	99.6	99.7	99.6	481.5	480.5	495.2
2010	103.1	103.1	103.2	496.4	495.4	511.1
2011	105.5	105.5	105.6	523.7	522.6	539.7
2012	102.0	102.2	101.6	534.2	534.1	548.3
2013	102.5	102.6	102.5	547.6	548.0	562.0
2014	101.9	102.1	101.4	558.0	559.5	569.9
2015	101.4	101.5	101.1	565.8	567.9	576.1
2016	101.9	101.9	101.9	576.4	578.5	587.2
2017	101.4	101.6	101.1	584.8	587.8	593.7
2018	102.0	101.9	102.0	596.3	599.3	605.5
2019	102.9	102.8	103.1	613.6	616.1	624.3
2020	102.3	102.0	102.9	627.7	628.4	642.4
2021	100.5	100.7	100.0	630.8	632.8	642.4
2022	101.8	101.7	101.9	642.2	643.6	654.6

3-3 历年农村相关价格指数

上年=100

年 份	农村居民消费价格指数	农产品生产者价格指数
1978	99.4	101.7
1979	103.3	127.1
1980	113.6	111.2
1981	102.6	107.3
1982	101.6	103.7
1983	102.7	105.4
1984	102.9	102.9
1985	110.2	111.6
1986	105.3	105.7
1987	108.8	110.2
1988	125.4	123.1
1989	119.1	106.8
1990	100.2	94.1
1991	103.8	94.3
1992	107.9	99.1
1993	116.4	114.7
1994	125.6	144.1
1995	119.5	117.2
1996	108.2	104.9
1997	102.5	95.3
1998	100.1	90.4
1999	101.4	91.1
2000	101.4	96.8
2001	99.3	100.9
2002	99.4	99.9
2003	104.1	106.8
2004	105.7	127.3
2005	102.8	99.5
2006	101.2	100.7
2007	106.9	130.6
2008	107.4	126.7
2009	99.6	90.6
2010	103.2	109.9
2011	105.6	121.9
2012	101.6	100.2
2013	102.5	102.1
2014	101.4	98.6
2015	101.1	104.1
2016	101.9	105.4
2017	101.1	98.0
2018	102.0	95.4
2019	103.1	118.0
2020	102.9	123.3
2021	100.0	90.1
2022	101.9	103.6

3-4 居民消费价格分类指数(2022年)

上年=100

类　　别	合计	城镇	农村
居民消费价格指数(%)	**101.8**	**101.7**	**101.9**
服务项目价格指数	100.5	100.3	101.0
工业品价格指数	103.7	103.7	103.7
消费品价格指数	102.6	102.6	102.6
扣除食品和能源价格指数	100.8	100.7	101.1
食品烟酒	101.4	101.4	101.4
食品	101.8	101.8	101.8
粮食	102.3	101.5	103.6
薯类	106.7	107.6	102.4
豆类	103.1	102.7	103.8
食用油	103.3	103.7	102.5
菜及食用菌	102.4	101.2	105.4
畜肉类	95.5	95.6	95.2
禽肉类	105.8	106.0	105.2
水产品	97.4	98.2	95.5
蛋类	107.8	107.3	109.0
奶类	100.8	101.1	100.3
干鲜瓜果类	110.2	109.7	111.7
糖果糕点类	101.5	101.8	101.0
调味品	104.0	104.2	103.8
其他食品类	101.9	102.2	101.4
茶及饮料	101.3	101.4	101.2
烟酒	101.0	101.3	100.5
在外餐饮	100.6	100.6	100.1
衣着	101.3	101.3	101.3
服装	101.1	101.0	101.1
鞋类	102.6	102.7	102.4
居住	100.7	100.5	101.2
租赁房房租	100.9	101.0	100.1
住房保养维修及管理	101.6	101.3	102.2
水电燃料	102.4	102.2	102.9
自有住房	100.0	99.8	100.5
生活用品及服务	101.2	101.3	101.0
家具及室内装饰品	100.8	100.8	100.8
家用器具	101.7	101.7	101.5
家用纺织品	100.4	100.4	100.5
家庭日用杂品	100.4	100.5	100.0
个人护理用品	102.1	102.0	102.6
家庭服务	101.4	101.5	100.8
交通通信	106.3	106.7	105.4
交通	108.2	108.5	107.4
通信	99.6	99.5	99.8
教育文化娱乐	100.9	100.8	101.3
教育	101.3	101.2	101.5
文化娱乐	100.0	100.0	100.4
医疗保健	101.0	100.5	101.9
药品及医疗器具	101.9	101.1	103.9
医疗服务	100.7	100.3	101.4
其他用品和服务	101.6	101.5	102.2
其他用品类	103.1	103.1	103.2
其他服务类	100.2	100.0	100.9

3-5 主要商品和服务消费

品　　名	2012	2013	2014	2015	2016
大米	104.7	103.8	101.3	101.5	101.2
面粉	102.9	107.8	104.6	102.0	102.2
豆制品	104.0	108.3	104.9	102.6	101.0
食用植物油	103.6	101.4	95.3	95.8	101.4
猪肉	92.6	101.0	97.2	111.5	115.9
牛肉	117.6	124.0	111.0	103.5	100.7
鸡	103.9	99.5	104.4	103.5	103.6
鸭	103.6	107.3	104.9	104.3	101.8
鸡蛋	99.8	104.7	108.6	97.6	98.1
淡水鱼	111.7	103.0	101.8	98.0	102.0
鲜菜	111.8	104.8	102.5	105.0	112.2
食用盐	103.2	102.4	102.2	100.2	100.5
酱油	102.5	104.1	100.2	100.8	101.2
食醋	101.6	100.8	100.5	101.1	100.7
食糖	101.3	96.9	97.8	100.8	102.2
糖果	103.6	98.2	99.9	101.4	99.3
茶叶	100.7	100.2	100.2	100.0	100.0
鲜奶	100.0	105.0	108.8	102.4	98.6
酸奶	100.1	98.9	104.6	101.3	100.2
奶粉	101.2	102.4	103.5	103.3	99.8
白酒	104.6	101.0	97.1	99.5	100.6
葡萄酒	102.5	101.4	100.4	100.9	100.7
啤酒	101.3	102.1	99.9	100.7	99.1
女式裙子	102.0	102.9	101.2	102.0	101.9
男鞋	100.5	100.9	100.5	100.7	100.6
女鞋	100.3	100.9	100.6	100.7	101.0
童鞋	101.1	102.1	100.9	101.8	100.5
洗衣机	98.8	99.5	100.3	100.0	98.9
电冰箱(柜)	98.8	99.7	99.9	99.7	98.9
抽油烟机	97.9	98.6	102.2	100.5	99.9
空调器	100.2	100.9	101.0	100.1	99.5
热水器	99.0	100.0	100.7	100.5	100.2
中药材	106.7	103.8	109.7	100.8	102.6

价格指数(2012–2022年)

2017	2018	2019	2020	2021	2022
101.2	100.7	100.4	101.1	102.6	101.3
103.2	101.5	99.9	101.2	100.7	105.6
100.2	100.3	100.5	106.0	103.9	103.6
99.9	101.6	100.6	100.4	106.2	106.7
91.8	91.7	143.1	146.8	68.3	95.0
100.0	101.5	112.5	113.1	102.8	100.2
100.0	104.9	112.4	102.9	95.4	104.0
100.2	109.9	107.4	102.8	101.8	109.6
98.4	107.6	106.4	96.7	107.3	107.6
107.2	99.0	95.7	105.5	128.0	94.1
93.6	106.5	106.0	104.7	104.6	102.4
100.1	100.0	100.2	100.8	102.8	101.4
102.4	105.0	102.2	100.7	101.6	106.2
100.5	109.8	102.8	99.4	100.5	101.6
107.1	103.7	100.7	100.4	100.9	102.6
100.3	102.1	101.1	100.4	101.3	101.1
101.1	100.3	99.9	98.8	100.1	99.9
100.5	101.6	100.2	99.3	102.0	100.3
100.5	101.6	100.2	100.1	99.3	100.2
101.7	102.2	102.1	99.5	100.5	101.0
103.0	101.2	100.0	100.5	101.7	100.9
100.2	100.2	99.7	100.5	100.7	101.4
100.3	102.6	103.6	99.2	99.9	102.2
101.2	104.6	100.8	98.4	101.5	101.7
100.1	100.4	100.2	100.1	100.4	102.0
100.3	100.4	100.4	100.1	101.4	103.2
100.3	100.5	100.7	100.8	100.9	102.2
100.3	100.6	100.0	99.1	100.7	100.3
99.8	100.0	98.5	99.1	100.3	98.0
100.3	100.1	99.6	99.1	100.4	99.7
100.8	100.9	100.4	99.0	101.6	104.8
100.3	100.4	99.8	99.2	102.2	100.4
104.2	102.7	102.2	102.4	102.9	108.2

3-5 续表

品　　名	2012	2013	2014	2015	2016
中成药	105.5	104.7	105.1	104.2	103.3
抗微生物药	99.0	99.6	99.9	101.1	99.8
消化系统用药	103.9	100.9	102.1	103.4	108.2
呼吸系统用药	101.3	102.3	101.9	102.4	111.8
解热镇痛及非甾体抗炎药(解热镇痛药)	100.3	100.4	101.0	103.6	100.9
临床手术治疗	100.8	100.6	101.7	102.2	100.9
美容	104.4	101.4	103.3	100.9	101.8
美发	107.8	106.4	101.5	102.0	101.4
电动自行车	100.3	99.7	99.7	99.5	99.7
自行车	99.8	100.5	100.8	100.6	99.6
汽油	102.8	99.0	98.9	80.9	95.5
柴油	102.5	99.1	96.4	76.5	94.9
出租汽车	101.6	101.0	100.5	107.1	103.6
飞机票	100.8	110.1	102.5	89.6	106.3
火车票	99.7	99.0	100.0	100.0	100.0
长途汽车	101.0	105.0	104.2	98.8	100.1
电视机	95.1	97.8	97.7	97.5	100.8
照相机	99.1	97.9	99.4	99.4	100.0
家用音响(音响)	98.3	99.2	100.1	99.7	100.0
工具书	101.1	100.6	100.1	100.0	100.0
教材	100.7	101.8	101.3	104.3	100.0
参考书(参考资料)	100.1	100.0	99.9	99.9	100.1
学前教育	103.9	104.7	104.2	102.3	104.1
专业技能培训	101.2	103.7	103.5	109.1	97.8
旅行社收费	104.7	108.7	115.3	97.7	102.5
木地板	101.5	102.0	101.7	101.3	101.2
水泥	102.3	110.0	102.2	96.2	99.8
私房房租	100.6	103.1	103.3	102.4	103.1
物业管理费用	101.6	101.1	101.4	102.5	103.2
水	110.1	103.2	101.8	103.2	103.3
电	100.6	100.7	100.0	100.0	99.9
液化石油气	105.2	99.5	101.0	81.7	98.4
管道燃气	100.0	100.0	99.1	99.9	99.6

2017	2018	2019	2020	2021	2022
102.2	107.2	109.5	101.4	102.5	102.0
99.4	103.1	100.3	99.9	99.5	100.8
106.4	112.5	103.1	99.7	102.2	105.9
122.4	107.6	100.6	100.6	100.6	101.1
102.8	101.3	106.9	102.2	101.2	101.0
105.6	100.5	100.1	102.5	102.6	101.4
101.5	104.9	101.2	99.8	100.1	100.4
100.9	105.1	103.2	103.4	100.8	101.0
100.0	100.3	99.8	99.5	100.8	102.3
99.9	100.3	100.3	100.0	101.0	101.3
111.6	112.9	94.0	85.5	117.7	121.3
112.8	114.2	93.7	84.5	119.4	123.1
101.4	100.2	100.6	100.1	100.3	100.1
98.1	106.4	101.8	93.0	105.7	108.6
100.0	100.0	100.0	100.0	100.0	100.0
100.2	104.6	100.2	98.6	100.9	99.9
100.4	101.1	99.6	99.0	102.4	100.0
101.8	101.0	99.3	99.9	99.1	100.0
101.0	100.2	100.0	100.2	100.2	100.8
100.4	100.1	100.1	99.5	99.8	99.7
100.2	100.2	100.1	100.8	100.0	100.2
100.2	100.9	100.2	101.5	100.6	101.1
102.1	103.5	105.6	101.8	101.4	101.5
101.4	102.1	103.3	99.3	100.9	99.9
105.2	100.6	102.1	96.6	101.3	98.7
101.9	102.5	100.8	99.3	101.4	103.0
102.6	114.6	102.5	100.3	106.3	100.0
104.9	103.9	101.9	100.0	101.7	101.0
104.3	100.2	100.0	100.0	100.0	100.0
104.0	100.7	101.0	101.0	100.1	100.1
100.0	100.0	100.0	100.0	100.0	100.0
104.7	108.6	100.8	89.5	108.8	116.3
99.8	102.4	104.7	100.0	98.9	100.5

3-6 14个调查市居民消费价格分类指数(2022年)

类　别	全省	长沙市	株洲市	湘潭市	衡阳市	邵阳市	岳阳市	常德市
居民消费价格指数(%)	**101.8**	**101.7**	**101.6**	**102.0**	**101.8**	**101.8**	**101.3**	**101.6**
一、食品烟酒	101.4	101.3	101.3	102.2	101.0	101.9	100.9	101.7
1.食品	101.8	101.7	101.6	102.9	101.3	102.1	101.2	102.3
(1)粮食	102.3	102.7	99.8	101.0	101.0	103.9	99.6	100.7
(2)薯类	106.7	107.9	106.1	113.4	105.6	110.4	113.7	100.4
(3)豆类	103.1	101.4	106.1	102.6	101.7	107.1	105.6	102.9
(4)食用油	103.3	104.9	100.4	97.9	102.7	102.9	104.7	105.9
(5)菜及食用菌	102.4	100.4	104.1	101.8	105.2	102.1	102.6	99.8
(6)畜肉类	95.5	96.1	96.3	95.5	95.1	94.6	96.9	94.9
(7)禽肉类	105.8	106.1	106.5	109.7	102.7	104.2	101.7	108.5
(8)水产品	97.4	97.8	96.2	99.2	99.1	99.6	96.0	100.5
(9)蛋类	107.8	108.9	102.4	108.2	107.0	105.0	107.5	104.6
(10)奶类	100.8	100.5	100.7	101.7	101.0	103.7	100.8	100.7
(11)干鲜瓜果类	110.2	109.3	108.4	116.3	106.7	108.7	106.7	113.3
(12)糖果糕点类	101.5	100.7	100.9	100.4	100.7	104.1	102.6	104.1
(13)调味品	104.0	103.3	108.7	103.6	101.4	105.2	100.4	104.8
(14)其他食品类	101.9	101.4	100.6	103.6	98.9	104.4	102.6	102.9
2.茶及饮料	101.3	101.6	101.3	100.1	100.3	101.1	100.0	101.9
3.烟酒	101.0	101.4	100.3	101.3	100.4	100.7	101.4	100.2
4.在外餐饮	100.6	100.4	100.9	100.9	100.7	101.9	100.1	100.6
二、衣着	101.3	101.8	100.5	100.8	101.4	101.6	100.5	100.6
1.服装	101.1	101.4	100.1	100.5	101.5	101.4	100.5	100.6
2.鞋类	102.6	103.8	102.4	102.5	100.9	102.5	100.9	100.7
三、居住	100.7	100.9	100.6	100.5	101.2	100.5	99.3	100.3
1.租赁房房租	100.9	101.9	100.1	101.9	101.4	99.3	97.7	100.5
2.住房保养维修及管理	101.6	101.9	101.5	100.0	101.2	100.1	99.9	101.1
3.水电燃料	102.4	101.8	102.2	102.4	101.7	102.7	104.1	101.3
4.自有住房	100.0	100.3	100.0	99.8	101.1	100.1	98.2	99.8
四、生活用品及服务	101.2	101.4	101.4	101.5	101.3	101.3	101.2	100.9
1.家具及室内装饰品	100.8	100.5	104.4	100.9	102.9	101.0	100.0	100.6
2.家用器具	101.7	102.2	100.8	102.0	101.6	101.4	101.5	101.1
3.家用纺织品	100.4	100.1	100.9	100.4	100.0	100.3	101.5	100.7
4.家庭日用杂品	100.4	101.0	100.2	100.2	99.5	99.6	99.7	100.3
5.个人护理用品	102.1	101.8	101.7	101.8	102.3	103.3	103.1	101.4
6.家庭服务	101.4	101.3	101.1	104.1	101.1	102.8	100.1	101.4
五、交通通信	106.3	106.2	105.0	107.0	106.6	105.5	106.8	105.7
1.交通	108.2	108.3	106.2	108.9	108.1	107.7	108.4	107.1
2.通信	99.6	99.2	99.9	99.7	99.7	99.0	100.0	100.2
六、教育文化娱乐	100.9	100.1	102.1	101.1	101.0	101.1	101.4	101.1
1.教育	101.3	101.1	102.4	100.3	101.5	102.1	101.6	101.3
2.文化娱乐	100.0	98.5	101.6	102.3	99.9	99.2	100.9	100.7
七、医疗保健	101.0	100.4	100.2	100.3	100.5	100.5	100.4	101.4
1.药品及医疗器具	101.9	101.4	100.6	99.5	101.5	101.9	101.0	101.1
2.医疗服务	100.7	100.1	100.0	100.7	100.2	100.0	100.2	101.4
八、其他用品和服务	101.6	101.2	101.4	100.9	101.2	102.9	101.5	101.1
1.其他用品类	103.1	103.1	102.6	101.8	102.3	104.6	103.0	102.1
2.其他服务类	100.2	99.4	100.3	100.1	100.2	101.1	100.1	100.3

3-6 续表 1

类 别	张家界	益阳市	郴州市	永州市	怀化市	娄底市	吉首市
居民消费价格指数(%)	**100.5**	**101.7**	**101.8**	**101.5**	**101.8**	**101.8**	**101.5**
一、食品烟酒	101.5	101.4	101.7	100.7	101.5	101.6	101.0
1.食品	100.6	101.7	100.7	100.4	101.7	102.2	101.4
(1)粮食	101.5	99.5	101.4	101.1	100.7	101.3	101.9
(2)薯类	114.3	108.9	101.5	106.8	102.4	113.7	104.2
(3)豆类	106.5	100.0	97.1	101.1	102.8	108.7	103.4
(4)食用油	109.4	109.0	103.8	99.3	101.3	104.7	101.9
(5)菜及食用菌	102.6	101.4	103.3	103.7	100.1	102.9	100.7
(6)畜肉类	93.3	95.1	90.2	92.8	95.5	97.8	95.0
(7)禽肉类	102.3	105.1	103.9	104.8	108.8	110.5	104.3
(8)水产品	100.8	96.0	104.6	99.6	98.3	95.7	103.8
(9)蛋类	102.8	105.3	107.6	108.4	112.3	106.8	105.7
(10)奶类	99.4	99.7	107.0	102.1	100.4	99.8	102.2
(11)干鲜瓜果类	103.2	110.7	104.6	103.7	107.4	106.0	105.6
(12)糖果糕点类	102.2	102.7	102.7	102.8	105.4	102.9	102.1
(13)调味品	103.9	104.4	106.2	101.9	107.0	104.3	102.8
(14)其他食品类	100.5	106.2	100.4	101.2	102.9	101.9	101.7
2.茶及饮料	102.3	103.9	102.0	101.2	98.2	101.1	101.0
3.烟酒	100.2	101.4	105.2	102.8	102.0	101.6	100.3
4.在外餐饮	104.3	100.2	102.7	100.6	101.0	100.0	100.0
二、衣着	101.5	100.6	102.5	102.4	101.6	100.3	100.7
1.服装	101.3	100.7	102.5	102.5	101.5	100.3	100.4
2.鞋类	102.8	100.0	102.2	101.8	102.3	100.0	102.4
三、居住	94.0	100.0	100.0	100.7	100.6	101.5	100.6
1.租赁房房租	91.4	100.4	100.8	100.0	99.4	100.5	99.7
2.住房保养维修及管理	103.3	99.9	103.8	100.5	101.4	101.8	104.9
3.水电燃料	100.6	103.5	104.0	103.5	100.8	102.5	100.3
4.自有住房	89.9	99.3	98.1	100.0	100.4	101.2	99.7
四、生活用品及服务	101.7	100.8	101.4	100.7	100.7	101.2	101.1
1.家具及室内装饰品	101.7	99.6	99.8	99.8	99.7	99.1	101.2
2.家用器具	102.3	101.3	101.8	101.2	100.7	101.6	101.0
3.家用纺织品	100.4	99.7	99.8	100.0	100.9	99.6	99.8
4.家庭日用杂品	101.2	100.5	101.4	99.6	99.7	100.6	99.1
5.个人护理用品	102.6	102.0	102.8	102.0	101.3	102.5	102.9
6.家庭服务	100.7	99.8	100.3	100.5	103.5	103.6	103.3
五、交通通信	108.8	107.9	106.9	106.0	106.0	105.6	105.5
1.交通	111.6	109.8	108.5	107.8	107.9	107.4	107.5
2.通信	99.8	99.7	99.8	99.7	100.2	99.9	100.1
六、教育文化娱乐	100.2	101.0	101.1	100.4	101.2	100.6	101.7
1.教育	100.2	100.8	100.5	100.8	101.5	102.2	100.5
2.文化娱乐	100.2	101.4	102.1	99.6	100.5	98.0	103.6
七、医疗保健	100.0	100.2	100.2	100.6	101.4	100.9	100.1
1.药品及医疗器具	99.9	101.2	100.8	102.3	103.3	101.0	99.6
2.医疗服务	100.0	99.9	100.0	100.0	100.7	100.9	100.3
八、其他用品和服务	101.6	102.3	102.4	100.6	102.8	102.7	102.6
1.其他用品类	103.3	104.1	103.1	101.5	105.3	103.1	104.4
2.其他服务类	100.1	100.7	101.8	99.8	100.5	102.2	101.0

3-6 续表 2

类　别	耒阳市	慈利县	道县	新化县
居民消费价格指数(%)	**101.9**	**101.1**	**102.4**	**102.3**
一、食品烟酒	101.4	99.9	101.1	102.5
1.食品	101.7	99.9	101.1	103.4
(1)粮食	104.2	105.2	101.5	102.9
(2)薯类	107.1	108.2	98.3	97.4
(3)豆类	102.5	102.6	107.0	104.6
(4)食用油	107.3	96.4	98.1	103.4
(5)菜及食用菌	103.7	99.0	104.7	111.0
(6)畜肉类	93.9	94.2	94.1	97.8
(7)禽肉类	106.9	97.8	104.6	107.8
(8)水产品	97.4	97.4	97.5	92.1
(9)蛋类	110.8	109.7	107.3	107.5
(10)奶类	100.2	98.3	100.8	101.3
(11)干鲜瓜果类	110.1	109.9	109.1	115.3
(12)糖果糕点类	102.4	100.4	101.2	100.1
(13)调味品	103.8	103.3	107.8	102.6
(14)其他食品类	101.1	99.4	103.7	102.2
2.茶及饮料	102.0	98.6	100.1	102.3
3.烟酒	100.5	99.6	102.3	100.2
4.在外餐饮	100.3	99.7	100.5	100.0
二、衣着	101.7	100.0	101.9	101.5
1.服装	101.5	100.2	102.0	100.8
2.鞋类	102.5	99.1	101.7	104.1
三、居住	101.0	100.8	101.9	101.4
1.租赁房房租	100.4	97.9	100.3	101.2
2.住房保养维修及管理	103.7	100.9	104.1	101.0
3.水电燃料	101.8	103.6	102.0	103.9
4.自有住房	100.3	100.0	101.3	100.8
四、生活用品及服务	101.9	100.6	100.9	100.6
1.家具及室内装饰品	101.3	101.0	99.7	100.6
2.家用器具	103.1	100.6	101.0	101.0
3.家用纺织品	100.7	99.9	100.4	100.6
4.家庭日用杂品	101.1	99.7	100.1	99.3
5.个人护理用品	102.5	103.0	103.0	102.3
6.家庭服务	100.3	100.1	104.1	100.3
五、交通通信	105.7	106.5	104.9	104.9
1.交通	107.5	108.7	106.7	106.7
2.通信	99.8	99.7	99.7	99.8
六、教育文化娱乐	100.9	100.3	101.8	101.9
1.教育	100.8	100.4	102.3	102.5
2.文化娱乐	101.4	100.2	100.1	99.9
七、医疗保健	101.1	99.9	105.9	102.5
1.药品及医疗器具	106.1	99.6	101.6	105.5
2.医疗服务	100.0	100.0	107.1	101.7
八、其他用品和服务	101.9	103.5	101.8	101.9
1.其他用品类	103.1	105.9	102.0	102.2
2.其他服务类	100.2	100.1	101.5	101.6

3-7 居民消费价格分月指数(2022年)

上年同月=100

类 别	1月	2月	3月	4月	5月	6月	7月	8月	9月	10月	11月	12月
居民消费价格总指数	**100.4**	**100.6**	**101.1**	**101.6**	**101.8**	**102.5**	**102.8**	**102.5**	**102.7**	**102.2**	**101.6**	**101.5**
服务价格指数	101.5	101.3	101.0	100.8	100.6	100.8	100.4	100.2	99.9	99.8	99.9	100.1
工业品价格指数	103.2	103.8	104.4	104.8	104.8	105.4	104.4	103.7	103.4	102.2	102.1	102.1
消费品价格指数	99.6	100.1	101.2	102.2	102.6	103.7	104.4	104.1	104.7	103.9	102.7	102.5
扣除食品和能源价格指数	101.3	101.3	101.2	101.1	101.0	101.1	100.8	100.6	100.4	100.3	100.3	100.5
一、食品烟酒	95.7	96.2	97.6	99.2	100.1	101.7	104.5	104.6	106.2	105.9	103.5	102.9
1.食品	93.3	94.0	96.1	98.5	99.8	102.1	106.5	106.8	109.1	108.6	104.9	104.0
(1)粮食	102.4	102.1	102.4	102.7	103.2	103.0	102.9	102.4	101.9	101.5	101.5	101.4
(2)薯类	101.1	97.4	99.7	107.0	109.3	109.3	108.2	110.1	108.2	106.2	109.7	114.7
(3)豆类	103.6	102.7	102.7	102.5	102.5	102.6	102.9	103.3	103.6	104.0	103.5	103.2
(4)食用油	99.5	98.6	98.1	99.3	100.7	103.7	106.4	106.4	106.7	107.7	106.9	106.3
(5)菜及食用菌	89.5	99.5	114.4	118.0	108.0	103.7	111.3	109.5	112.8	97.0	84.0	91.0
(6)畜肉类	69.9	69.0	70.1	76.1	85.4	97.2	113.9	115.3	122.5	131.7	121.7	111.8
(7)禽肉类	102.7	100.1	100.3	102.2	104.2	106.0	107.9	109.3	109.9	110.0	109.2	107.8
(8)水产品	111.0	107.4	102.5	96.6	91.3	90.6	90.4	91.9	95.2	97.4	99.5	100.0
(9)蛋类	106.2	106.4	108.5	111.4	111.3	109.6	107.2	102.5	105.8	107.5	108.7	108.9
(10)奶类	101.1	101.1	101.1	101.2	101.2	101.2	101.4	101.1	100.4	100.2	100.0	100.1
(11)干鲜瓜果类	110.4	109.0	107.3	109.6	112.1	111.9	111.4	111.9	112.2	110.3	108.2	108.1
(12)糖果糕点类	101.0	101.1	101.1	101.0	101.3	101.4	101.6	101.8	102.0	101.8	101.9	102.0
(13)调味品	101.1	101.2	102.4	102.8	104.0	105.1	105.6	105.4	105.3	105.0	105.1	105.2
(14)其他食品类	101.4	101.6	101.8	102.0	101.9	102.1	102.3	102.2	102.2	101.7	102.1	101.9
2.茶及饮料	100.5	100.5	100.3	100.2	100.6	101.4	101.7	101.9	102.1	101.9	102.4	102.3
3.烟酒	102.2	101.8	101.8	101.7	101.4	101.2	100.8	100.3	100.4	100.3	100.3	100.2
4.在外餐饮	100.4	100.6	100.4	100.3	100.4	100.5	100.5	100.4	100.6	100.7	100.8	101.0
二、衣着	101.5	101.5	101.5	101.4	101.4	101.5	101.4	101.3	101.1	100.9	101.1	101.1
1.服装	101.3	101.3	101.3	101.1	101.1	101.2	101.1	100.9	100.8	100.7	100.8	100.9
2.鞋类	102.4	102.5	102.6	102.7	102.9	103.0	103.0	102.9	102.7	102.1	102.2	102.1
三、居住	101.9	101.8	101.7	101.5	101.1	101.1	100.7	100.1	99.9	99.5	99.5	99.8
1.租赁房房租	102.5	102.5	102.0	101.6	101.1	101.2	100.5	100.0	99.9	99.8	99.7	100.0
2.住房保养维修及管理	102.9	102.9	102.8	102.5	102.2	102.0	101.9	101.6	100.9	99.7	99.9	100.1
3.水电燃料	102.4	102.4	103.5	103.7	103.6	103.4	103.2	102.6	102.2	100.4	100.4	101.4
4.自有住房	101.5	101.3	101.0	100.7	100.2	100.2	99.7	99.2	99.1	99.1	99.1	99.4
四、生活用品及服务	100.2	100.8	101.1	101.4	101.6	101.6	101.5	101.2	101.3	101.2	101.2	101.2
1.家具及室内装饰品	101.1	101.1	101.3	101.3	101.6	100.9	101.0	100.4	100.2	100.3	100.0	100.2
2.家用器具	101.5	102.6	102.7	102.4	102.4	102.0	102.3	101.7	101.3	101.1	100.2	100.0
3.家用纺织品	100.6	100.4	100.4	100.3	100.3	100.4	100.5	100.5	100.5	100.5	100.6	100.4
4.家庭日用杂品	99.3	99.7	100.0	100.4	100.5	100.7	99.9	100.3	100.4	100.5	101.2	101.5
5.个人护理用品	97.9	99.4	100.0	101.2	102.4	103.1	103.3	102.5	103.8	103.4	104.2	104.0
6.家庭服务	101.1	101.0	101.7	101.9	101.7	101.5	101.3	101.4	101.2	101.0	101.2	101.4
五、交通通信	105.9	106.5	107.2	108.4	108.0	110.0	107.7	106.2	105.9	103.7	103.3	103.1
1.交通	108.0	108.7	109.4	111.0	110.5	113.2	110.0	108.1	107.6	104.7	104.2	103.8
2.通信	99.1	99.0	99.4	99.3	99.1	99.1	99.6	99.7	99.8	100.3	100.2	100.6
六、教育文化娱乐	102.1	102.0	101.6	101.0	101.0	101.2	100.8	100.8	100.0	99.9	100.1	100.3
1.教育	101.9	101.9	101.9	101.8	101.8	101.8	101.8	101.5	100.4	100.4	100.4	100.4
2.文化娱乐	102.5	102.4	101.1	99.3	99.3	100.1	98.7	99.3	99.2	99.0	99.6	100.1
七、医疗保健	100.9	101.0	101.0	100.9	100.9	101.0	101.1	101.0	101.0	100.8	101.0	101.0
1.药品及医疗器具	101.8	102.0	102.0	102.0	102.0	102.1	102.1	102.1	102.0	101.8	101.7	101.7
2.医疗服务	100.6	100.6	100.6	100.6	100.6	100.7	100.8	100.7	100.7	100.5	100.8	100.8
八、其他用品和服务	99.1	100.1	102.0	101.7	102.0	102.0	101.0	102.2	101.6	102.1	102.5	103.2
1.其他用品类	97.7	100.1	103.9	103.6	104.1	104.0	102.2	104.4	103.1	104.1	104.5	105.8
2.其他服务类	100.5	100.1	100.1	99.9	99.8	100.1	99.9	100.1	100.1	100.2	100.5	100.6

3-8 城市居民消费价格分月指数(2022年)

上年同月=100

类 别	1月	2月	3月	4月	5月	6月	7月	8月	9月	10月	11月	12月
居民消费价格总指数	**100.6**	**100.8**	**101.2**	**101.6**	**101.7**	**102.4**	**102.6**	**102.2**	**102.5**	**102.0**	**101.5**	**101.6**
服务价格指数	101.6	101.3	101.0	100.6	100.3	100.5	100.1	99.8	99.5	99.5	99.8	100.1
工业品价格指数	103.2	103.8	104.3	104.8	104.7	105.4	104.4	103.6	103.4	102.2	102.1	102.1
消费品价格指数	100.0	100.4	101.3	102.2	102.6	103.6	104.2	103.9	104.5	103.7	102.7	102.5
扣除食品和能源价格指数	101.3	101.3	101.2	101.0	100.8	101.0	100.7	100.4	100.2	100.1	100.3	100.5
一、食品烟酒	96.4	96.8	98.0	99.3	100.1	101.5	104.1	104.2	105.9	105.4	103.4	103.0
1.食品	94.0	94.5	96.3	98.5	99.7	101.9	106.0	106.3	108.8	108.0	104.8	104.2
(1)粮食	100.8	100.6	100.9	101.4	101.9	102.0	102.2	102.0	101.9	101.7	101.6	101.5
(2)薯类	103.0	98.2	100.3	108.3	110.3	110.4	108.8	110.8	108.6	107.6	111.4	115.5
(3)豆类	103.4	102.9	102.6	102.3	102.5	102.5	102.7	102.8	102.7	102.9	102.7	102.4
(4)食用油	100.9	100.1	100.2	101.0	101.9	103.9	105.8	105.9	106.2	106.8	106.4	105.7
(5)菜及食用菌	88.8	99.2	113.1	116.3	105.7	101.6	108.7	107.1	112.2	95.1	83.4	91.6
(6)畜肉类	71.4	69.9	71.0	76.2	86.0	97.0	112.3	113.4	120.7	130.3	122.3	112.5
(7)禽肉类	101.8	99.5	99.9	102.4	104.7	107.0	108.6	109.7	110.5	110.5	109.9	108.3
(8)水产品	110.6	107.2	102.2	96.2	91.4	91.8	92.2	94.2	97.1	98.8	100.3	100.2
(9)蛋类	106.3	107.3	108.6	111.3	110.2	108.4	106.0	101.4	105.7	107.0	107.9	108.2
(10)奶类	101.2	101.2	101.2	101.3	101.1	101.2	101.7	101.4	100.7	100.7	100.6	100.4
(11)干鲜瓜果类	111.5	109.4	106.7	108.9	111.4	111.0	110.4	111.5	111.3	109.3	107.2	107.5
(12)糖果糕点类	101.3	101.6	101.6	101.2	101.4	101.5	101.8	102.0	102.3	102.1	102.2	102.4
(13)调味品	101.4	101.6	102.0	102.7	103.8	104.9	105.7	105.5	105.6	105.7	105.8	106.0
(14)其他食品类	101.4	101.9	102.4	102.5	102.2	102.2	102.4	101.9	102.3	102.1	102.4	102.2
2.茶及饮料	100.6	100.6	100.6	100.6	101.0	101.2	101.4	101.7	101.9	102.1	102.6	102.3
3.烟酒	103.0	102.4	102.4	101.9	101.7	101.6	101.2	100.5	100.5	100.4	100.3	100.2
4.在外餐饮	100.4	100.8	100.5	100.4	100.5	100.5	100.6	100.5	100.7	100.8	101.0	101.2
二、衣着	101.5	101.5	101.5	101.5	101.4	101.6	101.5	101.3	101.1	100.7	101.0	101.1
1.服装	101.2	101.2	101.2	101.1	101.1	101.3	101.2	101.0	100.9	100.6	100.9	101.0
2.鞋类	102.9	103.0	103.1	103.3	103.1	102.9	103.1	102.9	102.5	101.6	101.9	101.7
三、居住	102.0	101.8	101.6	101.4	100.8	100.7	100.3	99.7	99.5	99.2	99.3	99.7
1.租赁房房租	103.0	102.9	102.4	101.9	101.4	101.4	100.7	99.9	99.7	99.7	99.7	100.0
2.住房保养维修及管理	102.5	102.5	102.4	102.1	101.8	101.6	101.3	101.2	100.6	100.0	100.0	100.0
3.水电燃料	102.1	102.0	103.0	103.1	103.0	102.8	103.0	102.5	102.2	100.8	100.6	101.7
4.自有住房	101.8	101.5	101.1	100.7	100.0	100.0	99.4	98.7	98.5	98.6	98.8	99.2
四、生活用品及服务	100.2	100.9	101.1	101.4	101.6	101.5	101.6	101.2	101.4	101.3	101.4	101.4
1.家具及室内装饰品	101.4	101.4	101.6	101.6	101.6	100.7	100.9	100.2	100.1	100.2	99.9	100.0
2.家用器具	101.5	102.6	102.7	102.4	102.4	102.0	102.3	101.8	101.4	101.2	100.3	100.1
3.家用纺织品	100.7	100.6	100.5	100.3	100.3	100.3	100.4	100.4	100.4	100.4	100.5	100.4
4.家庭日用杂品	99.6	99.8	100.0	100.4	100.4	100.9	100.1	100.5	100.6	100.7	101.5	101.8
5.个人护理用品	97.8	99.3	99.9	100.8	102.1	102.7	103.0	102.2	103.8	103.4	104.5	104.3
6.家庭服务	101.0	100.9	101.8	102.1	101.8	101.6	101.4	101.5	101.4	101.1	101.4	101.5
五、交通通信	106.2	106.9	107.6	108.9	108.4	110.7	108.1	106.5	106.2	103.9	103.5	103.2
1.交通	108.2	109.1	109.8	111.4	110.9	113.8	110.4	108.3	107.9	104.8	104.3	104.0
2.通信	99.1	99.0	99.5	99.3	99.1	99.1	99.6	99.6	99.6	100.1	100.0	100.4
六、教育文化娱乐	102.2	102.1	101.5	100.8	100.8	101.0	100.5	100.4	99.9	99.8	100.1	100.3
1.教育	101.7	101.7	101.7	101.6	101.7	101.6	101.7	101.2	100.5	100.5	100.5	100.5
2.文化娱乐	103.1	102.9	101.3	99.2	99.2	99.9	98.4	99.0	98.8	98.7	99.3	99.9
七、医疗保健	100.4	100.4	100.3	100.3	100.3	100.3	100.5	100.5	100.5	100.6	100.9	100.9
1.药品及医疗器具	101.3	101.3	101.2	101.2	101.2	101.0	101.2	101.3	101.2	101.0	101.0	101.0
2.医疗服务	100.0	100.0	100.0	100.0	100.0	100.1	100.3	100.3	100.3	100.4	100.9	100.9
八、其他用品和服务	99.2	100.1	102.0	101.5	101.7	101.7	100.7	102.0	101.3	101.9	102.4	103.1
1.其他用品类	98.0	100.4	104.3	103.6	104.0	103.7	101.9	104.2	102.9	103.9	104.4	105.8
2.其他服务类	100.2	99.8	99.9	99.6	99.6	99.8	99.7	100.0	99.9	100.1	100.6	100.7

3–9 农村居民消费价格分月指数(2022年)

上年同月=100

类别	1月	2月	3月	4月	5月	6月	7月	8月	9月	10月	11月	12月
居民消费价格总指数	**99.7**	**100.1**	**100.9**	**101.8**	**102.0**	**102.8**	**103.5**	**103.2**	**103.3**	**102.8**	**101.7**	**101.5**
服务价格指数	101.3	101.2	101.2	101.2	101.2	101.4	101.2	101.1	100.7	100.4	100.3	100.3
工业品价格指数	103.3	103.9	104.5	104.9	104.9	105.5	104.5	103.9	103.3	102.1	101.9	102.0
消费品价格指数	98.7	99.3	100.7	102.1	102.6	103.8	105.0	104.7	105.1	104.5	102.7	102.3
扣除食品和能源价格指数	101.2	101.2	101.3	101.3	101.3	101.4	101.3	101.3	100.9	100.6	100.5	100.6
一、食品烟酒	94.1	94.7	96.8	99.2	100.1	102.0	105.7	105.7	107.0	107.2	103.7	102.7
1.食品	91.8	92.7	95.4	98.6	99.9	102.7	107.9	107.9	109.8	110.0	105.0	103.6
(1)粮食	105.2	104.8	105.1	105.1	105.4	104.9	104.2	103.1	101.9	101.1	101.1	101.1
(2)薯类	93.3	94.4	97.3	101.6	105.3	104.4	105.5	107.2	106.7	100.6	102.3	111.6
(3)豆类	103.8	102.4	102.9	102.9	102.6	102.8	103.4	104.4	105.3	106.1	104.9	104.6
(4)食用油	97.1	95.8	94.4	96.2	98.5	103.2	107.4	107.2	107.6	109.4	107.6	107.3
(5)菜及食用菌	91.4	100.1	117.4	122.4	113.8	109.2	118.5	115.7	114.2	101.7	85.3	89.5
(6)畜肉类	67.1	67.2	68.3	75.9	84.0	97.7	117.2	119.3	126.2	134.8	120.3	110.4
(7)禽肉类	104.7	101.6	101.2	101.7	102.9	103.5	106.2	108.4	108.3	108.9	107.6	106.7
(8)水产品	112.2	107.8	103.4	97.4	91.1	87.8	86.0	86.4	90.5	93.9	97.6	99.7
(9)蛋类	106.1	104.4	108.1	111.8	114.0	112.7	110.1	105.4	106.1	108.8	110.7	110.8
(10)奶类	100.9	100.9	101.0	101.1	101.3	101.2	100.8	100.3	99.4	99.0	98.4	99.0
(11)干鲜瓜果类	107.5	108.0	109.0	111.5	114.0	114.2	114.5	112.9	114.9	113.3	111.3	109.9
(12)糖果糕点类	100.2	100.2	100.3	100.6	101.1	101.4	101.3	101.4	101.3	101.3	101.3	101.1
(13)调味品	100.6	100.6	102.9	103.1	104.4	105.4	105.5	105.4	104.9	104.1	104.1	104.0
(14)其他食品类	101.1	101.1	100.3	100.6	101.1	102.0	102.2	103.1	102.1	100.8	101.3	101.3
2.茶及饮料	100.5	100.4	99.7	99.6	99.9	101.8	102.1	102.4	102.3	101.6	102.0	102.3
3.烟酒	100.6	100.6	100.7	101.3	100.8	100.4	100.1	100.0	100.3	100.2	100.2	100.2
4.在外餐饮	100.1	100.1	100.1	100.0	100.0	100.0	100.2	100.2	100.2	100.1	100.0	100.4
二、衣着	101.6	101.7	101.5	101.2	101.5	101.4	101.2	101.2	101.2	101.5	101.2	101.2
1.服装	101.7	101.8	101.5	101.2	101.2	100.9	100.9	100.7	100.7	101.0	100.7	100.7
2.鞋类	101.1	101.1	101.1	101.2	102.4	103.3	102.5	102.9	103.2	103.4	103.1	103.1
三、居住	101.6	101.7	101.9	101.9	101.8	101.9	101.6	101.2	101.0	100.1	99.9	100.1
1.租赁房房租	100.4	100.7	100.0	100.0	99.9	100.0	99.9	100.3	100.5	100.4	99.8	99.6
2.住房保养维修及管理	103.8	103.7	103.8	103.5	103.1	102.9	103.4	102.7	101.4	99.2	99.5	100.2
3.水电燃料	103.3	103.4	104.8	105.1	105.1	104.9	103.9	102.8	102.1	99.4	99.9	100.6
4.自有住房	100.7	100.7	100.7	100.7	100.7	100.9	100.5	100.5	100.6	100.5	100.0	99.9
四、生活用品及服务	100.0	100.8	101.0	101.3	101.7	101.7	101.5	101.1	101.0	100.9	100.6	100.7
1.家具及室内装饰品	100.4	100.4	100.6	100.6	101.5	101.4	101.3	100.8	100.7	100.6	100.5	100.6
2.家用器具	101.5	102.8	102.6	102.3	102.3	102.0	102.1	101.3	100.9	101.1	99.9	99.7
3.家用纺织品	100.0	100.0	100.0	100.0	100.4	100.7	100.8	100.8	100.8	100.8	100.8	100.5
4.家庭日用杂品	98.6	99.4	99.9	100.4	100.6	100.4	99.5	100.0	100.0	100.1	100.4	100.9
5.个人护理用品	98.1	99.5	100.5	102.8	103.9	104.9	104.8	103.8	103.9	103.1	102.8	103.0
6.家庭服务	101.2	101.2	101.2	101.2	101.2	101.2	100.6	100.4	100.4	100.4	100.4	100.4
五、交通通信	105.1	105.5	106.1	107.1	106.8	108.3	106.5	105.5	105.0	103.5	103.0	102.9
1.交通	107.3	107.8	108.5	109.8	109.4	111.5	108.8	107.5	106.6	104.3	103.8	103.5
2.通信	99.0	98.9	99.4	99.3	99.2	99.2	99.7	99.8	100.1	100.8	100.6	101.2
六、教育文化娱乐	101.7	101.8	101.8	101.8	101.8	101.9	101.9	101.9	100.4	100.3	100.3	100.3
1.教育	102.3	102.3	102.3	102.3	102.3	102.3	102.2	102.2	100.1	100.1	100.1	100.2
2.文化娱乐	99.6	99.8	99.9	99.9	99.9	100.7	100.7	100.9	101.2	100.7	100.8	100.9
七、医疗保健	102.1	102.1	102.3	102.2	102.3	102.4	102.3	102.0	101.9	101.2	101.2	101.1
1.药品及医疗器具	103.2	103.6	104.2	103.9	104.2	104.8	104.4	104.3	103.9	103.7	103.5	103.3
2.医疗服务	101.8	101.8	101.8	101.8	101.8	101.8	101.8	101.4	101.4	100.6	100.6	100.6
八、其他用品和服务	99.0	100.2	101.9	102.3	102.9	103.1	102.1	103.1	102.5	102.9	102.9	103.5
1.其他用品类	97.0	99.4	102.6	103.5	104.7	104.8	103.0	104.8	103.8	104.7	104.8	105.8
2.其他服务类	101.7	101.2	101.0	100.7	100.6	100.9	100.9	100.9	100.9	100.5	100.5	100.5

3-10 居民消费价格分月环比指数(2022年)

上月=100

类　　别	1月	2月	3月	4月	5月	6月	7月	8月	9月	10月	11月	12月
居民消费价格总指数	**100.1**	**100.6**	**100.0**	**100.1**	**100.0**	**100.3**	**100.5**	**100.0**	**100.4**	**100.1**	**99.8**	**99.5**
服务价格指数	100.0	100.1	99.7	100.0	100.0	100.1	100.1	100.1	99.9	100.0	99.8	100.0
工业品价格指数	100.2	100.8	101.3	100.4	100.2	100.8	99.6	99.3	99.9	99.9	100.2	99.5
消费品价格指数	100.2	100.9	100.1	100.2	99.9	100.5	100.8	99.9	100.7	100.2	99.8	99.2
扣除食品和能源价格指数	100.0	100.1	99.9	100.1	100.1	100.1	100.1	100.1	100.0	100.1	99.9	100.1
一、食品烟酒	100.3	100.9	98.8	100.0	99.6	100.0	102.3	100.7	101.5	100.5	99.4	99.0
1.食品	100.3	101.3	98.3	99.9	99.3	100.0	103.5	101.0	102.2	100.8	99.0	98.4
(1)粮食	100.0	100.0	100.3	100.6	100.6	100.0	99.9	100.0	100.0	100.0	99.9	100.0
(2)薯类	103.0	102.3	101.6	104.6	99.4	97.8	100.3	101.8	98.4	99.9	102.2	102.7
(3)豆类	100.6	100.7	100.0	100.1	100.0	100.2	100.4	100.4	100.2	100.4	100.1	100.0
(4)食用油	100.4	99.6	99.7	100.4	100.7	102.0	101.6	100.3	100.6	100.8	100.3	99.8
(5)菜及食用菌	98.7	107.8	100.3	97.2	89.6	95.3	105.3	102.6	108.1	96.2	90.7	101.0
(6)畜肉类	98.5	97.7	92.8	98.9	102.4	103.0	114.7	102.0	104.0	106.7	100.2	92.2
(7)禽肉类	100.5	100.7	99.3	100.9	101.0	101.2	101.8	101.7	101.0	100.4	100.1	99.0
(8)水产品	100.5	104.0	98.7	100.8	100.0	99.2	99.5	100.5	99.9	98.4	99.7	99.1
(9)蛋类	99.8	99.4	99.1	103.2	101.3	98.7	99.0	101.0	103.3	101.2	102.8	99.8
(10)奶类	100.0	100.1	99.7	100.2	100.3	100.1	100.0	100.0	99.6	100.0	99.9	100.2
(11)干鲜瓜果类	104.7	102.0	98.8	101.4	101.0	99.3	98.8	100.2	101.0	98.9	100.3	101.6
(12)糖果糕点类	100.1	100.2	100.0	100.0	100.3	100.2	100.2	100.3	100.1	100.1	100.3	100.1
(13)调味品	100.1	100.2	101.3	100.4	101.2	101.0	100.6	100.0	99.9	99.9	100.1	100.2
(14)其他食品类	100.1	100.1	100.5	100.2	100.2	100.4	100.1	100.3	99.7	99.8	100.4	100.1
2.茶及饮料	100.1	100.0	100.0	100.0	100.3	100.8	100.4	100.2	100.1	99.8	100.4	100.2
3.烟酒	100.0	100.0	100.1	100.2	99.8	99.9	99.9	100.1	100.1	100.0	100.0	100.0
4.在外餐饮	100.2	100.3	99.8	100.0	100.1	100.1	100.0	100.0	100.1	100.0	100.2	100.2
二、衣着	100.0	99.9	100.1	100.0	100.2	100.2	100.0	100.0	100.2	100.2	100.1	100.2
1.服装	100.0	99.9	100.2	100.0	100.2	100.1	99.9	99.9	100.1	100.2	100.1	100.2
2.鞋类	100.0	100.1	100.1	100.2	100.3	100.4	100.1	100.2	100.2	100.1	100.1	100.1
三、居住	99.9	100.1	100.1	99.9	99.8	100.0	100.0	100.1	100.0	100.0	99.9	100.1
1.租赁房房租	99.7	100.3	99.7	99.9	99.7	100.1	100.2	100.5	99.9	100.0	99.8	100.0
2.住房保养维修及管理	100.1	100.0	100.1	99.9	99.9	99.8	100.0	100.0	100.1	100.1	100.1	100.0
3.水电燃料	100.2	100.0	101.4	99.7	100.1	99.9	100.0	99.5	100.0	99.8	100.1	100.6
4.自有住房	99.8	100.2	99.8	99.9	99.7	100.0	100.0	100.3	99.9	100.0	99.8	100.0
四、生活用品及服务	99.7	100.6	100.2	100.5	100.2	99.8	100.3	99.9	100.0	100.2	99.7	100.3
1.家具及室内装饰品	99.8	100.0	100.2	100.1	100.3	99.8	100.2	99.9	99.8	100.1	99.9	100.2
2.家用器具	99.6	101.4	100.2	100.1	100.0	99.2	100.9	99.4	99.8	100.0	98.8	100.4
3.家用纺织品	100.0	99.9	100.0	99.9	100.2	100.1	100.1	100.0	100.1	100.1	100.0	100.0
4.家庭日用杂品	99.3	100.4	100.1	100.7	99.8	100.2	100.1	99.8	100.1	100.5	100.0	100.4
5.个人护理用品	99.1	100.8	100.7	101.4	100.8	99.9	100.0	100.4	100.6	100.3	99.9	100.1
6.家庭服务	101.5	99.9	99.6	100.2	99.8	100.0	99.9	100.2	99.9	99.9	100.3	100.2
五、交通通信	100.8	101.7	102.1	101.2	100.2	102.2	99.1	98.3	99.5	99.7	100.2	98.3
1.交通	100.8	102.2	102.5	101.6	100.4	102.8	98.8	97.9	99.4	99.5	100.4	97.7
2.通信	100.5	99.9	100.3	99.9	99.8	99.9	100.5	99.9	100.0	100.1	99.4	100.5
六、教育文化娱乐	100.0	100.1	99.7	99.8	100.4	100.1	100.2	100.1	100.0	100.0	99.8	100.1
1.教育	100.0	100.0	100.1	100.0	100.2	100.0	100.0	99.9	100.4	100.0	100.0	100.0
2.文化娱乐	99.9	100.5	98.8	99.5	101.0	100.2	100.7	100.6	99.3	100.0	99.5	100.1
七、医疗保健	100.2	100.0	100.1	100.0	100.1	100.1	100.1	100.0	100.0	100.1	100.2	100.0
1.药品及医疗器具	100.1	100.0	100.3	100.1	100.3	100.2	100.1	100.1	100.1	100.1	100.0	100.2
2.医疗服务	100.2	100.0	100.0	100.0	100.0	100.1	100.1	100.0	100.0	100.1	100.3	100.0
八、其他用品和服务	100.4	100.8	101.0	100.0	100.6	100.2	99.0	100.4	99.7	100.4	100.3	100.4
1.其他用品类	100.2	101.6	102.2	99.9	101.1	100.4	98.0	100.6	99.5	100.8	100.6	100.8
2.其他服务类	100.7	99.9	99.8	100.0	100.1	100.0	100.0	100.1	99.9	100.1	100.0	100.0

3-11 城市居民消费价格分月环比指数(2022年)

上月=100

类　　别	1月	2月	3月	4月	5月	6月	7月	8月	9月	10月	11月	12月
居民消费价格总指数	**100.2**	**100.6**	**99.9**	**100.2**	**100.0**	**100.3**	**100.5**	**100.0**	**100.3**	**100.1**	**99.9**	**99.6**
服务价格指数	99.9	100.1	99.6	100.0	100.1	100.1	100.2	100.1	99.9	100.1	99.9	100.1
工业品价格指数	100.2	100.9	101.2	100.5	100.2	100.9	99.5	99.3	99.9	99.9	100.2	99.4
消费品价格指数	100.4	100.9	100.1	100.3	99.9	100.5	100.7	99.9	100.6	100.1	99.9	99.3
扣除食品和能源价格指数	100.0	100.1	99.9	100.1	100.1	100.1	100.1	100.1	100.0	100.1	99.9	100.1
一、食品烟酒	100.6	101.0	98.8	100.0	99.6	100.0	102.2	100.7	101.4	100.3	99.5	99.1
1.食品	100.8	101.4	98.1	100.0	99.4	99.9	103.4	101.0	102.1	100.5	99.1	98.5
(1)粮食	100.0	100.0	100.3	100.5	100.6	100.0	100.0	100.0	100.1	100.0	99.9	100.1
(2)薯类	103.7	102.4	101.7	104.8	99.0	97.5	100.1	101.8	98.8	99.8	102.6	102.5
(3)豆类	100.5	100.3	100.2	100.1	100.2	100.1	100.5	100.2	100.1	100.2	100.0	99.9
(4)食用油	100.2	99.9	99.9	100.5	100.6	101.5	101.6	100.3	100.2	100.5	100.4	99.9
(5)菜及食用菌	99.7	108.2	99.2	97.1	89.9	95.7	105.9	102.3	108.1	95.4	90.7	101.2
(6)畜肉类	99.1	97.8	93.1	99.0	102.5	102.7	113.8	101.7	103.7	107.1	100.9	92.3
(7)禽肉类	100.6	100.9	99.4	101.3	101.2	101.6	101.4	101.3	101.1	100.1	100.0	99.1
(8)水产品	101.4	104.5	98.4	100.8	99.9	99.1	100.0	100.7	99.7	97.8	99.4	98.6
(9)蛋类	99.7	99.6	99.4	103.4	100.8	98.6	99.0	100.8	103.6	100.9	102.4	99.8
(10)奶类	100.0	100.1	99.6	100.3	100.3	100.2	100.0	100.1	99.7	100.0	100.0	100.0
(11)干鲜瓜果类	105.2	101.2	98.2	101.4	101.1	99.3	98.9	100.8	100.6	98.5	100.3	102.1
(12)糖果糕点类	100.2	100.3	100.0	99.9	100.1	100.1	100.3	100.5	100.2	100.2	100.4	100.2
(13)调味品	100.2	100.4	100.5	100.6	101.2	101.0	101.1	100.2	100.1	100.1	100.2	100.3
(14)其他食品类	100.1	100.2	100.6	100.2	100.1	100.3	100.1	100.0	99.9	100.2	100.3	100.1
2.茶及饮料	100.1	99.9	100.1	100.0	100.2	100.2	100.6	100.2	100.2	100.2	100.4	100.1
3.烟酒	100.0	100.0	100.1	100.0	100.0	100.1	99.8	100.1	100.0	100.1	100.0	100.0
4.在外餐饮	100.2	100.3	99.8	100.0	100.1	100.1	100.0	100.0	100.1	100.0	100.2	100.2
二、衣着	100.0	99.9	100.2	100.1	100.1	100.2	100.0	100.0	100.1	100.1	100.2	100.2
1.服装	100.0	99.9	100.2	100.0	100.2	100.2	99.9	99.9	100.1	100.1	100.1	100.2
2.鞋类	100.0	100.1	100.2	100.2	100.0	100.2	100.1	100.0	100.2	100.1	100.3	100.2
三、居住	99.8	100.0	99.9	99.8	99.7	100.0	100.1	100.2	100.0	100.0	100.0	100.2
1.租赁房房租	99.7	100.2	99.8	99.9	99.6	100.1	100.3	100.5	99.9	100.0	99.9	100.0
2.住房保养维修及管理	100.1	100.0	100.0	99.8	99.9	99.9	99.9	100.0	100.1	100.1	100.1	100.0
3.水电燃料	100.1	100.0	101.1	99.8	100.1	99.8	100.1	99.7	100.1	100.0	100.0	100.9
4.自有住房	99.7	100.1	99.7	99.9	99.6	100.0	100.1	100.3	99.9	100.0	99.9	100.0
四、生活用品及服务	99.7	100.6	100.2	100.4	100.2	99.8	100.3	99.9	100.1	100.2	99.8	100.3
1.家具及室内装饰品	99.7	100.0	100.2	100.1	100.1	99.8	100.2	99.8	99.8	100.2	99.9	100.3
2.家用器具	99.7	101.4	100.3	100.0	100.1	99.2	100.9	99.5	99.8	99.9	98.9	100.4
3.家用纺织品	100.1	99.9	100.0	99.9	100.1	100.0	100.1	100.1	100.1	100.1	100.0	100.1
4.家庭日用杂品	99.4	100.3	100.0	100.7	99.8	100.4	100.1	99.8	100.1	100.6	100.1	100.4
5.个人护理用品	99.1	100.8	100.5	101.3	100.9	99.9	100.0	100.4	100.7	100.4	100.2	100.0
6.家庭服务	101.7	99.9	99.5	100.3	99.8	100.0	99.8	100.2	99.9	99.9	100.3	100.3
五、交通通信	100.7	101.8	102.1	101.4	100.3	102.3	99.0	98.1	99.4	99.6	100.1	98.3
1.交通	100.8	102.3	102.6	101.7	100.4	102.9	98.7	97.7	99.3	99.5	100.3	97.7
2.通信	100.5	99.9	100.2	99.9	99.8	99.9	100.4	99.9	100.0	100.1	99.5	100.4
六、教育文化娱乐	100.0	100.2	99.5	99.7	100.6	100.1	100.3	100.2	100.0	100.0	99.8	100.0
1.教育	100.0	100.0	100.1	100.0	100.2	100.0	100.0	99.9	100.5	100.0	100.0	100.0
2.文化娱乐	100.0	100.5	98.6	99.4	101.2	100.2	100.7	100.7	99.2	100.0	99.5	100.0
七、医疗保健	100.0	100.0	100.0	100.0	100.1	100.1	100.2	100.0	100.0	100.1	100.3	100.0
1.药品及医疗器具	100.0	100.0	100.1	100.2	100.2	100.0	100.2	100.1	100.1	100.0	100.0	100.1
2.医疗服务	100.0	100.0	100.0	100.0	100.0	100.2	100.2	100.0	100.0	100.2	100.4	100.0
八、其他用品和服务	100.4	100.8	101.0	99.9	100.6	100.1	99.0	100.4	99.7	100.5	100.4	100.3
1.其他用品类	100.3	101.7	102.2	99.8	101.0	100.3	97.9	100.6	99.5	100.9	100.9	100.6
2.其他服务类	100.5	99.9	99.8	100.0	100.2	100.0	100.0	100.2	99.9	100.1	100.0	100.0

3-12 农村居民消费价格分月环比指数(2022年)

上月=100

类　　别	1月	2月	3月	4月	5月	6月	7月	8月	9月	10月	11月	12月
居民消费价格总指数	**100.0**	**100.5**	**100.1**	**100.1**	**99.9**	**100.3**	**100.6**	**100.0**	**100.5**	**100.3**	**99.7**	**99.4**
服务价格指数	100.2	100.2	100.0	100.1	100.0	100.0	100.0	100.1	100.0	100.0	99.8	100.0
工业品价格指数	100.2	100.8	101.3	100.4	100.2	100.8	99.6	99.3	99.9	100.0	100.1	99.5
消费品价格指数	99.9	100.8	100.3	100.2	99.8	100.4	101.0	100.0	100.8	100.5	99.6	99.1
扣除食品和能源价格指数	100.1	100.2	100.1	100.1	100.0	100.0	100.0	100.0	100.1	100.1	99.8	100.1
一、食品烟酒	99.5	100.7	99.1	99.9	99.4	100.1	102.6	100.8	101.8	100.9	99.1	98.7
1.食品	99.3	101.0	98.8	99.8	99.3	100.1	103.7	101.1	102.4	101.3	98.8	98.1
(1)粮食	100.0	99.9	100.2	100.7	100.6	99.9	99.8	100.0	100.0	100.0	100.0	100.0
(2)薯类	99.9	101.7	101.6	103.5	101.3	99.4	101.4	101.4	96.6	100.2	100.7	103.6
(3)豆类	100.8	101.4	99.7	100.0	99.5	100.3	100.4	100.8	100.3	100.7	100.4	100.2
(4)食用油	100.8	99.1	99.3	100.3	100.9	102.8	101.4	100.3	101.2	101.3	100.1	99.7
(5)菜及食用菌	96.2	106.5	102.9	97.4	89.1	94.3	103.9	103.1	107.9	98.4	90.6	100.5
(6)畜肉类	97.5	97.4	92.2	98.7	102.2	103.8	116.6	102.8	104.7	106.0	98.8	91.9
(7)禽肉类	100.4	100.1	99.0	99.8	100.5	100.2	102.7	102.7	100.8	100.9	100.4	99.0
(8)水产品	98.4	102.7	99.4	100.7	100.3	99.3	98.1	99.9	100.2	100.0	100.4	100.4
(9)蛋类	100.0	99.0	98.3	102.9	102.6	98.9	99.1	101.4	102.6	101.8	103.9	99.9
(10)奶类	100.0	100.0	100.1	100.1	100.2	99.9	99.9	99.5	99.1	100.0	99.6	100.6
(11)干鲜瓜果类	103.5	104.3	100.6	101.4	100.8	99.2	98.4	98.5	102.2	100.0	100.5	100.3
(12)糖果糕点类	99.9	100.0	100.1	100.2	100.6	100.4	100.0	100.0	99.9	100.0	100.0	99.8
(13)调味品	100.0	100.0	102.3	100.2	101.2	101.0	100.1	99.9	99.7	99.6	100.0	100.0
(14)其他食品类	100.0	100.0	100.2	100.3	100.5	100.7	99.9	101.1	99.2	98.7	100.7	100.0
2.茶及饮料	100.0	100.0	99.9	99.9	100.3	101.9	100.2	100.1	100.0	99.2	100.3	100.5
3.烟酒	100.0	100.0	100.1	100.5	99.5	99.7	100.0	100.1	100.3	99.9	100.0	100.0
4.在外餐饮	100.1	100.1	99.8	100.0	100.0	100.0	100.0	100.0	100.0	100.0	100.0	100.4
二、衣着	100.0	99.8	99.9	100.0	100.3	100.2	100.0	100.0	100.3	100.7	100.0	100.0
1.服装	100.0	99.8	99.9	99.9	100.1	100.0	100.0	99.9	100.3	100.8	100.1	100.1
2.鞋类	100.0	100.0	100.0	100.1	101.2	100.9	99.8	100.7	100.3	100.3	99.7	100.0
三、居住	100.0	100.3	100.4	100.0	99.9	99.9	99.9	100.0	100.0	99.9	99.8	99.9
1.租赁房房租	100.0	100.7	99.3	100.0	100.0	100.0	99.8	100.6	100.1	100.0	99.4	99.8
2.住房保养维修及管理	99.9	99.9	100.2	100.2	99.8	99.7	100.3	100.0	100.1	100.2	100.1	100.0
3.水电燃料	100.4	100.1	101.9	99.7	100.0	100.0	99.6	99.0	99.9	99.5	100.5	100.1
4.自有住房	100.0	100.5	100.0	100.0	99.9	100.0	99.8	100.3	100.0	100.0	99.5	99.9
四、生活用品及服务	99.5	100.7	100.3	100.5	100.1	99.7	100.3	99.7	99.9	100.2	99.3	100.4
1.家具及室内装饰品	99.8	100.0	100.1	100.0	100.9	99.9	100.1	99.9	99.9	100.0	99.9	100.2
2.家用器具	99.5	101.5	100.1	100.2	99.9	99.2	101.0	99.2	99.7	100.2	98.6	100.6
3.家用纺织品	99.8	100.0	100.0	100.0	100.4	100.3	100.0	100.0	100.0	100.0	100.0	100.0
4.家庭日用杂品	99.2	100.6	100.4	100.8	99.8	99.8	100.0	99.9	100.0	100.4	99.6	100.5
5.个人护理用品	99.0	100.7	101.4	102.1	100.5	99.8	100.1	100.1	100.0	99.9	98.9	100.5
6.家庭服务	100.3	100.0	100.0	100.0	100.0	100.0	100.0	100.0	100.0	100.0	100.0	100.0
五、交通通信	100.8	101.4	101.9	100.9	100.2	101.9	99.2	98.6	99.7	99.7	100.2	98.4
1.交通	100.8	101.9	102.4	101.2	100.3	102.5	98.9	98.3	99.6	99.6	100.5	97.7
2.通信	100.6	100.0	100.3	99.9	99.8	99.9	100.5	99.9	100.1	100.2	99.4	100.7
六、教育文化娱乐	99.9	100.1	100.0	100.1	100.0	100.1	100.1	100.0	100.1	100.0	99.9	100.1
1.教育	100.0	100.0	100.0	100.0	100.0	100.0	100.0	100.0	100.1	100.0	100.0	100.0
2.文化娱乐	99.7	100.3	99.9	100.3	100.0	100.3	100.4	100.2	100.0	100.1	99.7	100.2
七、医疗保健	100.5	100.0	100.2	100.0	100.1	100.1	100.0	100.0	100.1	100.0	100.0	100.1
1.药品及医疗器具	100.4	100.1	101.0	100.0	100.4	100.7	99.9	99.9	100.2	100.2	100.0	100.5
2.医疗服务	100.6	100.0	100.0	100.0	100.0	100.0	100.0	100.0	100.0	100.0	100.0	100.0
八、其他用品和服务	100.5	100.7	101.1	100.2	100.7	100.4	99.1	100.3	99.8	100.3	99.8	100.7
1.其他用品类	99.8	101.3	102.3	100.3	101.3	100.6	98.5	100.5	99.6	100.5	99.8	101.1
2.其他服务类	101.4	99.8	99.5	99.9	99.9	100.0	100.0	100.0	100.0	100.0	99.9	100.0

3-13 历年商品零售价格指数

年 份	商品零售价格指数（上年=100）	城 市	农 村	商品零售价格指数（1985年=100）	城 市	农 村
1985	111.1	112.4	110.1	100.0	100.0	100.0
1986	104.8	105.2	104.4	104.8	105.2	104.4
1987	110.6	111.3	110.2	115.9	117.1	115.0
1988	125.9	126.0	125.8	145.9	147.5	144.7
1989	118.1	116.2	119.4	172.3	171.4	172.8
1990	99.4	99.2	99.6	171.3	170.0	172.1
1991	104.1	104.4	103.1	178.3	177.6	177.4
1992	109.5	111.4	106.6	195.2	197.7	189.2
1993	115.1	115.7	114.6	224.8	228.9	216.8
1994	124.5	121.7	126.5	279.9	278.4	274.3
1995	115.5	114.5	116.8	323.2	318.9	320.3
1996	105.2	105.2	105.1	340.0	335.5	336.6
1997	100.3	100.6	99.8	341.0	337.5	335.9
1998	97.9	98.3	97.4	333.8	331.8	327.3
1999	97.6	97.8	97.5	325.9	324.4	319.0
2000	99.3	99.8	98.4	323.6	323.8	313.9
2001	98.8	98.1	99.4	319.7	317.6	312.0
2002	99.2	99.1	99.3	317.1	314.7	309.9
2003	100.6	100.1	101.1	319.0	315.1	313.3
2004	103.9	103.0	105.0	331.4	324.6	329.0
2005	102.3	101.6	103.0	339.0	329.7	338.8
2006	101.3	101.2	101.4	343.5	333.7	343.5
2007	104.3	103.6	106.7	358.2	345.8	366.6
2008	105.6	104.5	108.7	378.4	361.1	398.3
2009	98.5	98.2	98.8	372.7	354.8	393.7
2010	103.1	102.9	103.3	384.2	365.2	406.7
2011	105.5	105.4	105.6	405.3	384.9	429.5
2012	101.7	101.7	101.8	412.2	391.4	437.2
2013	101.7	101.4	102.3	419.2	396.9	447.3
2014	101.2	101.3	101.1	424.2	402.0	452.2
2015	99.9	99.7	100.0	423.8	400.8	452.2
2016	101.0	101.0	101.1	428.0	404.7	457.2
2017	101.3	101.2	101.4	433.4	409.7	463.5
2018	102.3	102.3	102.0	443.2	419.2	472.9
2019	102.3	102.2	102.4	453.4	428.4	484.2
2020	101.3	101.2	102.5	459.3	433.5	496.3
2021	101.6	101.7	100.8	466.6	440.9	500.3
2022	103.2	103.2	103.1	481.5	455.0	515.8

3-14 商品零售价格分类指数(2022年)

项　目	全省	城镇	农村
商品零售价格指数	**103.2**	**103.2**	**103.1**
一、食品	101.5	101.4	101.6
1.粮食	102.0	101.7	103.4
2.薯类	107.1	107.9	101.0
3.豆类	102.8	102.5	104.1
4.食用油	103.7	103.9	103.0
5.菜及食用菌	101.8	101.1	105.8
6.畜肉类	95.6	95.6	95.2
7.禽肉类	105.8	105.8	105.8
8.水产品	97.7	98.1	95.3
9.蛋类	107.8	107.6	108.9
10.奶类	101.0	101.1	100.3
11.干鲜瓜果类	109.7	109.4	111.6
12.糖果糕点类	101.5	101.6	101.1
13.调味品	104.0	104.0	104.2
14.其他食品类	102.0	102.0	101.7
15.餐饮业零售	100.6	100.6	100.2
二、饮料、烟酒	101.3	101.4	100.7
1.茶及饮料	101.4	101.3	101.5
2.卷烟	101.4	101.5	100.5
3.酒类	101.1	101.1	100.9
三、服装、鞋帽	101.4	101.4	101.5
1.服装	101.1	101.1	101.2
2.鞋帽袜	102.5	102.6	102.4
3.其他衣着配件	100.9	101.0	100.0
四、纺织品	100.7	100.8	100.3
1.服装材料	102.3	102.9	100.0
2.床上用品	100.2	100.2	100.4
五、家用电器及音像器材	101.3	101.3	101.3
1.家庭设备	101.8	101.8	101.7
2.文娱用耐用消费品	100.6	100.6	100.6
3.专业音像器材	100.8	100.8	100.4
六、文化办公用品	100.8	100.8	100.8
1.纸张文具	100.2	100.3	99.4
2.台式计算机	101.8	101.8	101.5
3.笔记本电脑	100.0	100.0	100.0
4.平板电脑	101.8	101.6	103.1
5.电脑附件	97.4	96.9	100.0
6.打印复印机	102.5	102.6	101.9
7.教学设备	100.8	101.0	100.0

3-14 续表

项　　目	全省	城镇	农村
七、日用品	101.8	101.9	101.2
1.日用百货	101.8	102.0	100.8
2.厨具餐具茶具	102.2	102.0	103.2
3.清洗用品	99.8	99.7	99.8
4.其他日用品	102.3	102.5	101.5
八、体育娱乐用品	101.4	101.6	100.2
1.体育户外用品	105.2	105.1	106.7
2.娱乐用品	101.0	101.2	99.9
九、交通、通信用品	100.9	101.0	100.2
1.交通运输机械	101.5	101.6	100.5
2.通信器材	98.8	98.8	99.4
十、家具	100.8	100.8	100.9
1.柜	100.7	100.8	100.4
2.床	100.6	100.4	101.3
3.桌	100.8	100.6	101.7
4.椅	101.3	101.6	100.0
5.沙发	100.9	100.9	101.2
6.其他家具	100.4	100.5	100.0
十一、化妆品	102.1	102.0	102.5
1.清洁化妆品	100.1	100.1	100.3
2.护肤化妆品	101.8	101.8	102.1
3.彩妆化妆品	103.5	103.3	106.0
4.清洁类护理用品	103.3	103.4	103.0
5.护发美发用品	102.2	102.3	102.0
十二、金银饰品	103.1	102.9	103.9
1.金饰品	104.7	104.8	104.2
2.银饰品	100.3	100.0	101.8
3.铂金饰品	99.8	99.4	103.3
十三、中西药品及医疗保健用品	101.7	101.2	104.4
1.医疗卫生器具	99.9	99.6	103.4
2.中药	103.5	102.3	108.0
3.西药	101.7	101.5	103.0
4.保健器具及用品	100.4	100.4	100.4
十四、书报杂志及电子出版物	100.2	100.2	100.5
1.教材及参考书	100.2	100.2	100.3
2.书报杂志及音像制品	100.4	100.2	100.9
3.计算机办公软件	99.7	99.6	100.0
十五、燃料	119.1	119.1	118.9
1.煤炭及制品	110.5	111.3	104.5
2.石油及制品	119.2	119.2	119.1
十六、建筑材料及五金电料	101.4	101.2	102.8
1.建筑装潢材料	101.8	101.6	103.7
2.五金水暖	100.6	100.5	101.3

3-15 14个市主要商品

项　目	全省	长沙市	株洲市	湘潭市	衡阳市	邵阳市
商品零售价格指数	**103.2**	**103.3**	**103.2**	**102.9**	**103.1**	**103.1**
一、食品	101.5	101.3	101.5	102.3	101.1	102.1
1.粮食	102.0	102.7	99.8	101.0	101.0	103.9
2.薯类	107.1	107.9	106.1	113.4	105.6	110.4
3.豆类	102.8	101.4	106.1	102.6	101.7	107.1
4.食用油	103.7	104.9	100.5	98.0	102.7	103.0
5.菜及食用菌	101.8	100.4	104.1	101.8	105.2	102.1
6.畜肉类	95.6	96.2	96.3	95.5	95.1	94.6
7.禽肉类	105.8	106.0	106.5	109.6	102.7	104.2
8.水产品	97.7	97.8	96.2	99.2	99.1	99.6
9.蛋类	107.8	108.9	102.4	108.2	107.0	105.0
10.奶类	101.0	100.5	100.7	101.7	101.0	103.7
11.干鲜瓜果类	109.7	109.3	108.4	116.3	106.7	108.7
12.糖果糕点类	101.5	100.7	100.9	100.4	100.7	104.1
13.调味品	104.0	103.3	108.6	103.6	101.4	105.2
14.其他食品类	102.0	101.4	100.6	103.6	98.9	104.4
15.餐饮业零售	100.6	100.4	100.9	100.9	100.7	101.9
二、饮料、烟酒	101.3	101.4	100.4	101.1	100.3	100.7
1.茶及饮料	101.4	101.6	101.3	100.1	100.3	101.1
2.卷烟	101.4	101.5	99.4	101.5	100.0	100.9
3.酒类	101.1	100.8	102.4	100.7	101.6	99.9
三、服装、鞋帽	101.4	101.8	100.4	100.9	101.4	101.6
1.服装	101.1	101.4	100.0	100.5	101.5	101.4
2.鞋帽袜	102.5	103.5	102.2	102.3	100.8	102.4
3.其他衣着配件	100.9	101.0	100.2	105.1	100.1	100.0
四、纺织品	100.7	100.5	101.3	103.8	99.6	100.7
1.服装材料	102.3	102.5	101.8	115.8	100.0	102.0
2.床上用品	100.2	100.0	101.1	100.0	99.5	100.3
五、家用电器及音像器材	101.3	101.3	100.7	101.7	102.2	101.6
1.家庭设备	101.8	102.2	100.8	102.0	101.6	101.4
2.文娱用耐用消费品	100.6	99.8	100.6	101.2	103.5	102.1
3.专业音像器材	100.8	100.7	100.8	100.9	100.9	100.8
六、文化办公用品	100.8	100.6	101.7	100.9	100.1	101.6
七、日用品	101.8	102.2	101.1	101.3	100.9	102.1
1.日用百货	101.8	102.8	101.1	100.7	101.0	99.9
2.厨具餐具茶具	102.2	101.7	101.2	102.0	101.3	101.8
3.清洗用品	99.8	99.9	99.7	100.4	98.1	100.3
4.其他日用品	102.3	102.7	101.4	101.8	101.7	103.9
八、体育娱乐用品	101.4	102.4	100.0	100.6	100.8	102.0
1.体育户外用品	105.2	103.9	105.5	107.3	107.3	107.9
2.娱乐用品	101.0	102.1	99.4	99.9	100.0	101.3
九、交通、通信用品	100.9	101.7	99.5	100.6	100.2	99.2
1.交通运输机械	101.5	102.7	99.4	100.8	100.5	99.7
2.通信器材	98.8	98.2	99.8	99.5	99.2	97.1
十、家具	100.8	100.5	105.0	101.3	103.4	101.2
十一、化妆品	102.1	101.8	101.7	101.8	102.1	103.8
十二、金银饰品	103.1	103.1	103.2	101.0	101.5	104.0
十三、中西药品及医疗保健用品	101.7	101.5	100.6	99.5	101.5	101.8
1.医疗卫生器具	99.9	100.1	100.0	96.0	97.6	98.5
2.中药	103.5	102.6	101.1	100.0	103.9	103.9
3.西药	101.7	101.6	100.8	99.5	101.7	100.8
4.保健器具及用品	100.4	100.5	100.0	100.1	100.4	103.0
十四、书报杂志及电子出版物	100.2	99.5	101.0	99.8	100.5	101.9
1.教材及参考书	100.2	99.3	101.9	99.6	99.9	101.3
2.书报杂志及音像制品	100.4	100.0	100.0	100.0	101.7	103.4
3.计算机办公软件	99.7	99.2	100.0	100.0	100.0	100.0
十五、燃料	119.1	119.0	118.5	118.5	119.2	119.0
1.煤炭及制品	110.5	112.5	102.1	109.0	110.5	103.0
2.石油及制品	119.2	119.1	118.7	118.6	119.3	119.2
十六、建筑材料及五金电料	101.4	101.5	101.1	99.6	101.5	100.3
1.建筑装潢材料	101.8	101.9	101.3	100.1	102.2	100.3
2.五金水暖	100.6	100.7	100.8	98.9	100.1	100.3

零售价格指数(2022年)

岳阳市	常德市	张家界	益阳市	郴州市	永州市	怀化市	娄底市	吉首市
102.9	**102.8**	**103.6**	**103.3**	**103.5**	**102.6**	**103.3**	**102.8**	**102.7**
100.9	101.9	101.7	101.4	101.2	100.5	101.6	101.6	101.0
99.6	100.7	101.5	99.5	101.4	101.1	100.7	101.3	101.9
113.7	100.4	114.3	108.9	101.5	106.8	102.4	113.7	104.2
105.6	102.9	106.5	100.0	97.1	101.1	102.8	108.7	103.4
104.8	106.0	109.5	109.0	103.8	99.4	101.3	104.7	101.9
102.6	99.8	102.6	101.4	103.3	103.7	100.1	102.9	100.7
96.9	94.9	93.3	95.2	90.2	92.8	95.5	97.8	95.0
101.7	108.5	102.2	105.1	103.9	104.9	108.8	110.5	104.3
95.9	100.5	100.7	96.0	104.6	99.6	98.2	95.7	103.8
107.5	104.6	102.8	105.3	107.6	108.5	112.2	106.8	105.7
100.8	100.7	99.4	99.6	107.0	102.1	100.4	99.8	102.2
106.7	113.2	103.2	110.7	104.6	103.7	107.4	106.0	105.6
102.6	104.1	102.2	102.7	102.7	102.8	105.4	102.9	102.1
100.5	104.8	103.9	104.3	106.2	101.9	107.0	104.3	102.8
102.6	102.9	100.5	106.3	100.4	101.2	102.9	101.9	101.6
100.1	100.6	104.3	100.2	102.8	100.6	101.0	100.0	100.0
101.2	100.4	100.5	101.8	104.8	102.6	101.5	101.5	100.4
100.0	101.9	102.3	103.9	102.0	101.3	98.2	101.1	101.0
101.5	100.1	100.0	100.8	105.9	103.5	102.0	101.8	100.0
100.8	101.0	100.9	105.6	101.0	100.0	102.3	100.9	101.1
100.5	100.6	101.4	100.5	102.5	102.2	101.7	100.3	100.8
100.5	100.6	101.2	100.6	102.6	102.3	101.6	100.3	100.4
100.9	100.8	102.6	100.0	102.0	101.8	102.0	100.0	102.1
100.0	100.0	98.7	100.0	100.0	100.5	100.7	100.0	99.5
101.5	100.1	100.4	99.7	100.7	100.0	100.4	100.0	99.9
100.4	100.0	100.0	100.0	104.8	100.0	100.0	100.0	100.0
101.9	100.1	100.5	99.6	99.5	100.0	100.6	99.9	99.8
101.8	101.0	101.8	101.4	101.6	101.0	100.4	101.4	102.2
101.5	101.1	102.3	101.3	101.8	101.2	100.7	101.6	101.0
102.6	100.9	101.1	101.6	101.3	100.9	99.8	101.3	104.5
100.9	100.8	100.9	100.9	100.8	100.7	100.9	100.4	100.9
100.0	101.7	102.4	102.3	100.5	100.2	100.4	100.9	101.8
101.0	101.1	101.8	102.6	103.3	100.8	101.5	102.1	101.5
100.4	101.8	100.5	102.5	103.0	100.9	101.0	100.9	100.6
102.9	101.4	102.1	105.3	103.7	101.8	102.6	100.6	102.3
99.2	99.9	104.0	97.9	99.3	97.7	99.6	99.1	98.2
101.7	100.9	101.9	103.4	104.4	101.5	102.1	104.0	102.8
101.7	101.0	100.9	100.3	101.2	100.6	100.5	100.9	100.8
104.6	106.0	108.1	107.3	107.3	107.5	107.3	105.5	107.3
101.4	100.5	100.1	99.6	100.6	99.8	99.8	100.2	99.6
100.7	99.9	104.4	102.2	100.5	99.9	98.6	99.8	100.6
101.2	99.6	105.8	103.1	101.0	100.1	99.2	99.8	100.8
99.3	100.5	99.5	99.2	99.1	99.3	97.2	99.8	100.4
100.3	100.8	102.0	99.9	100.0	100.0	99.6	99.1	101.5
103.1	101.3	102.9	102.0	102.7	101.9	101.2	102.6	103.1
101.8	103.2	104.2	103.1	101.0	100.1	107.7	100.8	104.9
101.0	101.1	99.9	101.1	100.8	102.3	103.3	101.0	99.6
100.0	102.1	94.1	95.2	97.5	101.0	102.7	98.5	96.5
101.0	104.0	101.4	100.7	104.4	100.6	102.9	100.6	100.0
101.7	100.4	99.5	102.2	100.7	104.3	106.0	98.8	99.7
100.1	100.0	100.0	101.2	99.9	100.4	98.9	106.1	100.0
101.0	100.7	100.5	100.0	100.0	101.0	101.2	99.8	101.9
101.7	100.5	100.9	100.0	100.0	101.9	103.6	99.6	100.3
100.2	101.4	100.0	100.0	100.0	100.0	98.2	100.0	105.2
100.0	100.0	100.0	100.0	100.0	100.0	100.0	100.0	100.0
120.1	118.4	116.9	120.3	120.5	119.4	118.6	119.1	117.3
111.3	113.8	114.3	106.7	119.6	124.3	110.4	115.7	112.7
120.2	118.5	116.9	120.5	120.5	119.4	118.7	119.2	117.4
99.5	101.3	103.1	99.6	105.5	100.5	101.4	102.0	99.7
99.8	102.3	104.8	99.9	105.1	101.0	102.9	102.3	100.2
98.9	99.9	100.1	98.9	106.1	99.4	99.8	101.8	98.8

3-16 4个县主要商品零售价格指数(2022年)

项　目	耒阳市	慈利县	道县	新化县
商品零售价格指数	**103.5**	**102.8**	**102.8**	**103.0**
一、食品	101.5	99.9	100.9	102.8
1.粮食	104.2	105.2	101.5	103.0
2.薯类	107.1	108.2	98.3	97.4
3.豆类	102.6	102.4	107.0	104.7
4.食用油	107.4	96.3	98.1	103.3
5.菜及食用菌	103.8	98.9	104.0	110.5
6.畜肉类	93.9	94.4	94.1	97.8
7.禽肉类	106.9	97.7	104.8	107.7
8.水产品	97.4	97.4	98.0	92.0
9.蛋类	110.8	109.7	107.3	107.4
10.奶类	100.2	98.2	100.8	101.2
11.干鲜瓜果类	110.1	110.1	109.2	115.3
12.糖果糕点类	102.4	100.4	101.1	100.1
13.调味品	103.8	103.4	107.8	102.5
14.其他食品类	101.1	99.3	103.6	102.3
15.餐饮业零售	100.4	99.8	100.4	100.0
二、饮料、烟酒	100.7	99.4	102.0	100.7
1.茶及饮料	102.0	98.5	100.1	102.4
2.卷烟	100.5	99.4	102.4	100.0
3.酒类	100.0	101.1	101.3	101.3
三、服装、鞋帽	101.7	100.0	102.0	101.6
1.服装	101.6	100.2	102.1	100.8
2.鞋帽袜	102.3	99.0	101.6	104.0
3.其他衣着配件	100.0	100.0	100.0	100.0
四、纺织品	100.7	100.0	100.0	100.0
1.服装材料	100.0	100.0	100.0	100.0
2.床上用品	101.0	100.0	100.0	100.0
五、家用电器及音像器材	102.3	100.5	100.7	100.8
1.家庭设备	103.1	100.7	100.9	101.0
2.文娱用耐用消费品	101.2	100.1	100.4	100.3
3.专业音像器材	100.5	99.6	100.4	100.5

3-16 续表

项 目	耒阳市	慈利县	道县	新化县
六、文化办公用品	102.6	99.7	100.2	99.8
七、日用品	101.8	100.9	101.0	100.8
1.日用百货	101.1	100.4	100.6	100.6
2.厨具餐具茶具	102.5	102.5	101.9	104.6
3.清洗用品	99.9	97.7	97.7	101.5
4.其他日用品	102.8	101.9	102.4	99.7
八、体育娱乐用品	100.4	100.2	100.2	99.9
1.体育户外用品	107.3	107.2	107.3	105.7
2.娱乐用品	100.1	100.0	100.0	99.6
九、交通、通信用品	100.1	103.6	99.8	99.1
1.交通运输机械	100.4	105.4	100.0	99.0
2.通信器材	99.4	99.2	99.2	99.5
十、家具	101.5	101.2	99.8	100.7
十一、化妆品	102.5	103.5	103.0	102.1
十二、金银饰品	104.9	112.3	101.3	100.7
十三、中西药品及医疗保健用品	106.5	99.5	101.8	105.5
1.医疗卫生器具	102.6	99.9	100.0	105.7
2.中药	117.0	98.8	100.2	105.6
3.西药	100.4	100.0	103.4	106.4
4.保健器具及用品	100.6	99.9	100.0	100.7
十四、书报杂志及电子出版物	101.1	100.0	100.4	100.0
1.教材及参考书	100.7	100.0	100.2	100.0
2.书报杂志及音像制品	102.0	100.0	100.8	100.0
3.计算机办公软件	100.0	100.0	100.0	100.0
十五、燃料	118.3	120.1	119.4	119.0
1.煤炭及制品	104.0	98.5	114.1	103.3
2.石油及制品	118.4	120.3	119.5	119.2
十六、建筑材料及五金电料	104.6	100.9	105.0	100.4
1.建筑装潢材料	104.6	102.1	107.9	100.6
2.五金水暖	104.6	98.2	99.6	100.3

3-17 商品零售价格

类 别	1月	2月	3月	4月	5月
商品零售价格指数	**101.6**	**102.1**	**102.8**	**103.6**	**103.7**
一、食品	95.3	95.9	97.3	99.0	99.9
1.粮食	101.6	101.4	101.7	102.2	102.7
2.薯类	101.5	97.6	99.8	107.9	109.9
3.豆类	103.3	102.9	102.6	102.3	102.5
4.食用油	100.3	99.3	99.2	100.3	101.4
5.菜及食用菌	89.1	99.6	114.0	117.4	107.0
6.畜肉类	70.9	69.5	70.6	76.2	85.6
7.禽肉类	102.2	99.8	100.1	102.4	104.4
8.水产品	110.9	107.5	102.6	96.5	91.4
9.蛋类	106.8	107.4	109.0	111.8	111.2
10.奶类	101.2	101.2	101.1	101.2	101.2
11.干鲜瓜果类	111.0	109.3	106.9	109.0	111.5
12.糖果糕点类	101.2	101.3	101.3	101.0	101.2
13.调味品	101.1	101.3	102.1	102.7	103.9
14.其他食品类	101.5	101.8	102.1	102.3	102.1
15.餐饮业零售	100.4	100.7	100.4	100.3	100.4
二、饮料、烟酒	102.5	102.1	102.1	101.8	101.6
1.茶及饮料	100.5	100.5	100.4	100.3	100.8
2.卷烟	103.2	102.5	102.5	102.0	101.8
3.酒类	101.5	101.7	101.7	101.8	101.5
三、服装、鞋帽	101.6	101.6	101.6	101.5	101.5
1.服装	101.4	101.4	101.4	101.2	101.2
2.鞋帽袜	102.4	102.6	102.7	102.8	102.9
3.其他衣着配件	101.1	101.2	100.9	100.9	100.9
四、纺织品	101.5	101.3	100.9	100.6	100.7
1.服装材料	104.7	104.7	103.4	102.5	102.7
2.床上用品	100.5	100.3	100.2	100.0	100.1
五、家用电器及音像器材	101.9	102.8	102.7	102.1	101.7
1.家庭设备	101.6	102.8	102.8	102.6	102.5
2.文娱用耐用消费品	102.6	103.0	102.6	101.6	100.7
3.专业音像器材	100.9	101.9	102.0	101.0	100.3
六、文化办公用品	100.3	100.5	100.7	100.6	100.5
七、日用品	99.5	99.9	100.6	101.7	102.6
1.日用百货	100.6	100.9	101.2	101.7	100.9
2.厨具餐具茶具	99.3	100.7	101.1	102.5	102.9
3.清洗用品	97.9	97.4	99.3	100.0	101.5
4.其他日用品	99.4	99.9	100.6	102.2	104.1
八、体育娱乐用品	100.9	101.2	101.3	101.7	102.1
1.体育户外用品	101.5	103.1	104.4	105.3	108.0
2.娱乐用品	100.8	101.0	101.0	101.2	101.4
九、交通、通信用品	101.3	101.0	100.9	101.4	101.3
1.交通运输机械	102.5	102.2	101.7	102.4	102.4
2.通信器材	97.7	97.3	98.6	98.2	97.7
十、家具	101.2	101.2	101.2	101.2	101.4
十一、化妆品	97.6	99.1	99.8	100.8	102.5
十二、金银饰品	96.3	99.9	108.2	104.6	102.5
十三、中西药品及医疗保健用品	101.7	101.8	101.8	101.8	101.8
1.医疗卫生器具	98.9	99.1	98.8	99.3	99.8
2.中药	103.2	103.5	103.7	103.2	103.4
3.西药	101.9	101.9	101.9	102.0	101.9
4.保健器具及用品	100.6	100.7	100.5	100.5	100.6
十四、书报杂志及电子出版物	100.2	99.9	100.3	100.4	100.4
1.教材及参考书	100.1	99.5	100.3	100.5	100.5
2.书报杂志及音像制品	100.4	100.4	100.4	100.4	100.4
3.计算机办公软件	100.0	100.0	100.0	100.0	100.0
十五、燃料	118.6	121.2	122.5	126.3	125.1
1.煤炭及制品	115.0	115.0	112.8	113.0	113.9
2.石油及制品	118.6	121.2	122.6	126.4	125.3
十六、建筑材料及五金电料	103.3	103.3	102.9	102.5	101.6
1.建筑装潢材料	103.8	103.8	103.7	103.2	102.5
2.五金水暖	102.5	102.3	101.6	101.4	100.1

分月指数(2022年)

上年同月=100

6月	7月	8月	9月	10月	11月	12月
104.6	**104.4**	**103.9**	**104.1**	**103.0**	**102.4**	**102.3**
101.6	104.8	104.9	106.7	106.3	103.7	103.3
102.7	102.7	102.3	102.0	101.7	101.7	101.5
110.1	108.6	110.8	108.3	106.7	110.7	115.3
102.5	102.7	102.9	103.0	103.4	103.0	102.7
104.1	106.5	106.5	106.7	107.5	106.8	106.2
102.8	110.2	108.4	112.4	95.7	83.2	91.5
97.0	113.1	114.6	121.5	130.9	121.6	112.3
106.4	108.1	109.2	110.0	110.1	109.4	108.0
91.1	91.1	92.9	96.0	97.8	99.4	99.9
109.3	106.7	101.9	105.8	107.3	108.2	108.4
101.3	101.5	101.2	100.6	100.6	100.4	100.4
111.3	110.8	111.3	111.3	109.6	107.4	107.5
101.3	101.6	101.8	102.0	101.8	102.0	102.1
105.0	105.5	105.4	105.4	105.2	105.3	105.5
102.1	102.2	101.9	102.1	101.8	102.2	102.0
100.5	100.5	100.4	100.6	100.7	100.9	101.1
101.5	101.2	100.7	100.7	100.7	100.7	100.6
101.2	101.6	101.9	102.1	102.2	102.6	102.5
101.6	101.1	100.4	100.5	100.4	100.3	100.2
101.4	101.2	100.7	100.3	100.3	100.5	100.7
101.6	101.6	101.4	101.2	100.9	101.1	101.1
101.4	101.3	101.0	100.9	100.6	100.9	100.9
102.9	102.9	102.8	102.6	101.8	102.1	101.9
101.0	100.9	100.8	100.9	100.6	100.8	100.4
100.7	100.6	100.6	100.7	100.5	100.4	100.3
102.7	101.9	101.9	101.9	100.8	100.3	100.3
100.1	100.2	100.2	100.4	100.4	100.4	100.3
101.4	101.4	101.2	100.7	100.5	99.8	99.5
102.1	102.4	101.8	101.4	101.2	100.2	100.1
100.6	99.9	100.4	99.4	99.1	98.7	98.2
99.6	99.2	99.5	101.1	101.3	101.1	101.2
100.6	100.6	101.1	101.4	101.0	101.2	100.8
103.0	102.0	102.5	102.2	102.2	102.4	102.7
101.2	101.8	101.6	102.1	102.7	103.6	103.7
104.8	101.6	103.9	102.0	101.4	102.7	103.2
101.6	99.1	100.0	100.1	100.3	99.6	100.4
104.2	103.1	103.6	103.0	102.7	102.5	102.7
102.2	102.1	101.6	101.3	101.3	100.6	100.6
106.9	107.5	106.0	104.7	107.0	103.2	104.8
101.6	101.5	101.1	100.9	100.6	100.3	100.1
101.2	101.3	100.9	100.9	100.3	99.9	100.2
102.3	102.1	101.5	101.4	100.2	99.8	99.8
97.7	98.8	98.8	99.2	100.6	100.3	101.3
100.9	100.8	100.3	100.3	100.4	100.3	100.2
103.1	103.3	102.5	104.1	103.5	104.7	104.4
101.2	99.5	104.3	101.7	104.6	105.7	109.1
101.7	101.8	101.9	101.7	101.6	101.4	101.5
99.7	100.1	100.2	100.2	100.9	100.9	101.0
103.5	103.8	103.9	103.9	103.5	103.3	103.5
101.7	101.8	101.9	101.6	101.4	101.3	101.3
100.5	100.4	100.3	100.1	100.1	100.1	100.0
100.3	100.3	99.6	100.3	100.3	100.3	100.2
100.4	100.4	99.0	100.6	100.6	100.6	100.4
100.4	100.3	100.4	100.3	100.3	100.3	100.4
100.0	99.7	99.3	99.3	99.3	99.3	99.3
129.8	122.6	118.4	117.4	110.3	109.6	109.6
115.5	113.6	113.5	106.9	101.8	103.7	105.3
130.0	122.7	118.5	117.5	110.4	109.7	109.7
101.6	101.5	101.1	100.6	99.2	99.4	99.6
102.3	102.1	101.9	100.8	99.1	99.4	99.5
100.4	100.4	99.7	100.3	99.4	99.6	99.6

3-18 城市商品零售价格

类 别	1月	2月	3月	4月	5月
商品零售价格指数	**101.7**	**102.2**	**102.9**	**103.6**	**103.7**
一、食品	95.7	96.2	97.5	99.0	99.9
1.粮食	100.8	100.6	101.0	101.5	102.0
2.薯类	102.9	98.1	100.2	108.8	110.7
3.豆类	103.4	102.9	102.5	102.2	102.3
4.食用油	100.8	100.0	100.2	101.0	101.9
5.菜及食用菌	88.7	99.4	113.2	116.5	105.8
6.畜肉类	71.6	70.0	71.1	76.3	86.0
7.禽肉类	101.8	99.4	99.8	102.4	104.6
8.水产品	110.6	107.4	102.5	96.5	91.5
9.蛋类	106.7	107.8	109.1	111.8	110.8
10.奶类	101.2	101.3	101.1	101.3	101.2
11.干鲜瓜果类	111.7	109.6	106.7	108.8	111.3
12.糖果糕点类	101.4	101.5	101.5	101.1	101.2
13.调味品	101.2	101.4	101.9	102.6	103.7
14.其他食品类	101.6	101.9	102.4	102.5	102.2
15.餐饮业零售	100.4	100.7	100.5	100.3	100.4
二、饮料、烟酒	102.7	102.2	102.3	101.8	101.7
1.茶及饮料	100.5	100.4	100.5	100.4	100.9
2.卷烟	103.5	102.7	102.8	102.1	101.9
3.酒类	101.6	101.7	101.7	101.8	101.5
三、服装、鞋帽	101.5	101.6	101.6	101.5	101.5
1.服装	101.3	101.3	101.3	101.2	101.2
2.鞋帽袜	102.7	102.9	103.0	103.2	103.0
3.其他衣着配件	101.3	101.3	101.0	101.0	101.0
四、纺织品	101.9	101.6	101.2	100.8	100.8
1.服装材料	105.9	105.9	104.2	103.1	103.3
2.床上用品	100.6	100.3	100.2	100.0	100.0
五、家用电器及音像器材	102.0	102.8	102.8	102.2	101.7
1.家庭设备	101.6	102.7	102.8	102.6	102.5
2.文娱用耐用消费品	102.8	103.3	102.9	101.7	100.7
3.专业音像器材	100.9	101.9	102.0	101.0	100.3
六、文化办公用品	100.4	100.6	100.8	100.7	100.5
七、日用品	99.8	100.1	100.7	101.8	102.6
1.日用百货	101.0	101.2	101.4	101.9	101.0
2.厨具餐具茶具	99.4	100.7	101.1	102.4	102.8
3.清洗用品	98.1	97.7	99.2	99.8	101.3
4.其他日用品	99.7	100.0	100.7	102.2	104.1
八、体育娱乐用品	101.1	101.4	101.5	101.9	102.3
1.体育户外用品	101.5	103.1	104.3	105.2	107.8
2.娱乐用品	101.0	101.2	101.2	101.5	101.6
九、交通、通信用品	101.5	101.2	101.1	101.6	101.5
1.交通运输机械	102.6	102.3	101.8	102.6	102.6
2.通信器材	97.8	97.4	98.7	98.3	97.7
十、家具	101.3	101.3	101.2	101.3	101.3
十一、化妆品	97.5	99.0	99.7	100.5	102.2
十二、金银饰品	96.5	100.0	108.3	104.4	102.2
十三、中西药品及医疗保健用品	101.3	101.3	101.3	101.3	101.2
1.医疗卫生器具	98.4	98.8	98.6	99.1	99.4
2.中药	102.1	102.0	102.2	101.8	101.8
3.西药	101.8	101.8	101.7	101.8	101.6
4.保健器具及用品	100.6	100.7	100.5	100.6	100.7
十四、书报杂志及电子出版物	100.1	99.8	100.3	100.4	100.4
1.教材及参考书	100.0	99.3	100.3	100.5	100.6
2.书报杂志及音像制品	100.4	100.4	100.4	100.4	100.4
3.计算机办公软件	100.0	100.0	100.0	100.0	100.0
十五、燃料	118.5	121.1	122.4	126.1	125.0
1.煤炭及制品	116.1	116.1	113.6	113.8	114.8
2.石油及制品	118.6	121.2	122.5	126.3	125.1
十六、建筑材料及五金电料	102.9	102.9	102.5	102.2	101.3
1.建筑装潢材料	103.2	103.2	103.1	102.7	102.0
2.五金水暖	102.5	102.4	101.4	101.4	100.1

分月指数(2022年)

上年同月=100

6月	7月	8月	9月	10月	11月	12月
104.6	**104.4**	**103.8**	**104.0**	**103.0**	**102.4**	**102.3**
101.5	104.4	104.6	106.4	105.9	103.6	103.3
102.2	102.3	102.2	102.1	101.9	101.8	101.6
110.9	109.1	111.4	109.0	107.6	111.6	115.5
102.3	102.5	102.5	102.4	102.7	102.6	102.2
104.1	106.1	106.2	106.5	107.0	106.7	106.0
101.6	108.8	107.2	112.1	94.8	82.9	91.7
97.0	112.3	113.5	120.6	130.2	121.9	112.7
106.7	108.3	109.2	110.1	110.2	109.6	108.1
91.8	92.1	94.1	97.0	98.6	99.8	99.8
108.8	106.2	101.4	105.8	107.2	107.9	108.1
101.3	101.6	101.3	100.7	100.8	100.7	100.5
110.9	110.2	110.9	110.7	109.0	106.8	107.0
101.2	101.6	101.8	102.1	101.9	102.1	102.3
104.7	105.3	105.1	105.2	105.3	105.5	105.7
102.0	102.1	101.7	102.0	101.9	102.2	102.0
100.5	100.6	100.4	100.7	100.8	101.0	101.2
101.6	101.3	100.7	100.7	100.7	100.7	100.6
101.1	101.4	101.7	101.9	102.2	102.7	102.4
101.7	101.2	100.5	100.6	100.4	100.3	100.1
101.5	101.3	100.7	100.2	100.4	100.5	100.8
101.7	101.6	101.4	101.2	100.8	101.1	101.1
101.4	101.3	101.1	100.9	100.6	100.9	101.0
102.8	103.0	102.8	102.4	101.5	102.0	101.7
101.1	101.0	100.9	101.0	100.7	100.9	100.5
100.8	100.6	100.7	100.8	100.5	100.4	100.3
103.3	102.4	102.4	102.4	101.0	100.4	100.4
100.0	100.1	100.1	100.3	100.3	100.4	100.3
101.4	101.3	101.2	100.7	100.4	99.7	99.4
102.0	102.4	101.9	101.5	101.2	100.3	100.1
100.6	99.9	100.4	99.3	99.0	98.5	97.9
99.6	99.2	99.6	101.1	101.3	101.2	101.3
100.6	100.6	101.1	101.3	100.9	101.1	100.7
103.1	102.1	102.6	102.3	102.3	102.5	102.8
101.4	101.9	101.8	102.3	102.9	103.9	103.9
104.4	101.4	103.6	101.8	101.2	102.4	102.9
101.3	99.1	99.9	100.1	100.3	99.7	100.4
104.5	103.4	103.8	103.2	102.8	102.6	102.8
102.5	102.4	101.9	101.5	101.4	100.7	100.7
106.7	107.3	106.0	104.7	106.9	103.2	104.8
101.9	101.8	101.3	101.1	100.7	100.4	100.1
101.4	101.5	100.9	100.9	100.3	99.9	100.1
102.6	102.3	101.6	101.5	100.2	99.8	99.9
97.7	98.7	98.7	99.1	100.3	100.1	101.0
100.8	100.8	100.3	100.3	100.3	100.2	100.1
102.7	103.1	102.3	104.1	103.7	105.0	104.8
100.8	99.0	104.1	101.4	104.3	105.6	109.1
101.1	101.3	101.4	101.3	101.1	101.1	101.1
99.4	99.8	100.0	100.0	100.7	100.7	100.8
102.0	102.7	102.9	102.9	102.5	102.3	102.6
101.3	101.4	101.5	101.4	101.2	101.1	101.2
100.5	100.3	100.3	100.0	100.0	100.0	100.0
100.4	100.2	99.4	100.2	100.2	100.3	100.1
100.5	100.4	98.9	100.7	100.6	100.7	100.4
100.4	100.2	100.2	100.0	100.0	100.0	100.1
100.0	99.6	99.2	99.2	99.2	99.2	99.2
129.7	122.6	118.5	117.5	110.5	109.8	109.8
116.6	114.5	114.5	107.3	102.1	104.2	105.8
129.9	122.7	118.5	117.6	110.6	109.8	109.9
101.3	101.1	100.9	100.5	99.4	99.6	99.6
101.9	101.6	101.6	100.7	99.5	99.7	99.6
100.3	100.2	99.6	100.1	99.3	99.4	99.5

3-19 农村商品零售价格

类 别	1月	2月	3月	4月	5月
商品零售价格指数	**100.5**	**101.2**	**102.3**	**103.3**	**103.6**
一、食品	93.0	93.8	96.1	98.7	99.9
1.粮食	104.8	104.3	104.6	104.8	105.2
2.薯类	90.3	93.7	96.2	100.3	103.6
3.豆类	103.2	102.7	103.2	103.2	103.2
4.食用油	98.1	96.7	95.0	97.0	99.4
5.菜及食用菌	91.5	101.1	118.5	122.7	114.4
6.畜肉类	67.4	67.3	68.5	75.7	83.7
7.禽肉类	105.1	101.9	101.5	102.2	103.5
8.水产品	112.7	107.8	103.1	96.8	90.5
9.蛋类	106.8	105.1	108.4	111.9	113.8
10.奶类	100.8	100.8	100.9	101.0	101.2
11.干鲜瓜果类	106.4	107.0	107.9	110.6	113.4
12.糖果糕点类	100.2	100.2	100.3	100.5	101.2
13.调味品	100.8	100.8	102.6	102.8	104.6
14.其他食品类	101.0	101.0	100.4	100.8	101.5
15.餐饮业零售	100.1	100.2	100.1	100.1	100.1
二、饮料、烟酒	100.8	100.8	100.8	101.3	100.9
1.茶及饮料	100.7	100.5	99.8	99.7	100.1
2.卷烟	100.8	100.8	100.8	101.5	100.8
3.酒类	100.9	100.9	101.7	102.0	102.4
三、服装、鞋帽	101.8	101.9	101.7	101.4	101.7
1.服装	102.0	102.1	101.8	101.4	101.4
2.鞋帽袜	101.1	101.1	101.2	101.3	102.4
3.其他衣着配件	100.0	100.0	100.0	100.0	100.0
四、纺织品	99.9	99.9	99.9	99.9	100.3
1.服装材料	100.0	100.0	100.0	100.0	100.0
2.床上用品	99.9	99.9	99.9	99.9	100.4
五、家用电器及音像器材	101.6	102.5	102.3	102.0	101.9
1.家庭设备	101.9	103.2	103.0	102.6	102.6
2.文娱用耐用消费品	101.2	101.3	101.2	101.0	100.9
3.专业音像器材	100.8	101.7	101.7	100.6	99.8
六、文化办公用品	99.5	100.2	100.3	100.4	100.3
七、日用品	98.1	99.0	99.9	101.3	102.6
1.日用百货	98.9	99.2	99.8	100.5	100.3
2.厨具餐具茶具	98.7	100.8	101.1	103.0	103.6
3.清洗用品	97.0	96.3	99.3	100.6	102.8
4.其他日用品	97.8	99.4	100.0	101.7	103.8
八、体育娱乐用品	99.6	99.8	99.9	100.3	100.4
1.体育户外用品	101.7	104.7	105.5	107.3	111.3
2.娱乐用品	99.6	99.6	99.7	100.0	100.0
九、交通、通信用品	100.2	99.9	100.0	100.1	99.8
1.交通运输机械	101.3	101.0	100.7	100.8	100.6
2.通信器材	97.0	96.7	98.0	97.9	97.6
十、家具	100.8	100.8	100.8	100.8	101.6
十一、化妆品	97.8	99.6	100.2	102.5	104.1
十二、金银饰品	95.4	99.2	107.4	105.5	104.3
十三、中西药品及医疗保健用品	103.9	104.4	104.9	104.5	104.9
1.医疗卫生器具	105.2	102.8	101.3	101.4	104.8
2.中药	107.2	108.9	109.3	108.3	109.0
3.西药	102.5	102.5	103.2	103.3	103.3
4.保健器具及用品	100.3	100.7	100.7	100.1	100.1
十四、书报杂志及电子出版物	100.4	100.4	100.3	100.3	100.3
1.教材及参考书	100.5	100.5	100.3	100.3	100.3
2.书报杂志及音像制品	100.3	100.3	100.3	100.3	100.3
3.计算机办公软件	100.0	100.0	100.0	100.0	100.0
十五、燃料	119.1	121.7	123.3	127.1	126.2
1.煤炭及制品	106.5	106.5	106.8	106.8	106.8
2.石油及制品	119.3	121.8	123.5	127.4	126.4
十六、建筑材料及五金电料	106.0	105.8	106.2	104.7	103.7
1.建筑装潢材料	108.3	108.2	108.5	106.9	105.8
2.五金水暖	102.4	102.1	102.5	101.4	100.4

分月指数(2022年)

上年同月=100

6月	7月	8月	9月	10月	11月	12月
104.6	**104.8**	**104.4**	**104.4**	**103.5**	**102.5**	**102.4**
102.3	106.9	106.9	108.3	108.4	104.3	103.4
104.7	104.1	102.9	101.7	101.3	101.3	101.3
103.4	104.1	105.2	102.6	98.6	102.8	113.1
103.5	103.8	104.8	105.5	106.5	105.0	104.8
103.7	107.9	107.8	107.7	109.3	107.5	107.2
109.9	119.1	115.9	113.9	101.4	85.2	90.5
97.2	117.5	119.7	125.9	134.0	119.9	110.6
104.2	106.9	109.1	109.2	109.7	108.4	107.5
87.5	85.5	85.9	90.2	93.8	97.7	100.2
112.3	109.8	105.0	105.9	108.0	109.8	110.0
101.2	100.8	100.4	99.5	99.2	98.6	99.4
114.4	115.5	113.8	115.2	113.5	111.6	110.4
101.6	101.5	101.6	101.6	101.6	101.6	101.5
106.1	106.2	106.2	105.7	105.0	105.0	104.9
102.4	102.5	103.4	102.5	101.3	101.9	101.9
100.1	100.2	100.3	100.3	100.2	100.1	100.5
100.8	100.6	100.5	100.8	100.5	100.6	100.6
102.2	102.6	102.8	102.8	102.1	102.3	102.6
100.7	100.3	99.9	100.3	100.3	100.3	100.3
100.1	100.1	101.4	101.5	100.0	100.0	100.0
101.6	101.4	101.3	101.3	101.5	101.2	101.1
101.1	101.0	100.9	100.8	101.0	100.7	100.6
103.3	102.6	102.9	103.2	103.5	103.0	103.0
100.0	100.0	100.0	100.0	100.0	100.0	100.0
100.3	100.5	100.5	100.5	100.5	100.5	100.2
100.0	100.0	100.0	100.0	100.0	100.0	100.0
100.4	100.7	100.7	100.7	100.7	100.7	100.2
101.7	101.5	100.9	100.7	100.8	100.0	99.8
102.3	102.3	101.4	101.0	101.1	99.8	99.6
101.0	100.4	100.2	100.2	100.2	100.1	100.0
99.1	98.7	99.0	100.6	100.8	100.7	100.8
100.9	100.8	101.3	101.6	101.1	101.8	101.4
102.5	101.3	102.1	101.6	101.8	101.8	102.3
100.3	101.3	100.7	101.2	101.9	102.5	102.9
106.9	102.7	106.0	102.9	102.7	104.3	105.2
102.6	99.3	100.4	100.2	100.5	99.0	100.1
103.0	101.6	102.9	102.2	102.0	101.9	102.2
100.4	100.5	100.3	100.2	100.5	100.1	100.1
109.5	110.7	106.9	104.9	108.9	103.1	105.1
100.0	100.1	100.0	100.0	100.1	100.0	99.9
99.6	100.2	100.6	100.3	100.7	100.2	100.7
100.3	100.5	101.0	100.3	100.0	99.6	99.6
97.6	99.2	99.6	100.6	102.7	102.1	104.1
101.6	101.4	100.8	100.8	100.7	100.6	100.6
105.2	104.5	103.8	104.1	102.8	103.3	102.8
103.4	102.3	105.3	103.2	105.9	106.0	109.1
105.4	104.9	104.8	104.2	103.8	103.6	103.4
104.7	103.8	103.3	103.3	103.3	103.3	103.3
109.0	108.0	107.6	107.7	107.3	106.9	106.5
104.2	104.0	104.0	102.8	102.3	102.2	102.0
100.5	100.5	100.5	100.5	100.5	100.5	100.5
100.2	100.4	100.6	100.7	100.7	100.7	100.9
100.1	100.2	100.0	100.1	100.1	100.1	100.6
100.3	100.9	101.5	101.5	101.5	101.5	101.5
100.0	100.0	100.0	100.0	100.0	100.0	100.0
130.6	122.5	117.9	116.6	108.6	108.4	108.3
106.9	106.8	106.1	102.8	99.3	99.4	100.9
130.8	122.7	118.0	116.7	108.7	108.5	108.4
103.8	103.9	102.9	101.5	97.9	98.4	99.5
105.3	105.4	104.4	101.2	96.5	97.1	98.9
101.4	101.7	100.5	101.9	100.3	100.6	100.5

3-20 商品零售价格

类　别	1月	2月	3月	4月	5月
商品零售价格指数	**100.3**	**100.9**	**100.6**	**100.4**	**100.0**
一、食品	100.5	101.1	98.6	100.0	99.5
1.粮食	100.0	100.0	100.3	100.6	100.6
2.薯类	103.4	102.3	101.7	105.0	99.1
3.豆类	100.6	100.7	99.9	100.1	100.1
4.食用油	100.3	99.8	99.8	100.5	100.7
5.菜及食用菌	99.4	108.1	99.5	97.0	89.7
6.畜肉类	98.8	97.8	92.9	98.9	102.4
7.禽肉类	100.6	100.7	99.4	101.2	101.1
8.水产品	101.0	104.2	98.7	100.6	99.9
9.蛋类	99.8	99.6	99.2	103.3	101.1
10.奶类	100.0	100.1	99.6	100.3	100.3
11.干鲜瓜果类	105.2	101.7	98.3	101.3	100.9
12.糖果糕点类	100.1	100.2	100.0	99.9	100.2
13.调味品	100.1	100.3	100.9	100.6	101.3
14.其他食品类	100.1	100.1	100.5	100.2	100.2
15.餐饮业零售	100.2	100.3	99.8	100.0	100.1
二、饮料、烟酒	100.0	100.0	100.1	100.1	100.0
1.茶及饮料	100.1	99.9	100.1	100.0	100.3
2.卷烟	100.0	100.0	100.1	100.0	99.9
3.酒类	99.9	100.4	100.4	100.4	100.0
三、服装、鞋帽	100.0	99.9	100.2	100.0	100.2
1.服装	100.0	99.9	100.2	100.0	100.2
2.鞋帽袜	100.0	100.1	100.1	100.2	100.2
3.其他衣着配件	100.0	100.0	100.0	100.0	100.0
四、纺织品	100.0	99.8	100.0	99.9	100.2
1.服装材料	100.0	100.0	100.0	100.0	100.1
2.床上用品	100.0	99.8	100.0	99.9	100.2
五、家用电器及音像器材	99.9	101.0	100.2	99.8	99.9
1.家庭设备	99.7	101.4	100.3	100.1	100.1
2.文娱用耐用消费品	100.0	100.3	100.1	99.5	99.6
3.专业音像器材	100.9	101.0	100.1	99.0	99.3
六、文化办公用品	99.2	100.3	100.4	100.1	99.7
七、日用品	99.4	100.3	100.6	100.9	100.7
1.日用百货	99.5	100.3	100.7	100.3	100.0
2.厨具餐具茶具	99.5	101.3	99.7	101.7	100.7
3.清洗用品	99.0	99.5	101.6	101.1	100.0
4.其他日用品	99.5	100.3	100.5	101.1	101.4
八、体育娱乐用品	99.8	100.3	100.2	100.2	100.3
1.体育户外用品	101.2	101.9	100.5	101.2	102.6
2.娱乐用品	99.7	100.2	100.2	100.1	100.1
九、交通、通信用品	100.4	99.7	99.7	100.5	99.9
1.交通运输机械	100.0	99.7	99.4	100.8	100.0
2.通信器材	101.4	99.7	100.7	99.6	99.4
十、家具	100.0	100.0	100.0	100.0	100.2
十一、化妆品	99.0	100.9	100.3	101.7	101.0
十二、金银饰品	101.3	102.4	104.3	98.4	100.0
十三、中西药品及医疗保健用品	100.1	100.0	100.2	100.2	100.2
1.医疗卫生器具	100.0	100.0	100.0	100.0	100.5
2.中药	100.3	100.1	100.4	100.1	100.5
3.西药	100.0	100.0	100.3	100.3	100.2
4.保健器具及用品	100.1	100.0	100.0	100.0	100.0
十四、书报杂志及电子出版物	100.0	99.7	100.3	100.0	100.1
1.教材及参考书	100.0	99.5	100.6	100.0	100.1
2.书报杂志及音像制品	100.0	100.0	100.0	100.0	100.0
3.计算机办公软件	100.0	100.0	100.0	100.0	100.0
十五、燃料	101.9	105.0	106.8	102.1	100.6
1.煤炭及制品	102.9	100.0	97.7	100.1	99.9
2.石油及制品	101.9	105.1	106.9	102.1	100.6
十六、建筑材料及五金电料	100.0	99.9	99.9	99.8	99.6
1.建筑装潢材料	100.1	100.0	100.0	99.7	99.8
2.五金水暖	99.8	99.7	99.6	100.0	99.3

分月环比指数(2022年)

上月=100

6月	7月	8月	9月	10月	11月	12月
100.7	**100.2**	**99.6**	**100.3**	**100.1**	**99.9**	**99.4**
100.0	102.5	100.7	101.6	100.5	99.2	99.1
100.0	99.9	100.0	100.0	100.0	99.9	100.0
97.4	100.1	101.8	98.4	99.9	102.6	102.9
100.2	100.3	100.2	100.1	100.4	100.1	100.0
101.9	101.7	100.3	100.3	100.6	100.3	99.9
95.7	105.7	102.4	108.0	95.9	90.1	101.8
102.9	114.2	101.9	103.8	106.8	100.4	92.7
101.4	101.5	101.4	101.1	100.3	100.0	99.1
99.1	99.6	100.6	99.8	98.0	99.3	99.1
98.5	98.9	100.9	103.4	101.2	102.6	99.8
100.2	100.0	100.1	99.6	100.0	100.0	100.1
99.1	98.9	100.2	100.8	98.9	100.3	101.9
100.2	100.3	100.4	100.2	100.2	100.3	100.2
101.0	100.7	100.1	100.0	100.0	100.1	100.3
100.3	100.1	100.1	99.9	100.0	100.4	100.1
100.1	100.0	100.0	100.1	100.0	100.2	100.2
100.1	100.0	100.1	100.1	100.0	100.1	100.0
100.4	100.5	100.2	100.2	100.1	100.4	100.1
100.0	99.9	100.2	100.1	100.1	100.0	100.0
100.2	99.8	99.8	99.8	99.9	100.0	100.1
100.2	99.9	100.0	100.1	100.2	100.2	100.2
100.2	99.9	99.9	100.1	100.2	100.1	100.2
100.3	100.1	100.1	100.2	100.1	100.2	100.1
100.0	100.0	100.0	99.9	100.3	100.2	100.0
100.0	100.1	100.1	100.1	100.1	100.0	100.0
100.0	100.0	100.0	100.0	100.2	100.0	100.0
100.0	100.1	100.1	100.1	100.1	100.0	100.0
99.4	100.5	99.8	99.7	100.0	99.2	100.2
99.2	100.9	99.5	99.8	99.9	98.9	100.4
99.7	99.9	100.4	99.2	100.1	99.7	99.8
99.3	99.6	100.3	101.6	100.2	99.9	100.1
100.1	100.2	100.4	100.6	100.0	99.9	100.0
100.4	99.8	99.9	100.0	100.5	99.5	100.7
100.0	100.6	99.9	100.5	101.0	100.6	100.4
100.9	99.4	100.5	98.5	100.1	98.8	102.1
100.0	99.3	100.1	100.1	100.7	99.2	99.8
100.6	99.6	99.7	100.0	100.2	99.0	100.8
99.9	100.0	99.7	99.9	100.4	99.6	100.2
99.1	100.7	98.7	98.9	102.2	96.6	101.2
100.0	99.9	99.9	100.0	100.1	100.0	100.0
99.8	100.4	99.9	100.0	100.0	99.5	100.4
99.9	100.2	100.0	100.0	99.9	99.9	100.1
99.7	101.1	99.7	100.0	100.3	98.4	101.3
100.0	100.1	100.0	100.0	100.0	100.0	100.0
99.8	99.9	100.6	100.7	100.2	100.3	99.9
99.6	96.4	101.9	98.6	101.9	103.2	100.9
100.2	100.1	100.1	100.1	100.1	100.0	100.1
99.9	100.0	100.0	100.0	100.5	100.0	100.1
100.4	100.5	100.2	100.3	100.1	100.0	100.6
100.1	100.1	100.2	100.1	100.0	100.0	100.0
100.0	99.9	100.0	100.0	100.0	100.0	100.0
100.0	100.0	99.2	100.9	100.0	100.0	100.0
100.0	100.1	98.6	101.7	100.0	100.0	99.9
100.1	100.2	100.1	100.0	100.0	100.0	100.0
100.0	99.7	99.6	100.0	100.0	100.0	100.0
105.5	97.1	95.7	99.1	98.9	101.8	95.5
101.6	98.2	99.9	103.4	102.8	98.7	100.3
105.5	97.1	95.6	99.1	98.8	101.8	95.4
100.1	99.8	99.8	100.3	100.2	100.2	100.0
99.8	99.7	100.0	100.1	100.2	100.1	100.0
100.6	100.0	99.3	100.7	100.3	100.2	100.0

3−21 城市商品零售价格

类　别	1月	2月	3月	4月	5月
商品零售价格指数	**100.4**	**100.9**	**100.6**	**100.4**	**100.0**
一、食品	100.7	101.1	98.5	100.0	99.5
1.粮食	100.0	100.0	100.3	100.6	100.6
2.薯类	103.8	102.3	101.7	105.1	98.7
3.豆类	100.6	100.3	100.1	100.1	100.2
4.食用油	100.2	99.9	99.9	100.5	100.6
5.菜及食用菌	100.0	108.2	98.9	97.1	89.8
6.畜肉类	99.0	97.8	93.1	99.0	102.5
7.禽肉类	100.6	100.8	99.5	101.4	101.2
8.水产品	101.3	104.4	98.6	100.7	99.9
9.蛋类	99.8	99.7	99.4	103.4	100.9
10.奶类	100.0	100.1	99.6	100.3	100.4
11.干鲜瓜果类	105.4	101.2	98.0	101.3	100.9
12.糖果糕点类	100.1	100.2	99.9	99.9	100.1
13.调味品	100.2	100.4	100.6	100.7	101.1
14.其他食品类	100.1	100.2	100.5	100.2	100.1
15.餐饮业零售	100.2	100.3	99.9	100.0	100.1
二、饮料、烟酒	100.0	100.0	100.1	100.0	100.0
1.茶及饮料	100.1	99.9	100.1	100.0	100.2
2.卷烟	100.0	100.0	100.1	99.9	100.0
3.酒类	99.9	100.4	100.4	100.4	100.0
三、服装、鞋帽	100.0	99.9	100.2	100.1	100.2
1.服装	100.0	99.9	100.2	100.0	100.2
2.鞋帽袜	100.0	100.1	100.1	100.2	100.0
3.其他衣着配件	100.0	100.0	100.0	100.0	100.0
四、纺织品	100.1	99.8	100.0	99.9	100.1
1.服装材料	100.0	100.0	100.0	100.0	100.2
2.床上用品	100.1	99.7	100.0	99.9	100.1
五、家用电器及音像器材	99.9	101.0	100.2	99.8	99.9
1.家庭设备	99.7	101.4	100.3	100.0	100.1
2.文娱用耐用消费品	100.0	100.3	100.1	99.5	99.6
3.专业音像器材	100.9	101.0	100.1	99.0	99.3
六、文化办公用品	99.2	100.3	100.5	100.1	99.7
七、日用品	99.5	100.3	100.6	100.9	100.7
1.日用百货	99.5	100.4	100.6	100.3	100.0
2.厨具餐具茶具	99.5	101.2	99.7	101.6	100.6
3.清洗用品	99.1	99.5	101.3	101.0	99.9
4.其他日用品	99.5	100.3	100.5	101.1	101.3
八、体育娱乐用品	99.9	100.4	100.2	100.2	100.4
1.体育户外用品	101.2	101.9	100.5	101.2	102.5
2.娱乐用品	99.7	100.2	100.2	100.1	100.1
九、交通、通信用品	100.3	99.7	99.7	100.6	99.9
1.交通运输机械	100.1	99.7	99.4	100.9	100.0
2.通信器材	101.3	99.7	100.6	99.6	99.4
十、家具	100.0	100.0	99.9	100.1	100.0
十一、化妆品	99.0	100.8	100.3	101.5	101.1
十二、金银饰品	101.4	102.6	104.1	98.3	100.0
十三、中西药品及医疗保健用品	100.0	100.0	100.1	100.2	100.2
1.医疗卫生器具	100.0	100.0	100.0	100.0	100.3
2.中药	100.0	100.0	100.3	100.1	100.4
3.西药	100.0	100.0	100.0	100.3	100.2
4.保健器具及用品	100.1	100.0	100.0	100.0	100.0
十四、书报杂志及电子出版物	100.0	99.7	100.4	100.0	100.1
1.教材及参考书	100.0	99.4	100.7	100.0	100.2
2.书报杂志及音像制品	100.0	100.0	100.0	100.0	100.0
3.计算机办公软件	100.0	100.0	100.0	100.0	100.0
十五、燃料	101.9	105.0	106.7	102.1	100.6
1.煤炭及制品	103.2	100.0	97.4	100.1	99.9
2.石油及制品	101.9	105.1	106.8	102.1	100.6
十六、建筑材料及五金电料	100.0	99.9	99.8	99.8	99.7
1.建筑装潢材料	100.1	100.0	100.0	99.7	99.8
2.五金水暖	99.9	99.7	99.5	100.0	99.4

分月环比指数(2022年)

上月=100

6月	7月	8月	9月	10月	11月	12月
100.7	**100.2**	**99.6**	**100.2**	**100.0**	**100.0**	**99.4**
100.0	102.4	100.7	101.6	100.4	99.3	99.1
100.0	100.0	100.0	100.1	100.0	99.9	100.0
97.2	100.1	101.9	98.8	99.7	102.7	102.9
100.1	100.4	100.1	100.1	100.2	100.0	99.9
101.7	101.7	100.3	100.2	100.5	100.4	99.9
95.8	105.9	102.3	108.1	95.4	90.0	101.9
102.7	113.7	101.7	103.6	107.1	100.8	92.8
101.6	101.3	101.1	101.2	100.1	99.9	99.1
99.0	99.9	100.7	99.7	97.7	99.1	98.9
98.4	98.9	100.8	103.6	101.1	102.4	99.8
100.2	100.0	100.1	99.7	100.0	100.0	100.0
99.1	98.9	100.5	100.6	98.7	100.3	102.2
100.1	100.4	100.5	100.2	100.2	100.4	100.3
100.9	100.9	100.1	100.1	100.1	100.2	100.4
100.3	100.1	100.0	99.9	100.2	100.3	100.2
100.1	100.0	100.0	100.1	100.0	100.2	100.2
100.1	100.0	100.1	100.0	100.1	100.1	100.0
100.2	100.6	100.2	100.2	100.2	100.4	100.1
100.0	99.9	100.2	100.1	100.1	100.0	100.0
100.3	99.8	99.7	99.7	100.0	100.0	100.2
100.2	99.9	100.0	100.1	100.1	100.2	100.2
100.2	99.9	99.9	100.1	100.1	100.1	100.3
100.2	100.1	100.0	100.1	100.1	100.3	100.2
100.0	100.0	99.9	99.9	100.4	100.2	100.0
100.0	100.1	100.1	100.1	100.1	100.0	100.0
100.0	100.0	100.0	100.0	100.2	100.0	100.0
100.0	100.1	100.1	100.1	100.1	100.0	100.0
99.4	100.5	99.9	99.7	100.0	99.2	100.1
99.2	100.9	99.5	99.8	99.9	98.9	100.4
99.6	99.9	100.4	99.0	100.1	99.6	99.7
99.3	99.6	100.3	101.5	100.2	99.9	100.1
100.0	100.2	100.4	100.5	100.0	99.9	100.0
100.4	99.8	99.9	100.0	100.5	99.5	100.7
100.0	100.5	99.9	100.5	101.0	100.7	100.4
100.8	99.5	100.4	98.7	100.1	98.9	101.9
100.1	99.4	100.1	100.2	100.7	99.4	99.8
100.8	99.6	99.7	100.0	100.2	99.0	100.8
99.9	100.0	99.7	99.9	100.4	99.6	100.2
99.1	100.7	98.9	98.9	102.1	96.8	101.1
100.0	99.9	99.8	100.0	100.1	100.0	100.1
99.9	100.4	99.9	100.0	100.0	99.6	100.4
99.9	100.1	99.9	100.0	99.9	99.9	100.1
99.7	101.1	99.7	100.0	100.3	98.5	101.2
100.0	100.1	100.0	100.0	100.0	100.0	100.0
99.9	100.0	100.6	100.8	100.4	100.4	99.9
99.5	96.3	102.0	98.7	102.0	103.4	100.8
100.1	100.2	100.2	100.1	100.0	100.0	100.1
99.9	100.0	100.0	100.0	100.5	100.0	100.1
100.4	100.6	100.3	100.2	100.0	100.0	100.3
100.0	100.2	100.3	100.1	100.0	100.0	100.0
100.0	99.9	100.0	100.0	100.0	100.0	100.0
100.0	100.0	99.0	101.1	100.0	100.0	99.9
100.0	100.1	98.3	102.0	100.1	99.9	99.8
100.1	100.0	100.0	100.0	100.0	100.0	100.0
100.0	99.6	99.6	100.0	100.0	100.0	100.0
105.5	97.2	95.7	99.1	98.9	101.8	95.5
101.7	98.0	99.9	103.7	103.1	98.6	100.3
105.6	97.2	95.7	99.1	98.9	101.8	95.4
100.1	99.8	99.8	100.3	100.2	100.2	100.0
99.9	99.7	100.0	100.1	100.1	100.1	100.0
100.6	100.0	99.4	100.5	100.3	100.2	100.0

3−22 农村商品零售价格

类 别	1月	2月	3月	4月	5月
商品零售价格指数	**100.1**	**100.8**	**100.8**	**100.3**	**100.0**
一、食品	99.5	101.1	98.9	99.7	99.4
1.粮食	100.0	99.9	100.3	100.8	100.7
2.薯类	99.9	102.2	102.0	103.6	102.4
3.豆类	100.5	102.2	99.3	100.0	99.8
4.食用油	101.0	99.1	99.2	100.4	100.9
5.菜及食用菌	96.4	107.1	103.1	96.8	89.2
6.畜肉类	97.7	97.6	92.2	98.5	102.1
7.禽肉类	100.4	100.1	99.1	100.0	100.6
8.水产品	99.0	103.0	99.3	100.4	100.2
9.蛋类	99.9	98.9	98.2	102.7	102.4
10.奶类	100.0	100.0	100.1	100.1	100.2
11.干鲜瓜果类	103.5	105.0	100.0	101.3	100.7
12.糖果糕点类	99.9	100.0	100.1	100.2	100.7
13.调味品	100.0	100.0	101.8	100.2	101.7
14.其他食品类	100.0	100.0	100.2	100.4	100.7
15.餐饮业零售	100.1	100.2	99.8	100.0	100.0
二、饮料、烟酒	100.0	100.0	100.1	100.5	99.6
1.茶及饮料	100.0	100.0	99.9	99.9	100.3
2.卷烟	100.0	100.0	100.0	100.7	99.3
3.酒类	100.0	100.0	100.8	100.1	100.2
三、服装、鞋帽	100.0	99.8	99.9	99.9	100.4
1.服装	100.0	99.7	99.9	99.9	100.1
2.鞋帽袜	100.0	100.0	100.1	100.1	101.1
3.其他衣着配件	100.0	100.0	100.0	100.0	100.0
四、纺织品	99.8	100.0	100.0	100.0	100.4
1.服装材料	100.0	100.0	100.0	100.0	100.0
2.床上用品	99.7	100.0	100.0	100.0	100.5
五、家用电器及音像器材	99.7	101.0	100.0	100.0	99.9
1.家庭设备	99.5	101.5	100.1	100.2	99.8
2.文娱用耐用消费品	100.0	100.1	100.0	99.9	100.0
3.专业音像器材	100.8	100.9	100.0	98.9	99.3
六、文化办公用品	98.8	100.7	100.3	100.1	99.6
七、日用品	99.3	100.4	101.0	101.0	100.9
1.日用百货	99.4	100.1	101.4	100.1	99.9
2.厨具餐具茶具	99.5	101.6	99.9	102.4	101.0
3.清洗用品	98.7	99.3	102.8	101.8	100.3
4.其他日用品	99.4	100.9	100.4	101.0	101.6
八、体育娱乐用品	99.8	100.1	100.2	100.4	100.1
1.体育户外用品	101.8	103.0	100.7	101.7	103.7
2.娱乐用品	99.7	100.0	100.2	100.3	99.9
九、交通、通信用品	100.4	99.7	100.0	100.1	99.9
1.交通运输机械	99.9	99.7	99.7	100.2	100.1
2.通信器材	102.0	99.8	101.1	99.8	99.3
十、家具	100.0	100.0	100.0	100.0	100.8
十一、化妆品	98.9	101.3	100.2	102.8	100.5
十二、金银饰品	101.0	101.8	105.1	98.9	99.6
十三、中西药品及医疗保健用品	100.5	100.1	100.9	99.9	100.4
1.医疗卫生器具	100.0	100.0	100.0	100.1	103.4
2.中药	101.4	100.3	100.5	99.8	100.9
3.西药	100.1	100.0	101.4	100.1	100.0
4.保健器具及用品	100.0	100.4	100.0	99.6	100.0
十四、书报杂志及电子出版物	100.0	100.0	100.0	100.0	100.0
1.教材及参考书	100.0	100.0	100.0	100.0	100.0
2.书报杂志及音像制品	100.0	100.0	100.0	100.0	100.0
3.计算机办公软件	100.0	100.0	100.0	100.0	100.0
十五、燃料	102.1	104.8	107.3	101.8	100.5
1.煤炭及制品	100.0	100.0	100.3	100.0	100.0
2.石油及制品	102.1	104.9	107.4	101.9	100.5
十六、建筑材料及五金电料	99.6	99.8	100.5	99.8	99.3
1.建筑装潢材料	99.7	99.8	100.5	99.6	99.4
2.五金水暖	99.4	99.8	100.4	100.0	99.1

分月环比指数(2022年)

上月=100

6月	7月	8月	9月	10月	11月	12月
100.6	**100.4**	**99.7**	**100.4**	**100.2**	**99.8**	**99.3**
100.2	103.3	100.9	101.9	101.0	98.9	98.6
99.8	99.8	100.0	100.0	100.0	100.0	100.0
99.8	100.8	100.9	95.2	101.5	101.3	103.0
100.3	100.2	100.7	100.2	100.9	100.4	100.1
103.0	101.4	100.3	101.0	101.2	100.0	99.7
95.0	104.3	102.8	107.5	98.3	90.3	101.3
104.0	116.7	102.6	104.4	105.4	98.7	92.3
100.3	102.8	102.7	100.8	101.1	100.5	98.9
99.2	97.9	100.0	100.2	100.0	100.5	100.5
98.8	99.2	101.5	102.5	101.8	103.8	100.0
99.9	100.0	99.6	99.1	100.0	99.7	100.7
99.3	99.1	98.3	101.9	99.8	100.8	100.4
100.6	100.0	100.0	100.0	100.0	100.0	99.9
101.4	100.1	100.1	99.8	99.6	100.0	100.1
100.7	99.9	101.0	99.3	98.8	100.9	100.0
100.0	100.0	100.0	100.0	100.0	100.0	100.4
100.1	100.0	100.2	100.3	99.7	100.0	100.1
102.2	100.3	100.1	100.0	99.3	100.1	100.5
99.9	100.0	100.0	100.4	100.0	100.0	100.0
99.0	100.0	101.3	100.0	98.5	100.0	100.0
100.1	100.0	100.0	100.3	100.7	100.0	100.0
99.9	100.0	99.8	100.3	100.8	100.1	100.0
100.8	99.9	100.7	100.3	100.3	99.6	100.0
100.0	100.0	100.0	100.0	100.0	100.0	100.0
100.0	100.0	100.0	100.0	100.0	100.0	100.0
100.0	100.0	100.0	100.0	100.0	100.0	100.0
100.0	100.0	100.0	100.0	100.0	100.0	100.0
99.5	100.6	99.6	99.9	100.1	99.1	100.4
99.3	101.0	99.2	99.7	100.1	98.6	100.6
100.0	100.0	100.1	100.0	100.0	99.9	100.1
99.3	99.6	100.3	101.6	100.2	99.9	100.1
100.2	100.1	100.6	100.9	100.0	100.0	100.1
100.0	99.6	100.0	99.8	100.4	99.0	100.9
99.9	100.8	99.6	100.3	100.8	100.0	100.5
101.9	99.3	100.7	97.6	100.2	98.1	103.2
99.7	98.8	100.2	99.7	100.4	98.5	99.9
99.7	99.2	100.1	100.0	100.2	98.7	100.9
99.9	100.0	99.8	99.9	100.3	99.6	100.0
98.4	101.1	96.5	98.2	103.8	94.7	102.0
100.0	99.9	100.0	100.0	100.1	99.9	100.0
99.7	100.6	100.2	100.2	100.1	99.4	100.4
99.7	100.3	100.4	100.1	100.0	99.8	99.8
99.7	101.6	99.6	100.4	100.5	98.0	102.1
100.0	100.0	100.0	100.0	99.9	99.9	100.0
99.5	99.9	100.5	100.2	99.6	99.6	99.8
99.6	97.3	101.4	98.4	101.6	102.5	101.6
100.7	100.0	99.9	100.3	100.1	100.0	100.5
99.9	100.0	100.0	100.0	100.0	100.0	100.0
100.4	99.9	99.9	100.8	100.7	100.2	101.6
100.9	100.0	99.9	100.0	99.8	99.9	100.0
100.5	100.0	100.0	100.0	100.0	100.0	100.0
100.0	100.4	100.2	100.0	100.0	100.0	100.2
100.0	100.1	100.0	100.1	100.0	100.0	100.4
100.0	100.9	100.6	100.0	100.0	100.0	100.0
100.0	100.0	100.0	100.0	100.0	100.0	100.0
105.2	97.0	95.2	99.0	98.5	102.1	95.2
100.2	99.8	99.3	100.8	100.2	100.1	100.1
105.3	97.0	95.2	99.0	98.5	102.2	95.1
100.0	100.0	99.5	100.6	100.3	100.2	100.0
99.3	99.8	100.0	100.1	100.4	100.2	100.0
101.0	100.2	98.9	101.4	100.2	100.3	99.9

3-23　历年工业生产者出厂、购进价格指数

上年=100

年　份	工业生产者出厂价格指数	工业生产者购进价格指数
1989	118.1	122.5
1990	100.6	103.3
1991	104.7	110.4
1992	111.1	116.2
1993	128.9	139.7
1994	117.6	119.6
1995	121.4	117.6
1996	105.6	105.7
1997	99.2	100.1
1998	95.9	94.8
1999	98.5	96.2
2000	102.9	106.7
2001	99.8	101.1
2002	99.2	99.3
2003	102.6	106.7
2004	108.0	114.4
2005	106.0	109.4
2006	104.3	106.5
2007	106.1	106.1
2008	109.3	112.0
2009	94.3	92.6
2010	106.9	110.0
2011	108.5	110.8
2012	99.1	100.1
2013	98.5	98.4
2014	98.4	97.9
2015	96.3	94.5
2016	98.9	98.0
2017	105.8	107.2
2018	103.2	103.5
2019	99.6	100.2
2020	99.0	98.9
2021	105.9	108.1
2022	102.0	104.8

3-24 工业生产者出厂价格分类指数(2012-2022年)

上年=100

行　　业	2012	2013	2014	2015	2016	2017	2018	2019	2020	2021	2022
总指数	**99.1**	**98.5**	**98.4**	**96.3**	**98.9**	**105.8**	**103.2**	**99.6**	**99.0**	**105.9**	**102.0**
生产资料	98.3	97.7	97.9	95.2	98.4	107.3	104.0	99.1	98.3	108.0	102.2
采掘工业	99.3	94.4	96.1	91.8	98.8	122.9	107.3	97.4	97.1	110.3	105.3
原材料工业	97.2	96.4	97.8	93.3	96.9	111.5	103.5	96.4	95.1	113.1	107.3
加工工业	98.7	98.7	98.1	96.4	98.9	104.9	104.0	100.2	99.3	106.5	100.5
生活资料	101.8	101.3	100.6	100.4	100.2	101.1	100.6	101.2	101.4	101.0	101.4
食品类	102.5	101.6	100.9	100.8	100.9	101.1	100.6	101.3	102.1	100.3	101.4
衣着类	99.8	101.7	100.2	100.2	100.6	99.1	100.6	101.2	100.4	102.4	103.3
一般日用品	100.8	100.9	99.9	99.4	99.9	102.3	101.1	101.5	101.1	103.8	102.4
耐用消费品	101.3	99.7	100.5	99.8	97.2	99.9	99.7	100.3	99.3	99.6	99.9
按工业部门分											
冶金工业	93.3	94.3	95.9	89.6	99.3	120.0	104.9	97.4	98.8	117.9	99.4
电力工业	104.0	100.8	99.7	99.2	98.2	99.0	99.4	96.9	97.3	102.4	107.6
煤炭及炼焦工业	101.2	90.1	92.1	90.6	93.0	120.4	104.2	93.8	91.9	124.4	114.1
石油工业	102.4	99.2	96.3	82.2	92.9	111.7	113.4	96.4	85.2	125.8	113.6
化学工业	97.9	98.0	98.2	96.8	99.0	105.2	102.8	98.9	96.6	107.7	104.1
机械工业	99.6	99.5	99.5	99.3	98.6	100.0	100.2	99.9	99.3	102.3	100.8
建筑材料工业	99.4	98.8	97.6	97.0	99.4	107.8	111.8	105.1	101.0	105.6	98.9
森林工业	104.0	102.9	102.8	99.9	98.5	98.7	101.2	102.2	99.8	101.6	103.0
食品工业	103.3	102.2	101.0	100.2	100.0	101.1	100.9	101.0	102.2	100.8	101.8
纺织工业	96.0	99.0	97.9	97.8	100.1	102.7	101.6	99.2	99.7	106.9	104.4
缝纫工业	99.0	102.0	100.6	100.3	100.5	97.3	100.6	101.6	100.4	101.1	101.9
皮革工业	103.7	102.1	100.3	99.6	101.1	103.4	100.4	100.3	100.0	102.9	104.0
造纸工业	99.8	97.7	98.2	98.9	99.7	111.4	112.9	92.3	99.4	104.9	99.5
文教艺术用品工业	99.2	100.3	99.8	99.6	99.2	100.3	102.0	102.9	101.8	102.4	101.2
其它工业	101.9	101.4	100.6	101.5	98.9	107.1	105.8	103.3	102.5	109.1	105.2

3-25 工业生产者购进价格指数(2012-2022年)

上年=100

类　　别	2012	2013	2014	2015	2016	2017	2018	2019	2020	2021	2022
总指数	**100.1**	**98.4**	**97.9**	**94.5**	**98.0**	**107.2**	**103.5**	**100.2**	**98.9**	**108.1**	**104.8**
燃料动力类	106.8	97.9	97.4	87.9	94.3	112.3	106.6	99.3	95.0	108.5	111.9
黑色金属材料类	93.4	95.7	95.3	91.0	99.2	114.9	105.3	102.8	100.5	117.2	94.4
有色金属材料和电线	93.2	95.1	96.2	93.6	96.4	115.9	103.6	96.8	97.4	119.8	108.5
化工原料类	97.2	98.1	98.5	97.3	99.4	105.6	103.1	98.1	94.7	107.5	115.2
木材及纸浆类	101.2	100.6	100.0	99.5	100.4	104.8	102.8	100.6	98.8	103.2	102.0
建材及非金属矿	99.0	98.5	100.1	97.8	100.2	104.2	106.5	105.0	104.7	110.8	96.1
其他工业原料及半成品	99.8	98.8	98.0	98.5	98.7	101.2	100.5	101.0	101.2	101.0	99.6
农副产品类	103.7	102.8	99.1	99.2	98.6	100.3	101.3	100.7	102.0	107.1	106.2
纺织原料类	97.3	99.2	98.3	93.3	99.3	106.3	103.3	99.7	99.9	103.7	104.7

3−26 分行业(新行业)各月工业

项目名称	平均	1月	2月	3月	4月
总指数	**102.0**	**105.7**	**105.3**	**104.6**	**104.5**
煤炭开采和洗选业	116.0	137.2	128.9	133.1	128.4
烟煤和无烟煤开采洗选	116.0	137.2	128.9	133.1	128.4
黑色金属矿采选业	118.6	145.5	148.4	145.5	136.5
铁矿采选	109.0	115.3	113.9	113.8	112.2
锰矿、铬矿采选	126.2	175.7	183.8	177.1	158.9
有色金属矿采选业	103.9	104.6	107.8	109.4	109.5
常用有色金属矿采选	103.4	102.7	105.3	106.5	108.4
贵金属矿采选	99.7	97.9	103.9	109.5	108.7
稀有稀土金属矿采选	109.3	117.8	119.4	118.0	113.2
非金属矿采选业	98.8	102.9	101.7	101.8	100.5
土砂石开采	98.6	103.1	101.8	101.8	100.4
化学矿开采	98.1	97.4	97.4	97.9	97.9
石棉及其他非金属矿采选	100.5	102.1	102.3	101.7	101.7
农副食品加工业	103.2	100.8	100.4	100.8	102.0
谷物磨制	99.6	100.1	100.1	100.0	99.8
饲料加工	106.6	103.6	103.0	105.2	108.6
植物油加工	111.2	105.6	103.8	103.6	105.0
屠宰及肉类加工	97.5	89.6	90.4	89.4	91.9
水产品加工	103.6	100.8	101.7	103.2	103.9
蔬菜、菌类、水果和坚果加工	106.2	106.8	106.4	105.6	105.9
其他农副食品加工	100.0	99.1	98.8	99.9	100.0
食品制造业	101.1	100.5	101.7	101.5	101.6
焙烤食品制造	100.0	100.0	100.1	100.0	100.0
糖果、巧克力及蜜饯制造	99.9	99.6	99.8	99.5	99.3
方便食品制造	100.9	100.1	99.9	100.0	100.9
乳制品制造	96.6	100.0	98.6	98.1	98.7
罐头食品制造	107.9	98.5	107.8	106.2	106.9
调味品、发酵制品制造	99.9	101.7	101.7	101.6	100.0
其他食品制造	100.6	101.5	101.8	101.8	101.7
酒、饮料和精制茶制造业	100.9	100.9	100.2	99.7	100.9
酒的制造	106.1	108.5	106.8	106.6	107.2
饮料制造	101.0	103.1	102.4	102.5	100.4
精制茶加工	97.8	95.0	94.8	94.0	97.7
烟草制品业	100.0	100.0	100.0	100.0	100.0
烟叶复烤	100.0	100.0	100.0	100.0	100.0
卷烟制造	100.0	100.0	100.0	100.0	100.0
纺织业	104.4	105.9	105.8	105.1	104.9
棉纺织及印染精加工	107.0	111.7	112.1	109.2	108.6
麻纺织及染整精加工	103.9	107.9	107.9	106.2	105.8
家用纺织制成品制造	97.2	91.5	90.5	94.9	95.4
产业用纺织制成品制造	103.2	101.0	99.5	101.4	101.7
纺织服装、服饰业	102.2	102.1	102.2	102.4	101.0
机织服装制造	101.5	101.8	101.9	101.8	102.2
针织或钩针编织服装制造	102.7	102.1	102.6	103.1	102.3
服饰制造	104.1	103.2	102.9	103.4	95.4
皮革、毛皮、羽毛及其制品和制鞋业	103.1	105.6	102.7	102.7	103.3
皮革鞣制加工	101.7	102.5	103.2	102.3	102.0
皮革制品制造	105.7	120.8	108.9	108.9	108.9

生产者出厂价格同比指数(2022年)

5月	6月	7月	8月	9月	10月	11月	12月
103.2	**102.9**	**101.7**	**100.6**	**99.7**	**98.4**	**98.7**	**99.2**
128.3	131.6	109.9	103.3	104.9	100.7	102.6	99.6
128.3	131.6	109.9	103.3	104.9	100.7	102.6	99.6
133.4	137.3	115.7	111.2	99.4	96.4	90.3	91.4
114.3	117.0	111.6	109.1	103.7	101.5	98.5	100.4
150.1	155.3	117.8	111.4	94.6	91.4	83.5	84.0
106.7	105.1	103.6	101.6	100.9	100.4	98.9	99.5
108.1	107.3	105.1	101.6	100.9	100.0	97.8	98.6
97.6	95.4	95.0	97.4	96.9	97.9	99.1	98.9
111.7	108.5	107.5	105.5	104.7	104.2	102.0	102.7
98.1	99.6	98.0	97.9	97.8	96.4	95.8	95.3
97.7	99.5	97.7	97.6	97.5	96.1	95.6	95.3
97.1	97.1	97.1	97.1	99.0	99.0	100.1	100.3
102.2	101.7	101.7	101.3	101.3	98.4	97.2	94.7
102.8	104.0	103.8	104.4	104.7	105.7	104.9	104.2
99.8	99.7	98.8	99.3	99.4	99.7	99.5	99.3
108.2	107.5	106.6	105.8	104.9	106.9	110.0	108.6
107.8	114.0	113.9	117.0	118.9	118.3	113.4	113.6
94.8	98.4	101.3	102.1	104.4	106.4	103.4	100.8
104.3	104.9	104.2	103.8	104.0	104.1	104.1	104.0
105.8	105.7	105.9	107.0	106.7	108.6	105.0	104.8
101.0	100.3	99.9	99.8	99.5	100.4	100.4	100.3
101.6	101.1	100.8	100.7	100.5	101.6	100.5	100.5
100.0	100.0	100.0	100.0	100.0	100.0	100.0	100.0
99.1	99.0	99.6	99.0	99.7	99.8	101.9	101.9
101.0	101.0	101.0	101.3	101.3	101.2	101.2	101.3
98.4	94.4	94.8	94.8	94.8	95.4	95.7	95.2
107.3	107.6	107.8	108.0	108.5	108.9	113.9	113.7
99.9	99.5	97.4	99.6	99.7	99.5	99.7	98.5
101.7	101.6	101.0	100.1	99.5	101.9	97.2	97.6
101.0	101.5	100.5	101.0	101.1	101.2	101.3	101.7
106.9	106.5	105.5	107.9	106.7	104.8	102.6	104.2
100.4	100.5	100.6	100.4	100.5	100.7	100.6	100.5
98.1	99.4	97.6	97.7	98.2	99.5	101.0	100.9
100.0	100.0	100.0	100.0	100.0	100.0	100.0	100.0
100.0	100.0	100.0	100.0	100.0	100.0	100.0	100.0
100.0	100.0	100.0	100.0	100.0	100.0	100.0	100.0
106.0	107.0	107.0	106.6	102.9	102.5	100.4	98.9
109.8	111.9	111.7	109.8	103.7	103.0	98.9	95.8
105.8	102.4	102.4	103.9	100.7	101.2	101.6	101.7
95.6	95.8	97.4	101.3	102.1	101.3	101.5	101.2
104.5	105.8	103.4	102.4	102.4	102.9	105.6	108.0
102.8	102.9	102.8	102.6	102.7	102.0	101.6	101.6
102.1	101.8	101.6	101.5	101.5	101.0	100.5	100.2
102.0	104.5	104.2	103.9	104.0	101.5	101.4	101.1
106.3	104.6	105.3	104.6	105.0	105.7	105.4	106.6
102.4	102.7	102.4	102.7	103.1	103.5	103.9	102.8
101.8	101.5	101.0	101.1	101.1	101.2	101.4	101.2
104.3	104.5	104.6	104.6	102.0	101.7	101.7	100.0

3-26 续表 1

项目名称	平均	1月	2月	3月	4月
毛皮鞣制及制品加工	100.3	100.2	100.0	100.0	100.4
羽毛(绒)加工及制品制造	90.8	90.3	89.8	90.2	89.6
制鞋业	103.0	99.9	99.6	99.8	101.3
木材加工和木、竹、藤、棕、草制品业	103.6	105.3	104.8	105.9	105.1
木材加工	99.6	99.9	100.3	99.8	99.5
人造板制造	102.1	107.4	106.6	106.2	105.0
木质制品制造	104.0	110.7	109.4	109.1	105.0
竹、藤、棕、草等制品制造	108.0	101.4	101.2	107.0	108.7
家具制造业	101.4	102.0	102.0	101.8	101.6
木质家具制造	101.0	101.2	101.3	101.1	101.1
其他家具制造	104.8	108.8	108.4	108.4	106.6
造纸和纸制品业	99.5	103.2	102.4	101.3	100.7
造纸	99.9	103.8	102.8	101.1	101.8
纸制品制造	98.6	102.0	101.6	101.6	98.4
印刷和记录媒介复制业	100.7	101.5	100.3	98.2	98.7
印刷	100.7	101.5	100.3	98.2	98.7
文教、工美、体育和娱乐用品制造业	107.3	118.3	113.4	112.9	109.3
工艺美术及礼仪用品制造	109.0	126.2	119.0	118.4	113.3
体育用品制造	99.5	99.0	99.3	98.3	98.9
玩具制造	105.4	101.3	100.7	100.7	99.3
游艺器材及娱乐用品制造	100.4	100.0	100.0	100.0	100.9
石油、煤炭及其他燃料加工业	115.3	118.4	123.5	123.6	124.1
精炼石油产品制造	116.3	119.1	125.0	123.0	121.3
煤炭加工	112.0	117.3	118.3	137.2	163.3
生物质燃料加工	100.7	100.7	101.1	100.7	101.0
化学原料和化学制品制造业	107.5	116.4	115.6	113.7	115.1
基础化学原料制造	112.1	129.9	126.7	127.5	133.1
肥料制造	108.8	108.9	109.1	108.2	110.2
农药制造	98.0	103.6	101.8	101.8	100.9
涂料、油墨、颜料及类似产品制造	98.7	111.3	109.7	98.9	102.8
合成材料制造	98.4	113.5	110.4	103.6	105.0
专用化学产品制造	105.6	110.1	109.7	109.3	108.9
炸药、火工及焰火产品制造	111.8	116.3	117.2	117.2	116.7
日用化学产品制造	104.9	107.3	108.6	108.9	108.2
医药制造业	99.1	101.4	102.1	101.1	100.4
化学药品原料药制造	99.1	102.7	104.3	99.8	94.7
化学药品制剂制造	100.2	101.0	102.6	102.5	102.0
中药饮片加工	101.1	109.2	108.6	104.3	107.1
中成药生产	100.0	100.0	100.0	100.0	100.0
兽用药品制造	101.4	100.0	101.5	101.5	101.5
生物药品制品制造	101.5	99.5	100.6	101.8	102.3
卫生材料及医药用品制造	87.4	97.3	98.1	98.1	95.2
药用辅料及包装材料制造	93.7	98.2	96.3	96.6	92.4
化学纤维制造业	96.0	112.1	108.8	101.4	106.1
合成纤维制造	96.0	112.1	108.8	101.4	106.1
橡胶和塑料制品业	98.7	105.9	106.2	104.1	102.7
橡胶制品业	94.7	107.9	107.5	105.2	103.7
塑料制品业	99.8	105.4	105.8	103.9	102.5
非金属矿物制品业	99.6	108.0	105.8	106.1	104.4

5月	6月	7月	8月	9月	10月	11月	12月
100.4	100.6	100.4	100.4	100.4	100.5	100.4	100.3
90.2	89.7	90.3	91.6	91.0	92.0	91.9	94.0
102.2	102.8	102.2	102.9	105.5	106.5	107.5	105.9
103.9	104.4	103.8	103.5	102.5	101.3	101.3	101.6
96.6	101.8	101.5	100.1	100.0	99.5	99.7	96.3
103.9	102.0	101.3	100.6	99.9	97.3	97.0	98.8
103.1	102.7	101.3	101.8	102.5	101.7	100.4	102.0
108.8	111.3	111.3	111.7	108.3	108.8	109.9	108.7
101.4	101.6	101.5	101.2	101.2	101.2	101.2	100.4
101.1	101.3	101.2	100.9	100.9	100.9	100.9	100.3
104.2	104.2	103.6	103.4	103.5	103.5	103.5	100.6
100.7	100.1	99.5	99.2	98.3	97.1	96.3	95.6
101.5	100.7	100.3	100.0	98.5	97.3	96.3	95.6
99.0	98.9	97.9	97.6	97.7	96.7	96.5	95.8
98.5	99.6	100.4	102.4	103.4	102.5	101.6	101.5
98.5	99.6	100.4	102.4	103.4	102.5	101.6	101.5
104.6	103.5	104.1	105.0	102.8	105.9	106.5	104.7
106.6	104.7	104.9	105.7	100.5	104.6	105.3	105.1
98.8	99.0	99.2	99.8	101.3	100.3	100.3	100.3
99.7	101.1	103.5	105.3	114.8	115.1	116.4	106.6
100.4	100.0	100.4	100.5	100.4	100.7	100.9	100.9
119.2	122.0	119.3	113.2	111.7	108.2	101.8	104.3
117.3	121.5	119.3	114.9	116.0	112.6	105.1	104.5
145.2	136.1	126.7	101.2	84.2	80.3	77.2	103.6
101.1	100.7	101.1	101.0	100.7	100.0	100.7	100.0
114.3	113.0	108.9	103.2	100.1	98.4	98.3	97.8
129.9	126.7	114.7	94.1	91.8	93.7	100.2	99.5
112.5	114.2	115.5	109.8	110.0	100.9	102.8	105.0
102.4	101.8	96.3	95.1	95.1	95.9	91.4	90.2
107.8	101.0	95.4	96.7	92.6	90.5	89.9	89.9
102.1	102.8	97.9	94.6	90.8	86.1	90.1	88.7
108.7	109.3	107.3	104.5	102.3	102.1	99.1	96.9
115.6	115.1	115.2	115.4	110.0	106.3	100.8	100.5
105.9	105.4	103.6	103.6	103.6	101.5	101.7	101.7
98.7	97.2	97.8	96.5	98.4	98.1	98.7	99.5
94.8	97.3	99.2	95.7	100.4	100.0	99.6	100.9
101.5	101.0	100.0	98.5	99.0	99.0	97.5	97.5
104.0	96.0	100.2	95.5	97.1	94.4	98.2	100.5
100.0	100.0	100.0	100.0	100.0	100.0	100.0	100.0
101.5	101.5	101.5	101.5	101.5	101.5	101.5	101.5
101.4	101.3	102.4	102.1	102.0	102.3	101.3	101.2
83.5	76.1	75.6	76.0	83.9	85.9	90.9	93.7
91.8	92.6	92.4	91.5	93.3	91.8	93.2	94.6
104.5	107.2	101.0	90.5	86.3	79.8	79.9	81.6
104.5	107.2	101.0	90.5	86.3	79.8	79.9	81.6
99.2	96.8	96.1	96.3	95.2	94.8	94.4	94.0
90.2	89.3	89.5	90.6	89.9	88.8	88.0	87.8
101.4	98.7	97.7	97.8	96.6	96.4	96.1	95.5
102.5	101.7	101.5	99.8	97.2	88.6	90.1	93.7

3-26 续表 2

项目名称	平均	1月	2月	3月	4月
水泥、石灰和石膏制造	98.4	127.5	119.7	125.0	115.1
石膏、水泥制品及类似制品制造	98.1	108.0	103.6	103.9	104.2
砖瓦、石材等建筑材料制造	99.6	101.1	100.5	99.2	99.2
玻璃制造	89.3	109.6	115.2	108.0	107.0
玻璃制品制造	96.9	98.7	100.7	100.8	99.7
玻璃纤维和玻璃纤维增强塑料制品制造	101.2	103.4	102.7	102.5	102.7
陶瓷制品制造	99.5	99.2	99.6	99.3	99.2
耐火材料制品制造	104.4	103.9	104.0	104.0	104.1
石墨及其他非金属矿物制品制造	106.4	107.1	107.9	107.7	105.0
黑色金属冶炼和压延加工业	89.4	108.8	108.9	104.4	102.4
钢压延加工	88.1	107.2	107.9	103.3	101.7
铁合金冶炼	102.9	126.0	119.6	116.5	110.0
有色金属冶炼和压延加工业	105.3	111.8	111.9	111.6	112.7
常用有色金属冶炼	111.2	123.3	122.4	115.4	121.2
贵金属冶炼	95.5	90.3	92.1	99.8	97.7
稀有稀土金属冶炼	106.7	116.8	117.1	114.9	114.9
有色金属合金制造	104.1	110.4	108.2	106.3	104.9
有色金属压延加工	103.8	112.9	113.0	115.9	113.6
金属制品业	98.7	106.4	104.5	101.6	100.5
结构性金属制品制造	95.7	106.9	103.3	98.2	96.5
金属工具制造	99.5	101.4	101.3	99.8	99.9
集装箱及金属包装容器制造	97.7	103.7	104.4	107.5	105.0
金属丝绳及其制品制造	94.0	102.9	106.0	104.7	102.3
建筑、安全用金属制品制造	103.8	108.7	108.8	106.9	105.9
金属表面处理及热处理加工	102.9	103.3	101.3	101.4	101.7
金属制日用品制造	104.4	108.5	108.0	106.7	105.8
铸造及其他金属制品制造	99.9	108.0	106.2	104.1	103.1
通用设备制造业	101.3	103.2	103.6	103.4	103.2
锅炉及原动设备制造	102.5	105.8	106.3	105.7	103.7
金属加工机械制造	102.8	107.1	106.5	105.7	104.6
物料搬运设备制造	100.2	101.0	103.0	102.6	102.9
泵、阀门、压缩机及类似机械制造	100.9	101.4	102.1	101.9	102.1
轴承、齿轮和传动部件制造	97.0	99.4	98.5	98.8	98.4
烘炉、风机、包装等设备制造	102.3	103.4	104.3	104.0	104.0
文化、办公用机械制造	102.8	101.5	102.3	102.0	103.2
通用零部件制造	102.6	105.2	105.7	105.4	105.1
其他通用设备制造业	100.0	100.5	100.5	101.4	101.2
专用设备制造业	100.4	100.9	100.6	100.8	100.9
采矿、冶金、建筑专用设备制造	99.4	99.2	98.8	99.5	99.7
化工、木材、非金属加工专用设备制造	100.7	103.0	103.2	100.0	100.2
食品、饮料、烟草及饲料生产专用设备制造	101.3	100.9	101.1	100.9	100.1
印刷、制药、日化及日用品生产专用设备制造	104.7	110.8	112.1	109.1	112.7
纺织、服装和皮革加工专用设备制造	100.8	96.7	98.3	99.2	102.2
电子和电工机械专用设备制造	98.1	99.7	99.8	98.9	98.9
农、林、牧、渔专用机械制造	104.9	106.8	106.0	104.5	102.9
医疗仪器设备及器械制造	101.7	100.6	100.5	101.4	101.1
环保、邮政、社会公共服务及其他专用设备制造	104.8	110.2	110.2	110.2	110.2
汽车制造业	99.3	101.9	101.5	101.9	101.0
汽车整车制造	99.2	99.8	99.9	99.6	100.4
改装汽车制造	103.3	107.5	108.2	104.9	105.6

5月	6月	7月	8月	9月	10月	11月	12月
111.3	105.2	112.2	102.7	88.7	63.8	73.6	83.0
101.0	100.4	99.5	97.9	97.0	89.6	85.5	90.5
99.3	100.8	98.3	98.6	99.7	99.4	99.6	99.2
94.3	90.2	79.6	75.8	74.6	74.2	81.7	78.1
97.8	97.1	95.7	94.4	94.4	93.2	95.1	95.4
105.6	101.8	101.1	105.5	98.5	94.3	98.2	98.9
98.9	98.9	99.5	100.0	100.1	99.2	99.5	100.4
104.7	105.0	104.0	104.4	104.5	104.8	104.8	104.9
105.9	107.0	107.3	107.5	106.5	106.4	104.7	103.8
93.3	90.7	83.5	78.6	73.8	72.9	81.4	83.9
92.4	89.8	82.5	77.4	71.7	70.8	80.1	82.9
104.3	100.0	94.5	90.7	97.4	97.2	94.2	92.5
110.4	108.3	103.5	101.0	98.9	97.3	97.9	100.4
118.1	117.9	111.2	106.4	103.0	99.6	100.9	100.5
93.6	93.8	90.4	93.0	92.1	97.9	99.7	107.0
113.3	108.5	105.6	100.0	102.4	99.6	95.3	96.0
111.7	100.6	102.2	103.4	102.9	101.0	99.5	99.8
112.0	107.3	102.2	98.2	96.2	92.2	91.6	95.9
98.0	99.0	98.2	94.9	95.4	96.0	95.3	96.0
93.8	97.4	95.4	87.3	90.2	94.6	92.4	93.8
97.7	99.4	98.7	99.6	99.3	98.7	99.3	99.3
97.7	100.7	98.1	93.1	89.3	90.4	92.0	92.6
92.2	93.6	95.9	87.5	85.7	83.6	84.1	93.6
102.7	103.5	102.1	103.8	101.9	99.2	100.5	102.1
101.6	103.2	103.9	103.4	104.3	104.3	103.1	103.1
104.0	104.8	103.9	104.7	103.6	103.1	101.6	98.5
100.9	98.9	99.1	97.8	97.2	94.9	94.8	95.3
102.2	101.2	100.9	100.3	100.5	99.6	99.1	98.4
101.0	101.3	102.0	101.1	101.5	100.8	100.5	100.5
103.8	103.0	103.3	102.6	102.6	99.1	98.2	98.4
101.8	100.6	99.6	97.7	99.8	100.3	98.5	94.4
101.7	101.5	100.6	100.5	100.4	99.7	99.3	99.2
97.8	97.1	97.3	96.8	97.0	97.0	94.2	91.2
104.3	102.4	101.9	101.6	100.6	100.4	100.5	100.5
103.9	103.8	102.8	103.2	103.2	102.2	103.0	103.1
102.9	101.7	101.4	101.1	100.8	100.0	100.7	101.2
101.3	99.4	99.4	99.4	99.4	99.4	99.3	99.3
100.8	100.6	100.3	100.0	99.8	99.1	100.3	100.2
99.4	99.2	99.8	99.5	99.2	98.3	100.1	100.0
100.2	100.2	100.2	100.2	100.2	100.2	100.2	100.2
100.1	100.3	102.1	102.0	102.0	101.9	102.1	102.3
108.1	107.5	102.9	104.5	100.7	97.6	96.5	96.3
103.8	103.5	102.8	103.2	101.4	99.8	99.2	99.0
98.9	98.9	98.8	96.8	96.8	96.8	96.8	96.8
104.9	104.7	104.4	104.3	104.2	106.7	105.8	103.2
101.4	100.8	103.0	102.0	102.1	101.9	102.4	102.6
110.2	110.2	100.0	100.0	100.0	100.0	99.6	99.6
100.0	99.1	99.6	98.4	98.3	96.8	96.1	96.7
99.8	99.3	100.4	99.6	98.7	97.2	97.5	98.1
106.9	106.2	104.0	97.7	101.6	100.2	99.6	98.3

3-26 续表 3

项目名称	平均	1月	2月	3月	4月
汽车车身、挂车制造	98.4	101.7	99.2	95.7	99.4
汽车零部件及配件制造	99.0	103.9	103.0	104.4	101.4
铁路、船舶、航空航天和其他运输设备制造业	99.7	100.2	100.2	100.0	99.1
铁路运输设备制造	98.9	99.0	99.1	99.0	98.5
城市轨道交通设备制造	103.6	105.1	105.1	105.1	105.2
船舶及相关装置制造	103.1	105.6	105.4	105.0	102.2
航空、航天器及设备制造	101.4	102.4	102.4	100.3	98.0
电气机械和器材制造业	101.8	107.4	106.3	103.4	104.0
电机制造	99.6	103.7	103.3	101.8	100.7
输配电及控制设备制造	101.6	100.2	100.3	100.5	101.6
电线、电缆、光缆及电工器材制造	101.3	119.8	116.0	108.7	110.1
电池制造	105.6	104.0	102.0	103.0	102.8
家用电力器具制造	97.8	100.5	102.0	94.9	96.4
非电力家用器具制造	99.8	110.5	110.5	100.0	98.6
照明器具制造	103.9	106.2	106.3	105.1	106.1
其他电气机械及器材制造	98.7	100.0	100.0	100.0	98.1
计算机、通信和其他电子设备制造业	101.9	101.8	101.4	101.0	100.7
计算机制造	100.1	101.3	101.3	100.3	100.1
雷达及配套设备制造	101.6	104.0	104.0	113.5	108.8
智能消费设备制造	101.6	98.0	98.3	98.7	96.6
电子器件制造	104.7	108.7	108.3	108.6	108.4
电子元件及电子专用材料制造	102.3	100.5	99.5	98.5	97.9
其他电子设备制造	100.1	100.0	100.0	100.0	100.0
仪器仪表制造业	100.3	101.0	100.4	99.7	99.7
通用仪器仪表制造	100.5	101.4	100.8	100.1	99.9
其他仪器仪表制造业	95.7	94.0	92.2	92.2	95.5
其他制造业	102.0	104.3	106.0	104.6	104.2
日用杂品制造	104.2	107.7	107.0	106.9	107.4
其他未列明制造业	98.3	99.0	104.3	100.9	99.0
废弃资源综合利用业	105.7	108.4	109.2	106.9	106.5
金属废料和碎屑加工处理	110.6	115.3	115.6	112.0	111.4
非金属废料和碎屑加工处理	95.2	94.3	95.9	96.1	95.8
电力、热力生产和供应业	107.6	107.0	107.1	106.5	108.2
电力生产	106.7	106.4	105.6	102.7	107.4
电力供应	108.2	107.3	108.0	108.7	108.7
热力生产和供应	109.0	114.4	111.2	111.1	110.5
燃气生产和供应业	102.0	100.9	100.9	101.2	102.5
燃气生产和供应业	102.0	100.9	100.9	101.2	102.5
水的生产和供应业	104.5	104.4	104.4	104.6	104.5
自来水生产和供应	107.0	107.0	106.9	107.1	107.1
污水处理及其再生利用	100.0	99.8	100.0	100.0	99.7

5月	6月	7月	8月	9月	10月	11月	12月
98.4	97.0	98.9	99.1	99.0	97.5	97.5	98.1
99.7	98.6	98.4	97.0	97.5	96.1	94.3	94.9
98.5	99.0	99.1	99.1	99.3	99.3	100.2	102.0
97.8	98.5	98.4	98.5	98.5	98.3	99.4	101.7
105.2	105.2	105.2	105.2	102.6	100.2	100.0	100.0
101.9	101.3	101.9	101.8	102.9	103.2	103.2	103.4
97.9	97.9	99.5	99.0	102.8	105.6	105.6	105.6
102.9	102.5	100.3	99.5	99.2	98.9	98.8	99.8
99.2	99.0	98.6	98.3	97.9	97.4	98.0	98.0
101.6	101.7	102.3	102.3	102.2	102.3	102.2	102.3
105.7	104.1	96.4	92.6	91.7	90.8	92.3	94.0
105.6	105.3	105.3	106.5	108.6	109.1	107.4	108.4
96.6	96.0	96.6	98.5	98.5	97.7	97.7	97.9
98.9	98.9	98.9	96.8	97.5	96.7	96.0	96.0
105.1	105.1	102.9	103.8	102.6	101.3	101.3	101.3
99.2	101.6	98.2	99.5	95.8	100.0	92.8	100.0
100.3	100.6	100.8	103.7	102.5	103.2	103.3	103.2
100.2	100.2	100.1	100.6	99.0	98.4	99.8	99.8
102.1	99.3	100.6	97.6	95.6	98.8	98.8	98.8
101.4	104.3	103.8	102.8	103.0	103.7	104.0	104.4
104.1	104.7	105.7	105.8	101.5	102.6	100.3	99.5
98.7	98.8	98.7	106.3	105.6	106.9	108.1	108.2
100.0	100.3	100.3	100.0	100.0	100.0	100.0	100.0
99.9	100.2	100.6	100.4	99.5	100.3	100.8	100.8
100.1	100.5	100.9	100.6	99.6	100.4	100.9	101.0
96.4	94.0	94.6	97.4	97.7	99.0	98.3	97.8
101.0	101.9	101.0	100.8	101.1	99.9	100.1	100.1
105.2	105.6	104.0	103.6	102.3	100.4	100.8	100.8
94.4	96.1	96.1	96.1	98.8	98.8	98.8	98.8
106.6	106.8	106.1	104.7	104.2	103.6	103.1	102.6
111.4	111.8	111.7	109.3	108.8	107.6	106.6	106.4
96.2	95.9	93.9	94.8	94.1	94.9	95.6	94.4
108.2	106.4	108.0	109.3	109.5	110.3	106.5	104.4
108.7	104.6	109.0	110.2	109.5	110.1	105.9	100.7
107.9	107.5	107.4	108.7	109.5	110.5	107.0	106.9
111.4	112.1	111.6	109.2	109.2	105.2	102.1	101.7
102.4	103.0	103.1	103.0	103.1	102.8	100.0	100.7
102.4	103.0	103.1	103.0	103.1	102.8	100.0	100.7
104.6	104.6	104.5	104.6	104.6	104.7	104.3	104.2
107.1	107.1	107.1	107.1	107.1	107.1	106.5	106.5
100.0	100.0	99.7	100.0	100.1	100.2	100.1	100.0

3-27 分行业(新行业)各月工业生产者

项目名称	1月	2月	3月	4月
总指数	**99.7**	**100.2**	**100.5**	**100.3**
煤炭开采和洗选业	100.0	95.0	106.2	101.1
烟煤和无烟煤开采洗选	100.0	95.0	106.2	101.1
黑色金属矿采选业	104.7	102.3	100.6	99.8
铁矿采选	100.0	100.2	101.0	100.0
锰矿、铬矿采选	108.5	103.9	100.4	99.7
有色金属矿采选业	100.0	100.7	101.4	101.6
常用有色金属矿采选	99.8	100.3	101.2	101.5
贵金属矿采选	100.2	100.8	101.9	102.0
稀有稀土金属矿采选	100.2	101.7	101.4	101.5
非金属矿采选业	99.9	99.6	99.9	98.9
土砂石开采	100.0	99.6	99.9	98.7
化学矿开采	97.7	100.0	100.0	100.0
石棉及其他非金属矿采选	99.8	100.0	100.1	100.3
农副食品加工业	99.7	100.2	100.6	101.3
谷物磨制	99.8	100.1	99.9	99.9
饲料加工	99.5	101.2	102.2	101.8
植物油加工	99.3	100.6	102.8	105.2
屠宰及肉类加工	99.7	99.3	98.2	100.6
水产品加工	100.8	100.9	101.5	100.6
蔬菜、菌类、水果和坚果加工	99.9	99.9	99.8	100.3
其他农副食品加工	99.7	99.8	99.9	100.6
食品制造业	99.5	101.3	100.0	100.3
焙烤食品制造	100.0	100.0	100.0	100.0
糖果、巧克力及蜜饯制造	100.2	100.0	100.0	100.1
方便食品制造	100.1	100.0	100.0	100.9
乳制品制造	96.2	99.7	99.5	99.8
罐头食品制造	100.2	109.1	99.7	100.2
调味品、发酵制品制造	100.3	99.9	100.0	100.0
其他食品制造	99.6	100.4	100.3	100.4
酒、饮料和精制茶制造业	100.5	99.9	100.1	102.1
酒的制造	100.8	99.8	99.6	100.3
饮料制造	101.3	100.1	100.0	99.9
精制茶加工	99.8	99.8	100.5	104.9
烟草制品业	100.0	100.0	100.0	100.0
烟叶复烤	100.0	100.0	100.0	100.0
卷烟制造	100.0	100.0	100.0	100.0
纺织业	100.3	100.4	100.1	101.0
棉纺织及印染精加工	100.9	100.9	99.6	101.4
麻纺织及染整精加工	99.7	100.2	99.8	100.1
家用纺织制成品制造	99.5	99.0	100.7	100.6
产业用纺织制成品制造	99.4	100.8	101.4	100.8
纺织服装、服饰业	100.2	100.1	100.1	98.8
机织服装制造	100.0	100.0	100.0	100.3
针织或钩针编织服装制造	100.8	100.4	100.1	99.8
服饰制造	100.0	100.1	100.5	92.3
皮革、毛皮、羽毛及其制品和制鞋业	100.2	99.8	99.8	100.2

出厂价格环比指数(2022年)

5月	6月	7月	8月	9月	10月	11月	12月
99.8	**99.7**	**99.2**	**99.5**	**100.0**	**100.5**	**99.9**	**100.0**
98.8	100.8	87.6	98.2	103.9	109.4	99.5	100.7
98.8	100.8	87.6	98.2	103.9	109.4	99.5	100.7
102.3	102.7	85.2	98.2	95.3	100.5	100.0	100.9
102.9	103.9	96.7	99.2	96.4	99.3	100.0	101.0
101.8	101.8	76.5	97.2	94.3	101.6	100.0	100.7
98.7	99.6	99.2	98.3	100.2	101.0	99.0	99.8
100.3	99.9	98.8	97.0	100.2	101.4	99.0	99.3
92.8	100.5	99.7	101.0	99.0	100.0	101.3	100.0
100.1	98.1	100.1	99.5	101.4	100.7	97.2	100.9
100.0	99.8	99.6	99.7	99.5	99.3	99.4	99.5
100.0	99.8	99.6	99.6	99.5	99.5	99.5	99.7
100.0	100.0	100.0	100.0	100.6	100.0	101.1	100.8
100.4	100.0	100.0	100.0	100.0	97.6	98.7	97.7
100.1	101.0	99.8	100.3	100.3	100.8	100.4	99.6
99.9	100.0	100.0	100.0	100.0	100.0	99.8	99.9
99.8	100.3	99.6	99.5	100.3	102.4	102.0	99.8
100.2	105.8	96.9	101.7	101.4	99.8	99.5	100.0
100.6	100.4	103.1	100.5	100.8	101.0	99.9	97.0
100.4	100.5	99.4	99.6	100.1	100.1	100.0	100.0
100.0	100.0	100.2	101.1	100.6	101.4	101.4	100.2
100.1	100.1	99.8	100.1	99.2	100.9	100.1	100.1
100.1	100.1	99.9	99.9	99.9	101.0	98.8	99.6
100.0	100.0	100.0	100.0	100.0	100.0	100.0	100.0
99.9	100.0	100.1	100.0	100.1	99.9	101.4	100.3
100.0	100.0	100.0	100.3	100.0	100.0	100.0	100.0
100.0	99.8	100.0	99.8	100.0	100.4	100.3	99.8
100.1	100.0	100.1	100.0	100.0	100.0	103.9	100.0
99.9	99.6	100.1	100.0	99.9	100.0	99.9	98.9
100.3	100.5	99.8	99.8	99.6	102.4	95.3	99.3
100.1	100.4	99.0	100.1	100.4	98.8	99.8	100.5
100.5	100.6	100.2	100.0	103.7	96.7	100.1	102.0
100.1	100.0	99.2	100.1	99.9	100.1	99.9	99.9
99.9	100.5	98.1	100.1	98.8	99.1	99.5	100.1
100.0	100.0	100.0	100.0	100.0	100.0	100.0	100.0
100.0	100.0	100.0	100.0	100.0	100.0	100.0	100.0
100.0	100.0	100.0	100.0	100.0	100.0	100.0	100.0
100.4	100.9	101.8	98.3	97.5	100.5	99.0	98.7
100.2	101.4	102.9	97.3	95.8	100.9	97.6	97.1
100.1	99.4	100.4	100.5	100.0	100.1	101.1	100.2
100.3	99.8	101.0	100.1	100.1	99.9	100.0	100.0
102.2	101.5	98.9	98.9	99.5	99.8	102.0	102.6
101.9	100.4	100.1	100.0	100.3	99.4	100.0	100.1
99.9	100.0	99.9	100.2	100.3	99.7	100.0	100.0
100.1	102.1	100.0	100.0	100.2	97.5	100.0	100.0
111.9	99.6	101.0	99.7	100.6	100.9	100.1	100.8
100.6	100.3	100.2	100.0	100.8	100.6	100.2	100.2

3-27 续表 1

项目名称	1月	2月	3月	4月
皮革鞣制加工	100.9	100.3	99.5	100.1
皮革制品制造	100.0	100.0	100.0	100.0
毛皮鞣制及制品加工	100.3	100.0	100.2	100.0
羽毛(绒)加工及制品制造	99.7	100.0	99.2	97.5
制鞋业	100.0	99.5	99.6	100.4
木材加工和木、竹、藤、棕、草制品业	100.3	99.9	100.2	99.8
木材加工	99.9	99.9	99.7	100.0
人造板制造	99.9	100.0	100.0	99.7
木质制品制造	100.6	99.3	101.0	99.1
竹、藤、棕、草等制品制造	101.0	100.2	100.4	100.2
家具制造业	100.4	99.9	100.0	100.0
木质家具制造	100.3	100.1	100.0	100.0
其他家具制造	102.0	98.7	100.0	100.0
造纸和纸制品业	99.4	99.7	100.0	98.7
造纸	99.3	99.6	99.5	99.8
纸制品制造	99.6	99.8	101.0	96.6
印刷和记录媒介复制业	100.1	99.9	100.5	100.3
印刷	100.1	99.9	100.5	100.3
文教、工美、体育和娱乐用品制造业	99.3	99.4	101.2	99.8
工艺美术及礼仪用品制造	99.0	99.2	101.7	99.6
体育用品制造	100.0	100.3	100.0	100.0
玩具制造	100.5	99.5	99.9	100.4
游艺器材及娱乐用品制造	100.0	100.0	100.0	100.9
石油、煤炭及其他燃料加工业	96.7	108.7	102.3	100.2
精炼石油产品制造	96.1	109.1	101.4	99.4
煤炭加工	101.2	108.3	111.6	107.4
生物质燃料加工	100.0	100.0	99.7	100.3
化学原料和化学制品制造业	99.9	100.3	101.4	100.6
基础化学原料制造	97.6	100.6	106.7	105.1
肥料制造	99.8	100.7	99.7	102.0
农药制造	100.0	98.3	100.0	99.2
涂料、油墨、颜料及类似产品制造	102.4	100.9	98.9	97.7
合成材料制造	101.0	98.4	101.5	99.5
专用化学产品制造	100.1	100.0	100.8	99.1
炸药、火工及焰火产品制造	99.7	100.8	99.9	99.9
日用化学产品制造	102.3	99.9	100.0	99.3
医药制造业	99.7	100.7	100.6	100.2
化学药品原料药制造	100.0	100.0	100.4	98.1
化学药品制剂制造	98.6	100.5	101.0	100.0
中药饮片加工	102.1	102.3	102.2	105.1
中成药生产	100.0	100.0	100.0	100.0
兽用药品制造	100.0	101.5	100.0	100.0
生物药品制品制造	99.9	100.5	101.4	100.1
卫生材料及医药用品制造	96.6	100.8	100.0	97.4
药用辅料及包装材料制造	100.0	98.8	100.0	95.9
化学纤维制造业	96.3	100.2	98.0	102.5
合成纤维制造	96.3	100.2	98.0	102.5
橡胶和塑料制品业	100.9	100.3	99.6	99.6

5月	6月	7月	8月	9月	10月	11月	12月
100.0	100.0	99.9	100.3	99.2	101.3	99.3	100.3
100.0	100.2	100.2	100.0	100.0	99.6	100.0	100.0
100.0	99.9	99.9	100.0	100.0	100.0	100.0	100.0
100.0	99.1	99.9	100.1	98.2	100.1	100.0	100.0
101.3	100.5	100.4	99.9	102.1	101.1	100.6	100.3
99.9	99.8	100.2	99.8	100.2	100.3	100.8	100.3
99.3	99.7	100.0	98.6	100.1	99.2	100.2	99.7
100.1	99.2	100.1	99.6	100.0	100.0	100.2	100.0
99.7	100.4	99.6	100.5	100.8	99.2	100.4	101.3
100.1	100.3	101.0	100.4	100.1	102.0	102.4	100.4
100.1	100.0	100.3	99.7	100.0	100.0	100.0	100.0
100.1	100.0	100.3	99.7	100.0	100.0	100.0	99.9
100.0	100.0	100.0	100.0	100.0	100.0	100.0	100.0
100.0	100.0	99.5	100.2	99.6	99.5	99.6	99.4
99.6	100.0	99.7	100.2	99.7	99.6	99.4	99.1
101.0	99.9	99.1	100.1	99.5	99.2	100.1	100.0
100.2	100.1	100.4	100.3	100.0	99.7	100.0	100.0
100.2	100.1	100.4	100.3	100.0	99.7	100.0	100.0
101.2	100.1	100.0	100.1	101.5	100.8	101.4	99.7
101.3	100.1	100.0	100.0	99.8	100.8	101.9	101.7
100.0	100.0	100.0	100.0	100.0	100.0	100.0	100.0
101.7	100.7	100.2	100.4	110.5	101.5	100.8	91.2
99.6	99.6	100.4	100.1	99.9	100.2	100.2	100.0
104.3	102.8	98.4	94.8	100.1	100.1	97.8	98.7
104.7	104.3	99.1	95.4	99.6	99.8	98.4	98.0
102.8	91.2	91.2	87.7	106.3	102.8	91.3	105.5
100.0	100.0	100.0	100.0	100.0	100.0	100.0	100.0
100.1	100.2	98.9	97.5	99.1	100.1	100.0	99.5
99.8	100.7	97.5	92.0	98.9	101.2	101.5	98.6
102.3	101.3	101.1	98.8	99.8	98.8	100.6	99.9
101.5	99.4	94.4	98.8	99.8	99.9	100.0	98.7
101.7	100.2	97.9	96.6	96.7	98.0	99.3	99.1
98.1	100.7	96.2	97.5	97.8	101.1	97.7	98.9
100.4	99.5	99.7	98.5	99.1	100.0	99.8	100.0
99.9	100.0	100.2	100.2	100.0	100.0	100.0	100.0
100.0	100.3	99.9	100.0	100.0	100.0	100.0	100.0
99.2	98.8	100.7	98.9	100.8	99.8	100.2	99.9
100.6	102.2	101.4	95.9	103.8	99.1	99.1	100.5
99.5	99.0	99.5	100.0	101.0	99.0	99.5	100.0
97.9	93.7	103.1	95.1	100.7	98.2	100.0	100.7
100.0	100.0	100.0	100.0	100.0	100.0	100.0	100.0
100.0	100.0	100.0	100.0	100.0	100.0	100.0	100.0
100.1	99.8	100.5	99.9	100.0	99.9	99.0	100.1
94.3	94.4	101.5	101.4	100.4	104.6	106.1	96.9
100.0	100.2	100.0	100.4	100.0	99.2	100.0	100.0
100.7	103.0	98.3	91.8	98.0	93.2	98.9	99.3
100.7	103.0	98.3	91.8	98.0	93.2	98.9	99.3
96.9	97.8	99.7	100.3	99.0	100.5	100.1	99.2

3-27 续表 2

项目名称	1月	2月	3月	4月
橡胶制品业	100.3	100.3	100.1	99.7
塑料制品业	101.1	100.3	99.4	99.5
非金属矿物制品业	97.6	98.1	100.0	98.5
水泥、石灰和石膏制造	92.9	94.9	99.4	91.2
石膏、水泥制品及类似制品制造	95.9	96.4	100.8	99.6
砖瓦、石材等建筑材料制造	100.5	100.3	100.1	100.6
玻璃制造	95.1	96.9	98.0	101.2
玻璃制品制造	99.7	100.2	98.4	99.1
玻璃纤维和玻璃纤维增强塑料制品制造	100.2	100.4	100.1	101.4
陶瓷制品制造	100.4	100.1	99.6	100.3
耐火材料制品制造	105.3	100.0	100.1	100.1
石墨及其他非金属矿物制品制造	100.4	100.4	100.6	99.8
黑色金属冶炼和压延加工业	98.5	100.9	101.1	102.0
钢压延加工	98.2	101.0	101.1	102.6
铁合金冶炼	101.3	99.7	101.2	96.7
有色金属冶炼和压延加工业	101.2	101.3	103.1	102.2
常用有色金属冶炼	103.0	101.2	102.0	105.1
贵金属冶炼	100.3	101.0	104.9	100.0
稀有稀土金属冶炼	101.1	101.7	101.1	100.4
有色金属合金制造	100.7	100.7	99.1	101.6
有色金属压延加工	99.3	101.6	104.9	99.5
金属制品业	99.8	99.5	100.0	99.6
结构性金属制品制造	100.2	99.9	99.9	98.8
金属工具制造	100.0	100.0	99.3	100.0
集装箱及金属包装容器制造	99.2	99.6	100.1	98.3
金属丝绳及其制品制造	100.3	100.4	100.7	100.2
建筑、安全用金属制品制造	100.0	100.0	99.1	99.7
金属表面处理及热处理加工	100.4	100.0	100.0	100.3
金属制日用品制造	99.1	100.1	100.8	100.3
铸造及其他金属制品制造	99.3	98.7	100.3	100.1
通用设备制造业	100.0	100.3	100.0	99.8
锅炉及原动设备制造	100.3	100.0	100.0	100.1
金属加工机械制造	99.6	99.9	99.9	99.6
物料搬运设备制造	100.5	101.0	99.8	99.3
泵、阀门、压缩机及类似机械制造	100.0	100.0	100.1	100.0
轴承、齿轮和传动部件制造	99.7	99.3	100.6	99.0
烘炉、风机、包装等设备制造	100.0	100.9	100.0	100.0
文化、办公用机械制造	100.0	100.9	99.2	101.2
通用零部件制造	100.2	100.5	100.2	100.3
其他通用设备制造业	99.8	100.0	99.9	99.7
专用设备制造业	100.0	100.0	100.1	100.0
采矿、冶金、建筑专用设备制造	100.0	100.0	100.0	100.0
化工、木材、非金属加工专用设备制造	100.0	100.0	100.0	100.2
食品、饮料、烟草及饲料生产专用设备制造	99.9	100.0	100.0	100.0
印刷、制药、日化及日用品生产专用设备制造	100.2	101.2	100.0	101.1
纺织、服装和皮革加工专用设备制造	96.4	100.0	102.9	100.5
电子和电工机械专用设备制造	100.0	99.4	99.4	100.0
农、林、牧、渔专用机械制造	100.2	99.6	101.1	99.9

5月	6月	7月	8月	9月	10月	11月	12月
86.3	100.6	100.6	100.2	100.2	99.9	99.8	99.9
99.6	97.1	99.4	100.4	98.7	100.6	100.1	99.1
99.2	98.7	99.2	99.4	100.3	100.8	101.6	100.1
95.8	94.2	97.2	98.4	102.5	107.1	109.0	100.6
100.0	99.5	98.5	99.3	99.8	99.8	100.4	100.1
99.4	98.9	100.8	99.4	100.1	99.4	100.3	99.5
98.7	95.6	93.9	99.8	99.2	98.6	99.2	99.6
100.1	99.1	99.9	100.0	100.0	100.1	98.6	100.1
101.6	99.1	99.7	99.7	97.8	96.0	102.3	100.7
99.9	99.8	99.9	99.9	100.1	99.7	100.3	100.3
99.9	100.0	99.6	99.9	100.0	100.0	100.1	100.0
100.3	101.5	100.1	100.0	99.9	100.6	100.1	100.0
99.1	93.4	91.8	96.7	98.1	104.5	96.3	101.0
99.2	93.0	91.2	96.7	97.5	104.7	95.9	101.1
98.5	97.0	96.8	96.9	103.0	102.7	98.8	99.9
98.0	98.3	96.3	98.9	99.4	101.1	99.9	100.9
96.8	98.6	95.8	99.2	99.7	101.8	97.8	99.9
98.4	97.6	95.5	100.9	99.1	101.7	103.9	103.8
98.1	96.8	97.1	100.2	102.6	99.4	97.5	100.1
102.4	99.4	99.3	100.2	97.2	99.7	100.7	98.9
98.8	98.3	96.9	96.5	99.2	100.2	100.0	100.8
99.5	100.8	99.3	96.7	100.7	101.0	98.8	100.4
98.7	102.2	98.0	91.8	103.0	104.1	96.6	101.1
100.0	100.0	100.0	100.0	100.0	100.0	100.0	100.0
99.0	99.0	99.3	98.7	98.4	100.2	100.2	100.4
96.4	99.8	97.8	94.9	100.8	98.5	99.8	104.2
101.3	100.0	99.8	100.0	100.2	99.8	102.2	100.0
100.0	101.6	100.7	100.0	100.8	100.0	99.3	100.0
100.1	99.8	99.7	100.9	99.0	100.8	99.4	98.6
99.9	100.0	100.2	98.7	99.5	98.8	99.7	100.2
99.8	100.1	99.8	99.7	100.2	100.0	99.4	99.3
100.0	100.0	100.0	100.1	100.0	100.0	100.0	100.0
100.0	100.0	100.3	100.2	100.0	99.9	99.1	100.0
98.8	101.5	99.3	98.3	101.3	100.5	97.8	96.3
100.0	100.0	100.0	100.0	100.0	99.3	100.0	100.0
99.8	99.1	100.2	99.2	100.0	100.0	97.1	96.9
99.7	100.0	100.0	100.0	100.0	99.9	100.0	100.0
100.6	100.3	99.4	100.0	100.0	101.5	100.0	99.9
100.1	99.7	99.4	99.9	100.1	100.1	100.4	100.3
100.0	100.0	100.0	100.0	100.0	100.0	99.9	100.1
100.0	100.0	100.2	99.9	100.0	100.1	100.0	100.0
100.0	100.0	100.0	99.9	100.0	100.0	100.2	100.0
100.0	100.0	100.0	100.0	100.0	100.0	100.0	100.0
100.0	100.1	101.8	100.0	100.0	100.0	100.1	100.3
93.8	100.3	100.5	102.3	99.5	100.0	97.8	99.9
101.1	100.0	98.9	100.4	100.0	98.5	100.4	100.2
100.0	100.0	100.0	97.9	100.0	100.0	100.0	100.0
101.9	100.0	100.0	100.0	100.0	101.5	99.2	99.7

3-27 续表 3

项目名称	1月	2月	3月	4月
医疗仪器设备及器械制造	100.2	100.0	100.8	99.9
环保、邮政、社会公共服务及其他专用设备制造	100.0	100.0	100.0	100.0
汽车制造业	99.2	100.2	100.4	99.3
汽车整车制造	100.0	100.6	100.5	100.0
改装汽车制造	100.1	100.7	98.0	100.3
汽车车身、挂车制造	99.9	100.1	98.9	101.1
汽车零部件及配件制造	98.2	99.9	100.4	98.5
铁路、船舶、航空航天和其他运输设备制造业	100.0	100.1	99.9	100.1
铁路运输设备制造	100.0	100.1	99.8	100.1
城市轨道交通设备制造	100.0	100.0	100.0	100.0
船舶及相关装置制造	100.0	100.1	100.2	100.6
航空、航天器及设备制造	100.0	100.0	100.0	100.0
电气机械和器材制造业	100.0	100.0	99.8	100.4
电机制造	99.8	100.1	98.7	99.8
输配电及控制设备制造	100.2	100.4	100.2	101.0
电线、电缆、光缆及电工器材制造	99.5	98.9	101.0	100.8
电池制造	101.1	100.4	100.9	99.7
家用电力器具制造	99.6	101.0	93.8	101.5
非电力家用器具制造	100.0	100.0	100.0	100.0
照明器具制造	100.0	100.7	100.6	100.0
其他电气机械及器材制造	100.0	100.0	100.0	98.1
计算机、通信和其他电子设备制造业	100.0	99.3	99.6	100.0
计算机制造	100.0	100.0	99.4	100.0
雷达及配套设备制造	100.0	100.0	100.0	100.0
智能消费设备制造	100.2	99.9	99.3	99.3
电子器件制造	99.7	99.5	99.7	100.3
电子元件及电子专用材料制造	100.2	98.4	99.3	100.0
其他电子设备制造	100.0	100.0	100.0	100.0
仪器仪表制造业	100.8	99.7	99.6	99.7
通用仪器仪表制造	101.1	99.8	99.6	99.6
其他仪器仪表制造业	95.5	98.1	100.0	102.5
其他制造业	98.3	99.8	100.2	100.8
日用杂品制造	98.0	99.7	100.4	101.3
其他未列明制造业	98.8	100.0	100.0	100.0
废弃资源综合利用业	102.6	101.4	99.7	99.9
金属废料和碎屑加工处理	103.8	102.1	100.1	100.0
非金属废料和碎屑加工处理	99.8	99.6	99.0	99.7
电力、热力生产和供应业	100.0	100.5	100.8	101.1
电力生产	99.6	98.8	97.8	102.7
电力供应	100.2	101.6	102.8	100.2
热力生产和供应	101.6	98.7	97.2	102.0
燃气生产和供应业	100.0	100.0	100.0	100.0
燃气生产和供应业	100.0	100.0	100.0	100.0
水的生产和供应业	104.5	100.0	100.1	100.0
自来水生产和供应	107.0	100.0	100.2	100.0
污水处理及其再生利用	100.0	100.0	100.0	100.0

5月	6月	7月	8月	9月	10月	11月	12月
100.2	99.6	102.0	99.8	100.0	99.8	100.2	100.2
100.0	100.0	100.0	100.0	100.0	100.0	99.6	100.0
99.6	99.7	100.2	99.1	99.5	98.8	100.4	100.1
99.5	99.4	100.8	99.1	99.2	97.8	101.0	100.2
100.8	99.9	99.3	96.6	102.0	100.3	99.4	101.1
98.6	99.5	100.8	99.1	99.9	100.1	100.0	100.0
99.8	100.1	99.4	99.3	99.8	99.8	99.8	99.9
100.0	100.6	100.0	100.1	100.3	99.9	100.9	100.0
100.1	100.7	99.9	100.1	100.0	99.8	101.2	100.0
100.0	100.0	100.0	100.0	100.0	100.0	100.0	100.0
100.0	100.0	100.6	100.0	101.2	100.5	100.0	100.1
100.0	100.0	100.0	100.0	104.7	100.9	100.0	100.0
100.3	99.2	98.9	99.9	100.0	100.3	100.5	100.6
99.4	99.8	99.7	99.8	99.6	100.6	100.7	100.1
100.3	100.2	100.4	100.3	99.8	100.2	99.8	99.6
99.5	97.5	94.7	98.7	100.0	100.0	102.4	101.1
102.3	99.8	100.9	100.8	100.6	100.2	100.3	101.0
100.2	99.4	100.5	102.0	100.0	100.0	100.0	100.0
100.0	100.0	100.0	97.8	99.6	99.2	99.2	100.0
100.0	100.0	100.0	100.0	100.0	100.0	100.0	100.0
101.1	97.1	101.9	97.9	99.6	104.4	92.8	107.8
100.5	100.1	100.1	103.1	99.9	100.5	100.1	99.9
100.0	100.1	100.0	100.5	98.4	100.0	101.5	100.0
100.5	101.2	97.6	100.0	97.5	102.6	99.5	100.0
102.0	102.2	100.0	100.3	100.2	100.7	100.0	100.4
102.3	99.6	100.1	100.0	99.5	101.0	98.3	99.5
100.2	100.4	100.3	107.7	100.2	100.7	100.8	100.0
100.0	100.0	100.0	100.0	100.0	100.0	100.0	100.0
100.2	100.3	100.2	98.7	99.8	100.6	100.9	100.3
100.3	100.4	100.2	98.6	99.7	100.5	100.9	100.3
100.0	99.4	100.6	100.6	100.6	100.6	100.0	100.0
100.5	100.5	100.1	99.8	100.5	99.6	100.4	99.6
100.8	100.8	100.2	99.7	100.7	99.4	100.6	99.4
100.0	100.0	100.0	100.0	100.0	100.0	100.0	100.0
100.0	99.9	99.2	100.0	99.8	100.0	100.1	100.0
100.0	100.0	100.0	100.1	99.9	100.0	100.2	100.1
99.9	99.6	97.2	100.0	99.6	100.0	100.0	100.0
99.4	99.4	100.0	101.7	101.0	100.9	99.2	100.4
100.0	100.0	100.7	101.1	100.0	100.8	99.3	100.0
99.1	99.0	99.5	102.1	101.6	100.9	99.1	100.7
102.0	100.1	100.0	100.0	99.9	100.0	100.0	100.2
100.0	100.0	100.0	100.0	100.0	100.0	100.0	100.7
100.0	100.0	100.0	100.0	100.0	100.0	100.0	100.7
100.0	100.0	100.0	100.0	100.0	100.0	99.6	100.0
100.0	100.0	100.0	100.0	100.0	100.0	99.4	100.0
100.0	100.0	100.0	100.0	100.0	100.0	100.0	100.0

3-28 长沙市住宅销售同比价格指数(2022年)

上年同期=100

项　　目	1月	2月	3月	4月	5月	6月	7月	8月	9月	10月	11月	12月
新建商品住宅	106.9	106.0	105.9	105.5	104.8	103.9	103.2	103.0	102.7	102.7	103.0	103.2
90平方米以下	106.5	106.0	105.4	104.1	104.2	103.5	102.8	102.6	102.5	103.2	104.0	104.0
90-144平方米	106.5	105.4	105.6	105.3	104.5	103.8	103.2	103.1	103.0	102.7	102.8	103.2
144平方米以上	108.1	107.5	107.1	106.7	105.8	104.3	103.3	102.7	102.0	102.5	103.0	103.1
二手住宅	104.4	103.7	102.9	101.9	101.4	100.7	99.9	99.6	99.6	99.9	99.9	99.9
90平方米以下	104.1	103.8	102.5	101.1	100.9	100.2	99.9	99.3	99.7	99.5	99.9	100.0
90-144平方米	104.6	103.2	102.6	101.9	101.2	100.8	100.1	100.1	100.0	100.5	100.1	99.9
144平方米以上	104.6	104.3	103.8	103.0	102.2	101.1	99.4	99.3	98.8	99.1	99.7	99.6

3-29 岳阳市住宅销售同比价格指数(2022年)

上年同期=100

项　　目	1月	2月	3月	4月	5月	6月	7月	8月	9月	10月	11月	12月
新建商品住宅	97.8	96.7	96.3	95.0	94.1	92.9	93.0	92.9	92.7	92.6	92.0	91.8
90平方米以下	97.7	96.1	96.2	94.6	93.6	92.9	92.8	92.1	92.1	92.3	91.3	91.5
90-144平方米	97.9	97.0	96.7	95.5	94.8	93.5	93.8	93.9	93.4	93.1	92.4	92.1
144平方米以上	97.6	96.5	95.8	94.0	92.7	91.3	91.3	91.1	91.6	91.6	91.7	91.4
二手住宅	97.0	97.0	97.4	97.8	97.1	96.2	96.2	96.2	95.7	95.4	95.2	95.2
90平方米以下	97.6	97.7	97.8	97.9	97.5	96.0	96.0	96.0	94.7	94.8	94.4	94.6
90-144平方米	97.3	97.0	97.7	98.1	97.1	96.4	96.6	96.6	96.1	95.5	95.4	95.3
144平方米以上	95.5	96.1	96.0	96.8	96.7	95.6	95.5	95.5	95.8	95.8	95.5	95.6

3-30 常德市住宅销售同比价格指数(2022年)

上年同期=100

项　　目	1月	2月	3月	4月	5月	6月	7月	8月	9月	10月	11月	12月
新建商品住宅	96.9	96.0	95.8	94.8	94.6	94.9	94.3	94.0	94.3	94.4	94.3	94.3
90平方米以下	95.9	94.8	95.0	93.4	93.8	93.3	92.1	92.3	92.6	92.4	92.5	93.1
90-144平方米	96.9	96.1	95.9	94.9	94.6	95.0	94.5	94.3	94.8	94.9	94.8	94.5
144平方米以上	97.7	96.3	96.5	95.7	95.6	95.1	94.3	93.5	92.5	92.4	92.3	93.3
二手住宅	97.1	96.6	96.2	95.7	95.2	94.9	94.6	94.4	94.4	93.8	93.5	93.4
90平方米以下	97.4	96.9	96.4	95.5	95.2	95.2	94.1	93.6	93.4	93.6	93.0	93.3
90-144平方米	96.9	96.5	96.0	95.9	95.4	95.0	94.9	94.8	95.2	94.2	94.3	93.9
144平方米以上	97.3	96.5	96.2	95.4	94.7	94.3	94.4	94.4	93.5	93.2	92.4	92.6

3-31 农产品生产者价格指数(2012-2022年)

上年=100

项　　目	2012	2013	2014	2015	2016	2017	2018	2019	2020	2021	2022
合计	**100.2**	**102.1**	**98.6**	**104.1**	**104.7**	**98.0**	**95.4**	**118.0**	**123.3**	**90.1**	**103.6**
种植业产品	103.1	101.1	100.0	101.5	96.2	107.4	98.2	102.0	102.7	101.3	108.7
谷物(原粮)	104.9	98.1	101.4	102.2	96.2	101.7	99.5	98.9	106.6	98.5	100.4
稻谷	105.1	97.9	101.4	102.3	96.7	101.5	99.0	99.0	106.5	97.4	100.2
玉米	107.0	102.7	99.7	100.1	85.7	106.7	108.2	97.8	108.7	118.8	105.6
薯类	112.2	106.2	101.1	89.2	124.8	104.3	110.1	112.1	103.1	104.1	83.8
油料	103.3	103.9	100.4	102.0	102.9	103.6	100.7	105.5	108.3	104.0	101.3
豆类			101.4	101.1	108.4	97.3	89.7	104.3	107.5	121.1	107.8
棉花(籽棉)	90.2	99.1	87.1	90.5	91.5	121.9	93.9	103.2	90.4	108.7	103.6
未加工烟草				103.1	103.8	110.4	100.5	104.7	101.3	103.3	107.8
蔬菜	106.5	109.5	98.0	101.6	101.6	98.8	100.3	117.5	106.5	102.3	121.5
水果				111.3	82.1	122.8	91.3	117.8	94.8	96.2	118.4
茶叶	122.7	96.1	106.4	104.0	99.6	98.1	101.9	112.8	103	100.5	103.3

注：2015年部分指标口径和名称有所变动，当前指标均按照新的调查制度印刷，历年数据请结合参考往年调查资料。

3-31　续表

上年=100

项　　目	2012	2013	2014	2015	2016	2017	2018	2019	2020	2021	2022
林业产品	104.1	111.5	104.9	96.3	93.0	91.9	101.4	101.2	94.1	99.5	100.5
木材	104.5	106.0	93.6	95.6	95.8	95.7	102.8	95.3	93.6	97.8	94.9
竹材				95.1	90.5	88.3	93.9	102.1	94.6	104.6	99.1
畜牧业产品	96.0	102.2	95.9	108.1	115.9	86.6	91.6	139.8	151.7	74.3	96.4
牛	107.2	116.6	105.6	100.4	96.5	104.1	86.9	112.9	122.5	106.2	94.6
羊	104.7	108.4	104.9	94.8	88.0	90.5	97.9	116.6	119.3	99.9	95.7
猪	95.6	99.5	92.9	100.8	121.6	82.5	110.9	149.6	166.9	64.1	86.0
活家禽	106.5	105.8	106.2	103.7	103.6	97.7	105.0	110.1	89.0	100.2	104.8
禽蛋	106.2	105.8	102.8	101.8	89.4	98.8	119.0	99.4	88.5	113.7	115.9
渔业产品	104.6	104.9	102.7	101.2	103.1	102.8	95.8	101.1	103.1	112.3	105.0
淡水养殖产品	104.6	104.9	102.7	101.2	103.1	102.8	95.8	101.1	103.1	112.3	105.0

3-32 分季度农产品生产者价格指数(2022年)

上年=100

项　　目	1季度	2季度	3季度	4季度
合计	**96.3**	**94.9**	**117.0**	**112.6**
种植业产品	109.7	103.0	114.5	105.4
谷物(原粮)	97.8	100.4	102.6	100.6
稻谷	97.6	100.3	102.6	100.3
玉米	102.1	102.7	103.5	108.3
薯类	66.0	95.6	99.7	105.7
油料	93.8	108.0	107.4	105.5
棉花(籽棉)	120.7			82.9
烟叶			107.9	107.6
蔬菜	159.5	104.8	129.3	119.9
水果	103.2	104.7	138.8	105.4
茶叶	105.3	104.0	103.8	99.8
林业产品	98.0	100.2	108.6	99.9
木材	96.6	92.5	98.7	91.9
竹材	100.1	101.3	98.0	97.3
畜牧业产品	77.6	84.2	122.2	123.9
猪	49.6	66.8	129.5	139.2
牛	93.7	96.2	96.6	92.0
羊	83.1	92.0	109.7	101.8
活家禽	105.1	103.0	109.0	102.6
禽蛋	119.7	108.0	122.7	113.9
渔业产品	104.1	100.4	109.3	107.5
淡水养殖产品	104.1	100.4	109.3	107.5

3-33 农产品集贸市场分月价格(2022年)

单位：元/公斤

项　　目	1月	2月	3月	4月	5月	6月	7月	8月	9月	10月	11月	12月
粮食类												
籼稻	2.86	2.86	2.84	2.77	2.87	2.87	2.88	2.87	2.82	2.85	2.86	2.86
粳稻	3.07	3.07	3.06	3.06	3.07	3.06	3.05	3.06	3.12	3.13	3.17	3.17
玉米	3.01	3.04	3.03	3.24	3.02	3.02	3.01	3.00	3.02	3.04	3.05	3.03
大豆	7.83	7.91	8.01	8.19	8.11	8.29	8.32	8.40	8.56	8.62	8.53	8.54
籼米	5.63	5.63	5.63	5.67	5.64	5.65	5.64	5.58	5.58	5.60	5.59	5.59
粳米	6.29	6.35	6.40	6.41	6.41	6.42	6.34	6.41	6.42	6.41	6.41	6.42
经济作物类												
棉花(籽棉)	7.87	7.88	7.88	7.88	7.89	7.91	7.90	7.92	7.94	7.96	7.95	7.94
花生仁	13.94	13.90	13.85	13.34	13.74	13.81	13.63	13.91	13.85	13.98	14.08	13.90
油菜籽	7.33	7.33	7.00	7.00	6.67	6.42	6.67	6.67	6.67	6.67	6.67	6.67
畜产品类												
活猪(毛重)	16.65	14.65	13.25	14.86	15.69	16.29	21.17	21.86	23.63	27.19	25.29	20.47
仔猪	38.31	34.99	33.60	35.06	36.06	38.67	40.19	45.74	50.44	49.61	50.58	49.03
猪肉	27.33	24.46	22.74	23.30	24.15	24.81	31.54	34.18	36.43	41.54	38.48	32.56
活牛	41.96	41.35	41.04	41.06	41.76	41.42	41.50	41.11	41.51	41.76	41.54	41.67
牛肉	102.83	100.03	99.63	98.33	99.92	99.96	99.62	98.90	98.34	98.78	98.48	98.22
活羊	46.67	45.80	45.41	47.29	44.02	45.08	43.93	46.27	46.32	46.71	46.36	46.50
羊肉	93.22	92.15	93.52	97.72	92.28	89.87	91.89	95.92	96.31	95.79	91.39	91.63
活鸡	23.88	23.58	23.00	23.54	23.80	23.54	23.65	23.45	24.11	24.72	24.57	24.13
鸡蛋	13.29	13.01	13.30	14.05	14.06	13.73	14.41	14.06	14.86	15.44	15.34	15.18
水产品类												
草鱼	20.10	19.79	18.40	18.47	18.23	18.32	18.13	18.29	18.60	18.47	18.17	17.56
鲤鱼	14.59	14.48	14.38	14.20	14.53	14.58	14.62	14.87	15.12	15.24	15.25	15.17
鲢鱼	11.18	11.55	11.37	11.43	11.45	11.33	11.33	11.15	11.20	11.36	11.25	11.01
蔬菜类												
大白菜	4.15	4.11	4.48	5.35	5.28	5.61	5.31	5.75	5.88	5.56	4.66	4.33
黄瓜	10.46	9.60	10.95	6.64	5.83	4.78	6.18	8.08	6.65	6.92	7.17	8.36
西红柿	11.02	11.49	10.35	11.21	10.38	8.59	8.65	8.07	9.07	9.90	9.05	9.75
菜椒	13.96	13.20	14.00	15.91	14.23	12.82	13.40	13.33	13.49	15.21	12.36	10.97
四季豆	14.45	15.37	18.34	14.01	11.42	9.71	10.38	12.33	13.59	13.04	11.96	15.32
水果类												
红富士苹果	13.08	12.84	12.79	13.33	13.30	13.81	13.83	13.72	13.74	13.55	13.65	13.72
香蕉	7.49	7.67	7.80	7.96	8.11	7.94	7.42	7.26	7.29	7.12	7.15	7.29
橙子	10.85	11.06	10.54	11.01	11.02	11.22	12.03	13.23	14.02	15.01	14.02	13.54

3–34 农产品集贸市场价格分月同比涨幅(2022年)

单位：%

项　　目	1月	2月	3月	4月	5月	6月	7月	8月	9月	10月	11月	12月
粮食类												
籼稻	-3.1	-2.7	-4.1	-5.1	-1.4	0.7	1.4	2.5	1.1	1.9	1.3	0
粳稻	-1.6	-1.9	-0.6	-1.0	-0.3	-0.6	-0.7	-0.3	2.0	2.1	3.7	3.3
玉米	8.7	6.7	5.6	9.8	1.0	-0.3	-0.3	0.7	1.3	2.5	2.2	1.0
大豆	3.7	4.1	5.3	6.6	5.2	7.8	7.1	8.5	10.9	12.3	10.3	9.6
籼米	0.4	0.2	0.9	2.3	1.4	2.2	2.2	1.3	1.3	1.3	0.5	-0.2
粳米	2.1	2.3	1.4	2.2	2.2	2.1	1.1	1.9	2.2	1.8	1.9	1.9
经济作物类												
棉花(籽棉)	19.6	20.9	20.5	21.0	20.6	21.3	1.8	1.9	1.8	-9.6	-9.7	-9.4
花生仁	-2.4	-2.5	-3.0	-6.3	-3.2	-2.1	-1.2	3.2	1.9	1.4	2.3	0.7
油菜籽	3.5	9.4	4.5	4.5	-13.0	-12.4	-9.0	-9.0	-9.0	-9.1	-9.0	-9.0
畜产品类												
活猪(毛重)	-55.1	-54.9	-56.3	-42.7	-21.6	10.9	35.4	42.4	71.2	67.9	29.8	6.0
仔猪	-61.5	-66.2	-65.5	-62.5	-56.1	-31.0	-21.0	-5.1	18.8	18.1	25.7	22.2
猪肉	-50.4	-48.7	-47.5	-35.1	-15.8	14.2	32.2	46.4	62.5	62.1	31.8	10.4
活牛	4.4	3.3	1.8	2.2	4.3	3.3	3.7	1.6	2.0	1.9	1.2	1.1
牛肉	2.9	1.4	1.7	0.6	2.1	2.1	1.6	0.7	0.2	-1.3	-1.7	-2.2
活羊	2.4	1.7	0.7	4.6	-2.0	0.9	-1.1	4.1	4.0	3.5	1.9	0.1
羊肉	2.1	-0.8	3.4	9.1	3.2	0.7	3.0	6.7	6.9	5.8	-1.7	0.2
活鸡	2.0	1.9	-0.6	0.4	2.1	1.1	1.5	-0.4	3.1	3.9	2.3	0.4
鸡蛋	8.8	11.9	16.6	22.4	20.6	16.2	17.8	10.0	12.5	12.8	11.9	13.0
水产品类												
草鱼	29.3	23.7	7.4	-1.8	-17.5	-19.7	-19.1	-17.5	-10.1	-5.4	-8.0	-10.5
鲤鱼	8.0	3.1	-1.0	-4.9	-11.1	-14.6	-12.5	-5.9	-0.9	6.0	10.9	7.4
鲢鱼	26.3	29.8	24.7	20.1	9.2	-7.2	-8.1	-11.9	-10.1	-7.7	-2.3	-2.0
蔬菜类												
大白菜	2.2	7.6	12.8	41.5	43.1	36.5	23.8	23.1	25.1	2.7	-9.5	-4.4
黄瓜	56.4	43.7	60.3	10.3	10.4	-11.0	15.3	43.5	11.6	-26.0	-18.1	3.0
西红柿	27.8	44.7	32.0	43.5	31.7	15.5	14.4	6.7	16.4	10.2	2.3	4.4
菜椒	8.0	-5.2	10.7	39.9	38.7	45.4	40.9	35.6	38.6	27.8	11.6	-7.6
四季豆	9.5	15.7	50.3	28.7	5.9	-1.7	-0.3	15.0	22.7	-15.2	-11.6	25.6
水果类												
红富士苹果	1.3	0.3	1.7	5.6	4.5	10.0	8.4	8.7	8.1	5.6	6.9	6.9
香蕉	14.4	12.1	11.7	16.7	19.3	16.6	9.4	9.7	15.2	11.6	6.8	4.7
橙子	-8.6	-2.5	2.3	2.9	4.9	5.3	13.0	19.9	29.2	17.1	14.4	22.1

3-35 农产品集贸市场价格分月环比涨幅(2022年)

单位：%

项 目	1月	2月	3月	4月	5月	6月	7月	8月	9月	10月	11月	12月
粮食类												
籼稻	0	0	-0.7	-2.5	3.6	0	0.3	-0.3	-1.7	1.2	0.1	0.1
粳稻	0	0	-0.3	0	0.3	-0.3	-0.3	0.3	2.0	0.2	1.5	-0.1
玉米	0.3	1.0	-0.3	6.9	-6.8	0	-0.3	-0.3	0.7	0.8	0.1	-0.5
大豆	0.5	1.0	1.3	2.2	-1.0	2.2	0.4	1.0	1.9	0.6	-1.0	0.1
籼米	0.5	0	0	0.7	-0.5	0.2	-0.2	-1.1	0	0.4	-0.3	0.0
粳米	-0.2	1.0	0.8	0.2	0	0.2	-1.2	1.1	0.2	-0.1	0	0.1
经济作物类												
棉花(籽棉)	-10.2	0.1	0	0	0.1	0.3	-0.1	0.3	0.3	0.3	-0.1	-0.1
花生仁	0.9	-0.3	-0.4	-3.7	3.0	0.5	-1.3	2.1	-0.4	1.0	0.7	-1.3
油菜籽	0	0	-4.5	0	-4.7	-3.7	3.9	0	0	-0.1	0.1	0
畜产品类												
活猪(毛重)	-13.8	-12.0	-9.6	12.2	5.6	3.8	30.0	3.3	8.1	15.1	-7.0	-19.1
仔猪	-4.5	-8.7	-4.0	4.3	2.9	7.2	3.9	13.8	10.3	-1.6	2.0	-3.1
猪肉	-7.4	-10.5	-7.0	2.5	3.6	2.7	27.1	8.4	6.6	14.0	-7.4	-15.4
活牛	1.8	-1.5	-0.7	0.0	1.7	-0.8	0.2	-0.9	1.0	0.6	-0.5	0.3
牛肉	2.3	-2.7	-0.4	-1.3	1.6	0.0	-0.3	-0.7	-0.6	0.5	-0.3	-0.3
活羊	0.4	-1.9	-0.9	4.1	-6.9	2.4	-2.6	5.3	0.1	0.8	-0.7	0.3
羊肉	1.9	-1.1	1.5	4.5	-5.6	-2.6	2.2	4.4	0.4	-0.5	-4.6	0.3
活鸡	-0.6	-1.3	-2.5	2.3	1.1	-1.1	0.5	-0.8	2.8	2.5	-0.6	-1.8
鸡蛋	-1.0	-2.1	2.2	5.6	0.1	-2.3	5.0	-2.4	5.7	3.9	-0.6	-1.0
水产品类												
草鱼	2.4	-1.5	-7.0	0.4	-1.3	0.5	-1.0	0.9	1.7	-0.7	-1.7	-3.4
鲤鱼	3.3	-0.8	-0.7	-1.3	2.3	0.3	0.3	1.7	1.7	0.8	0.1	-0.5
鲢鱼	-0.4	3.3	-1.6	0.5	0.2	-1.0	0	-1.6	0.4	1.4	-0.9	-2.1
蔬菜类												
大白菜	-8.4	-1.0	9.0	19.4	-1.3	6.3	-5.3	8.3	2.3	-5.5	-16.2	-7.0
黄瓜	28.8	-8.2	14.1	-39.4	-12.2	-18.0	29.3	30.7	-17.7	4.0	3.7	16.6
西红柿	18.0	4.3	-9.9	8.3	-7.4	-17.2	0.7	-6.7	12.4	9.1	-8.6	7.8
菜椒	17.6	-5.4	6.1	13.6	-10.6	-9.9	4.5	-0.5	1.2	12.8	-18.8	-11.2
四季豆	18.4	6.4	19.3	-23.6	-18.5	-15.0	6.9	18.8	10.2	-4.1	-8.3	28.1
水果类												
红富士苹果	1.9	-1.8	-0.4	4.2	-0.2	3.8	0.1	-0.8	0.1	-1.4	0.7	0.5
香蕉	7.6	2.4	1.7	2.1	1.9	-2.1	-6.5	-2.2	0.4	-2.3	0.5	1.9
橙子	-2.2	1.9	-4.7	4.5	0.1	1.8	7.2	10.0	6.0	7.0	-6.6	-3.4

四、农业调查

资料整理人员：文益龙　沈　莉　彭怡丰

4-1 历年粮食播种面积

单位：千公顷

年 份	粮食	稻谷	早稻	中稻	晚稻
1983	5423.2	4418.9	1895.0	509.7	2014.2
1984	5390.9	4401.1	1885.4	507.0	2008.7
1985	5161.4	4246.5	1825.1	495.0	1926.4
1986	5210.4	4327.6	1838.3	499.4	1989.9
1987	5150.9	4255.1	1779.5	508.4	1967.2
1988	5196.3	4293.7	1803.9	505.7	1984.1
1989	5330.5	4354.1	1827.8	497.8	2028.5
1990	5365.7	4370.5	1844.1	484.3	2042.1
1991	5365.2	4298.1	1813.3	512.0	1972.8
1992	5243.6	4188.0	1741.0	477.5	1969.5
1993	5050.5	4025.9	1618.0	516.9	1891.0
1994	5077.4	4040.7	1633.8	525.1	1881.8
1995	5115.6	4084.1	1675.6	510.2	1898.3
1996	5133.9	4064.1	1669.3	513.7	1881.1
1997	5155.3	4075.8	1651.2	515.0	1909.6
1998	5074.8	3976.4	1610.1	538.1	1828.2
1999	5135.2	3984.5	1571.1	585.4	1828.0
2000	5029.9	3896.1	1515.8	632.1	1748.2
2001	4802.8	3691.6	1361.1	707.4	1623.1
2002	4652.6	3541.5	1224.5	812.5	1504.5
2003	4529.8	3410.0	1173.3	834.5	1402.1
2004	4754.1	3716.8	1288.3	1061.8	1366.7
2005	4838.6	3795.2	1324.4	1068.6	1402.2
2006	4545.4	3931.7	1355.9	1156.3	1419.5
2007	4539.7	3915.1	1303.6	1232.1	1379.5
2008	4607.1	3968.3	1306.6	1258.3	1403.4
2009	4827.2	4103.4	1399.8	1225.3	1478.3
2010	4847.8	4105.2	1385.7	1251.2	1468.3
2011	4932.2	4160.8	1427.7	1245.6	1487.4
2012	4975.3	4209.6	1464.5	1216.5	1528.5
2013	5010.0	4218.5	1494.0	1210.1	1514.5
2014	5065.6	4275.0	1507.7	1217.6	1549.6
2015	5053.7	4287.8	1505.9	1228.3	1553.6
2016	5010.7	4277.6	1487.3	1263.0	1527.3
2017	4978.9	4238.7	1448.2	1291.3	1499.2
2018	4747.9	4009.0	1238.2	1472.5	1298.3
2019	4616.4	3855.2	1094.6	1602.1	1158.5
2020	4754.8	3993.9	1225.7	1476.1	1292.0
2021	4758.4	3971.1	1219.6	1479.2	1272.3
2022	4765.5	3967.7	1212.8	1481.9	1273.0

注：2004年起为抽样调查数，2006、2007年为农普口径修正数。根据第三次全国农业普查结果对2007—2017年粮食、棉花播种面积及产量进行了修正。

4-1 续表 单位：万亩

年 份	粮食	稻谷			
			早稻	中稻	晚稻
1983	8134.8	6628.4	2842.5	764.6	3021.3
1984	8086.4	6601.7	2828.1	760.5	3013.1
1985	7742.1	6369.8	2737.7	742.5	2889.6
1986	7815.6	6491.4	2757.5	749.1	2984.9
1987	7726.4	6382.7	2669.3	762.6	2950.8
1988	7794.5	6440.6	2705.9	758.6	2976.2
1989	7995.8	6531.2	2741.7	746.7	3042.8
1990	8048.6	6555.8	2766.2	726.5	3063.2
1991	8047.8	6447.2	2720.0	768.0	2959.2
1992	7865.4	6282.0	2611.5	716.3	2954.3
1993	7575.8	6038.9	2427.0	775.4	2836.5
1994	7616.1	6061.1	2450.7	787.7	2822.7
1995	7673.4	6126.2	2513.4	765.3	2847.5
1996	7700.9	6096.2	2504.0	770.6	2821.7
1997	7733.0	6113.7	2476.8	772.5	2864.4
1998	7612.2	5964.6	2415.2	807.2	2742.3
1999	7702.8	5976.8	2356.7	878.1	2742.0
2000	7544.9	5844.2	2273.7	948.2	2622.3
2001	7204.2	5537.4	2041.7	1061.1	2434.7
2002	6978.9	5312.3	1836.8	1218.8	2256.8
2003	6794.7	5115.0	1760.0	1251.8	2103.2
2004	7131.2	5575.2	1932.5	1592.7	2050.1
2005	7257.9	5692.8	1986.6	1602.9	2103.3
2006	6818.1	5897.6	2033.9	1734.5	2129.3
2007	6809.5	5872.7	1955.4	1848.1	2069.3
2008	6910.6	5952.4	1959.8	1887.5	2105.1
2009	7240.8	6155.1	2099.7	1837.9	2217.5
2010	7271.8	6157.9	2078.6	1876.8	2202.5
2011	7398.3	6241.2	2141.6	1868.4	2231.2
2012	7462.9	6314.3	2196.8	1824.8	2292.8
2013	7515.0	6327.8	2240.9	1815.2	2271.7
2014	7598.5	6412.4	2261.6	1826.4	2324.4
2015	7580.5	6431.6	2258.8	1842.4	2330.4
2016	7516.0	6416.4	2231.0	1894.5	2291.0
2017	7468.4	6358.1	2172.3	1936.9	2248.8
2018	7121.9	6013.5	1857.3	2208.8	1947.5
2019	6924.6	5782.8	1641.9	2403.2	1737.8
2020	7132.1	5990.8	1838.6	2214.2	1938.0
2021	7137.6	5956.7	1829.4	2218.8	1908.5
2022	7148.3	5951.5	1819.2	2222.9	1909.5

4–2 历年粮食产量

单位：万吨

年 份	粮食	稻谷			
			早稻	中稻	晚稻
1983	2654.0	2458.1	1038.4	280.5	1139.2
1984	2613.0	2416.5	1069.0	280.8	1066.7
1985	2514.3	2338.8	991.7	247.3	1099.8
1986	2631.6	2464.4	1050.6	289.2	1124.6
1987	2593.7	2414.2	948.7	302.3	1163.2
1988	2519.8	2343.9	987.8	258.5	1097.6
1989	2648.2	2445.2	994.2	307.7	1143.3
1990	2651.4	2468.2	1033.5	302.4	1132.3
1991	2682.0	2473.3	957.5	314.1	1201.7
1992	2620.1	2423.1	916.1	305.0	1202.0
1993	2570.2	2343.5	825.7	324.8	1193.0
1994	2661.0	2414.9	903.5	350.6	1160.8
1995	2691.6	2438.5	854.7	336.8	1247.0
1996	2701.6	2418.6	854.6	344.2	1219.8
1997	2801.9	2495.8	945.2	359.6	1191.0
1998	2647.9	2345.1	830.6	357.1	1157.4
1999	2725.4	2360.6	817.5	404.4	1138.7
2000	2767.6	2392.5	877.6	436.1	1078.8
2001	2700.3	2328.9	783.2	478.4	1067.3
2002	2501.3	2119.2	627.8	590.8	900.6
2003	2442.7	2070.2	621.2	637.9	811.1
2004	2640.0	2285.5	716.4	720.0	849.1
2005	2678.6	2296.2	734.4	723.8	838.0
2006	2654.2	2414.5	747.6	782.0	884.9
2007	2698.5	2435.3	743.0	833.5	858.8
2008	2822.2	2551.3	774.1	890.9	886.3
2009	2928.8	2614.3	821.0	862.0	931.3
2010	2881.6	2551.8	779.5	867.1	905.2
2011	2983.6	2634.2	824.5	883.8	925.9
2012	3061.9	2704.3	841.6	881.4	981.3
2013	2989.5	2645.3	888.5	795.6	961.2
2014	3078.9	2732.7	886.8	847.1	998.8
2015	3094.2	2756.8	895.2	857.7	1003.9
2016	3052.3	2724.6	873.5	871.4	979.8
2017	3073.6	2740.4	846.5	932.6	961.3
2018	3022.9	2674.0	755.5	1086.7	831.8
2019	2974.8	2611.5	661.4	1206.8	743.3
2020	3015.1	2638.9	718.7	1110.2	810.0
2021	3074.4	2683.1	743.8	1122.2	817.1
2022	3018.0	2639.9	741.3	1104.2	794.4

注：粮食产量1988年起为抽样调查数，棉花产量1998年起为抽样调查数。2006、2007年为农普口径修正数。

4-2 续表 单位：亿斤

年 份	粮食				
		稻谷			
			早稻	中稻	晚稻
1983	530.8	491.6	207.7	56.1	227.8
1984	522.6	483.3	213.8	56.2	213.3
1985	502.9	467.8	198.3	49.5	220.0
1986	526.3	492.9	210.1	57.8	224.9
1987	518.7	482.8	189.7	60.5	232.6
1988	504.0	468.8	197.6	51.7	219.5
1989	529.6	489.0	198.8	61.5	228.7
1990	530.3	493.6	206.7	60.5	226.5
1991	536.4	494.7	191.5	62.8	240.3
1992	524.0	484.6	183.2	61.0	240.4
1993	514.0	468.7	165.1	65.0	238.6
1994	532.2	483.0	180.7	70.1	232.2
1995	538.3	487.7	170.9	67.4	249.4
1996	540.3	483.7	170.9	68.8	244.0
1997	560.4	499.2	189.0	71.9	238.2
1998	529.6	469.0	166.1	71.4	231.5
1999	545.1	472.1	163.5	80.9	227.7
2000	553.5	478.5	175.5	87.2	215.8
2001	540.1	465.8	156.6	95.7	213.5
2002	500.3	423.8	125.6	118.2	180.1
2003	488.5	414.0	124.2	127.6	162.2
2004	528.0	457.1	143.3	144.0	169.8
2005	535.7	459.2	146.9	144.8	167.6
2006	530.8	482.9	149.5	156.4	177.0
2007	539.7	487.1	148.6	166.7	171.8
2008	564.4	510.3	154.8	178.2	177.3
2009	585.8	522.9	164.2	172.4	186.3
2010	576.3	510.4	155.9	173.4	181.0
2011	596.7	526.8	164.9	176.8	185.2
2012	612.4	540.9	168.3	176.3	196.3
2013	597.9	529.1	177.7	159.1	192.2
2014	615.8	546.5	177.4	169.4	199.8
2015	618.8	551.4	179.0	171.5	200.8
2016	610.5	544.9	174.7	174.3	196.0
2017	614.7	548.1	169.3	186.5	192.3
2018	604.6	534.8	151.1	217.3	166.4
2019	595.0	522.3	132.3	241.4	148.7
2020	603.0	527.8	143.7	222.0	162.0
2021	614.9	536.6	148.8	224.4	163.4
2022	603.6	528.0	148.3	220.8	158.9

4-3 农作物播种面积(2012-2022年)

单位：千公顷

项　　目	2012	2013	2014	2015	2016	2017	2018	2019	2020	2021	2022
农作物总播种面积	**8416.80**										
粮食	4975.28	5009.99	5065.64	5053.67	5010.66	4978.95	4747.90	4616.38	4754.75	4758.37	4765.52
#春夏收粮食	165.06	166.55	172.01	157.54	126.19	135.94	123.70	102.46	106.31	113.87	112.64
#谷物	45.56	42.51	40.80	39.54	28.69	33.14	26.85	25.87	26.68	26.79	25.74
#秋收粮食	3345.70	3349.49	3385.91	3390.25	3397.17	3394.81	3386.00	3419.32	3422.71	3424.90	3440.11
#谷物	3109.32	3094.54	3141.81	3161.45	3173.55	3169.22	3146.10	3165.02	3168.11	3164.87	3164.30
谷物	4619.41	4631.01	4690.33	4706.87	4689.54	4650.56	4411.15	4285.49	4420.52	4411.26	4402.81
稻谷	4209.56	4218.53	4274.96	4287.76	4277.58	4238.71	4009.00	3855.20	3993.85	3971.10	3967.67
早稻	1464.53	1493.95	1507.72	1505.88	1487.30	1448.20	1238.20	1094.60	1225.73	1219.60	1212.77
中稻与一季晚稻	1216.50	1210.11	1217.62	1228.29	1262.98	1291.28	1472.50	1602.10	1476.10	1479.20	1481.90
晚稻	1528.53	1514.47	1549.62	1553.59	1527.30	1499.23	1298.30	1158.50	1292.02	1272.30	1273.00
小麦	38.89	36.19	34.88	34.05	22.79	28.34	23.35	22.37	23.25	23.36	22.38
玉米	353.99	358.35	361.91	366.85	370.47	365.81	359.20	386.60	384.38	397.60	393.58
高粱	2.83	4.41	6.45	6.37	6.10	6.30	9.60	10.70	8.77	8.97	9.13
其他谷物	14.13	13.53	12.13	11.84	12.60	11.40	10.00	10.62	10.27	10.23	10.05
春夏收杂粮	6.67	6.33	5.92	5.49	5.90	4.80	3.50	3.50	3.43	3.43	3.36
大麦	0.96	0.91	0.80	0.76	1.50	1.40	1.40	1.40	1.37	1.38	1.34
其他春夏收杂粮	5.71	5.42	5.12	4.73	4.40	3.40	2.10	2.10	2.06	2.05	2.02
秋收杂粮	7.46	7.20	6.21	6.35	6.70	6.60	6.50	7.12	6.84	6.80	6.69
荞麦	2.35	2.34	2.13	2.23	2.10	2.20	2.20	2.58	2.48	2.51	2.54
其他秋收杂粮	5.12	4.86	4.07	4.12	4.60	4.40	4.30	4.54	4.36	4.29	4.15
豆类	146.21	142.05	144.37	134.75	137.63	141.01	148.19	149.19	150.78	155.95	170.62
大豆	94.39	95.59	101.07	96.75	98.53	99.71	106.50	113.30	114.66	117.80	132.10
绿豆	14.19	11.70	11.23	10.88	10.10	10.70	11.60	11.53	11.07	11.18	11.22
蚕豌豆	35.34	32.38	29.89	24.97	25.90	27.60	26.99	21.29	22.10	24.02	24.41
红小豆	0.98	0.97	0.78	0.75	0.80	1.10	1.22	1.23	1.18	1.19	1.17
其他杂豆	1.31	1.41	1.41	1.40	2.30	1.90	1.88	1.84	1.77	1.76	1.72
薯类(折粮)	209.67	236.93	230.94	212.05	183.49	187.38	188.56	181.70	183.45	191.16	192.09
红薯	125.51	145.28	129.61	119.01	111.89	112.18	118.70	126.40	125.92	128.10	129.60
马铃薯	84.16	91.65	101.33	93.03	71.60	75.20	69.86	55.30	57.53	63.06	62.49

4-3 续表 单位：万亩

项目	2012	2013	2014	2015	2016	2017	2018	2019	2020	2021	2022
农作物总播种面积	**12625.20**										
粮食	7462.92	7514.98	7598.46	7580.51	7515.98	7468.42	7121.85	6924.57	7132.13	7137.56	7148.28
#春夏收粮食	247.59	249.82	258.02	236.31	189.28	203.91	185.55	153.69	159.47	170.81	168.96
#谷物	68.34	63.77	61.20	59.32	43.03	49.71	40.28	38.81	40.02	40.19	38.61
#秋收粮食	5018.55	5024.23	5078.86	5085.38	5095.75	5092.21	5079.00	5128.98	5134.07	5137.35	5160.17
#谷物	4663.99	4641.81	4712.71	4742.18	4760.33	4753.83	4719.15	4747.53	4752.17	4747.31	4746.45
谷物	6929.11	6946.51	7035.49	7060.31	7034.31	6975.84	6616.73	6428.24	6630.78	6616.89	6604.22
稻谷	6314.34	6327.80	6412.44	6431.64	6416.37	6358.07	6013.50	5782.80	5990.78	5956.65	5951.51
早稻	2196.79	2240.93	2261.58	2258.82	2230.95	2172.30	1857.30	1641.90	1838.60	1829.40	1819.16
中稻与一季晚稻	1824.75	1815.16	1826.43	1842.43	1894.47	1936.92	2208.75	2403.15	2214.15	2218.80	2222.85
晚稻	2292.80	2271.71	2324.43	2330.39	2290.95	2248.85	1947.45	1737.75	1938.03	1908.45	1909.50
小麦	58.33	54.28	52.32	51.08	34.18	42.51	35.03	33.56	34.88	35.04	33.57
玉米	530.99	537.52	542.86	550.27	555.71	548.71	538.80	579.90	576.57	596.40	590.37
高粱	4.25	6.62	9.68	9.56	9.15	9.45	14.40	16.05	13.16	13.46	13.70
其他谷物	21.20	20.29	18.19	17.76	18.90	17.10	15.00	15.93	15.41	15.35	15.08
春夏收杂粮	10.01	9.49	8.88	8.24	8.85	7.20	5.25	5.25	5.15	5.15	5.04
大麦	1.44	1.36	1.20	1.14	2.25	2.10	2.10	2.10	2.06	2.07	2.01
其他春夏收杂粮	8.57	8.13	7.68	7.10	6.60	5.10	3.15	3.15	3.09	3.08	3.03
秋收杂粮	11.20	10.80	9.31	9.53	10.05	9.90	9.75	10.68	10.26	10.20	10.04
荞麦	3.52	3.51	3.20	3.34	3.15	3.30	3.30	3.87	3.72	3.77	3.81
其他秋收杂粮	7.68	7.29	6.11	6.19	6.90	6.60	6.45	6.81	6.54	6.44	6.23
豆类	219.31	213.07	216.56	202.13	206.44	211.51	222.29	223.79	226.17	233.93	255.93
大豆	141.58	143.38	151.60	145.13	147.79	149.56	159.75	169.95	171.99	176.70	198.15
绿豆	21.29	17.55	16.85	16.32	15.15	16.05	17.40	17.30	16.61	16.77	16.83
蚕豌豆	53.01	48.57	44.83	37.45	38.85	41.40	40.49	31.94	33.15	36.03	36.62
红小豆	1.47	1.46	1.17	1.13	1.20	1.65	1.83	1.85	1.77	1.79	1.76
其他杂豆	1.96	2.11	2.11	2.10	3.45	2.85	2.82	2.76	2.66	2.64	2.58
薯类(折粮)	314.50	355.40	346.41	318.07	275.24	281.07	282.84	272.55	275.18	286.74	288.14
红薯	188.26	217.92	194.42	178.52	167.84	168.27	178.05	189.60	188.88	192.15	194.40
马铃薯	126.24	137.48	151.99	139.55	107.40	112.80	104.79	82.95	86.30	94.59	93.74

4-4 粮食总产量(2012-2022年)

单位：万吨

项　　目	2012	2013	2014	2015	2016
粮食	3061.87	2989.54	3078.94	3094.21	3052.30
#春夏收粮食	52.02	53.65	55.35	52.96	44.28
#谷物	11.19	13.93	13.33	12.25	9.03
#秋收粮食	2168.26	2047.36	2136.82	2146.08	2134.52
#谷物	2070.16	1952.59	2047.47	2064.46	2055.22
谷物	2922.94	2855.05	2947.57	2971.88	2937.75
稻谷	2704.26	2645.27	2732.68	2756.75	2724.61
早稻	841.59	888.53	886.77	895.17	873.50
中稻与一季晚稻	881.35	795.58	847.10	857.65	871.35
晚稻	981.32	961.16	998.81	1003.93	979.76
小麦	9.45	12.29	11.78	10.84	7.00
玉米	204.43	192.59	197.49	198.87	200.02
高粱	1.25	1.50	2.29	2.31	2.34
其他谷物	3.55	3.40	3.33	3.11	3.78
春夏收杂粮	1.74	1.64	1.55	1.41	2.03
大麦	0.24	0.22	0.21	0.19	0.52
其他春夏收杂粮	1.50	1.42	1.34	1.22	1.51
秋收杂粮	1.81	1.76	1.78	1.70	1.75
荞麦	0.59	0.58	0.69	0.64	0.59
其他秋收杂粮	1.22	1.18	1.09	1.06	1.16
豆类	33.69	30.74	31.29	29.42	30.52
大豆	22.37	21.32	22.53	21.96	22.78
绿豆	3.51	2.79	2.32	2.28	2.02
蚕豌豆	7.32	6.16	6.00	4.68	5.10
红小豆	0.15	0.15	0.14	0.14	0.17
其他杂豆	0.34	0.32	0.30	0.36	0.45
薯类(折粮)	105.24	103.75	100.08	92.91	84.03
红薯	71.73	70.19	64.06	56.88	53.88
马铃薯	33.51	33.56	36.02	36.03	30.15

4-4 续表 1　　　　单位：亿斤

项目	2012	2013	2014	2015	2016
粮食	612.37	597.91	615.79	618.84	610.46
#春夏收粮食	10.40	10.73	11.07	10.59	8.86
#谷物	2.24	2.79	2.67	2.45	1.81
#秋收粮食	433.65	409.47	427.36	429.22	426.90
#谷物	414.03	390.52	409.49	412.89	411.04
谷物	584.59	571.01	589.51	594.38	587.55
稻谷	540.85	529.05	546.54	551.35	544.92
早稻	168.32	177.71	177.35	179.03	174.70
中稻与一季晚稻	176.27	159.12	169.42	171.53	174.27
晚稻	196.26	192.23	199.76	200.79	195.95
小麦	1.89	2.46	2.36	2.17	1.40
玉米	40.89	38.52	39.50	39.77	40.00
高粱	0.25	0.30	0.46	0.46	0.47
其他谷物	0.71	0.68	0.67	0.62	0.76
春夏收杂粮	0.35	0.33	0.31	0.28	0.41
大麦	0.05	0.04	0.04	0.04	0.10
其他春夏收杂粮	0.30	0.28	0.27	0.24	0.30
秋收杂粮	0.36	0.35	0.36	0.34	0.35
荞麦	0.12	0.12	0.14	0.13	0.12
其他秋收杂粮	0.24	0.24	0.22	0.21	0.23
豆类	6.74	6.15	6.26	5.88	6.10
大豆	4.47	4.26	4.51	4.39	4.56
绿豆	0.70	0.56	0.46	0.46	0.40
蚕豌豆	1.46	1.23	1.20	0.94	1.02
红小豆	0.03	0.03	0.03	0.03	0.03
其他杂豆	0.07	0.06	0.06	0.07	0.09
薯类(折粮)	21.05	20.75	20.02	18.58	16.81
红薯	14.35	14.04	12.81	11.38	10.78
马铃薯	6.70	6.71	7.20	7.21	6.03

4-4 续表 2 单位：万吨

项 目	2017	2018	2019	2020	2021	2022
粮食	3073.60	3022.90	2974.84	3015.12	3074.36	3018.02
#春夏收粮食	48.56	51.39	41.34	43.13	45.16	45.61
#谷物	11.36	9.29	8.81	9.02	9.02	8.70
#秋收粮食	2178.54	2216.01	2272.10	2253.26	2285.40	2231.11
#谷物	2097.29	2126.75	2176.57	2149.18	2179.23	2130.04
谷物	2955.15	2891.54	2846.78	2876.93	2932.05	2880.04
稻谷	2740.35	2674.01	2611.50	2638.94	2683.10	2639.88
早稻	846.50	755.50	661.40	718.73	743.80	741.30
中稻与一季晚稻	932.55	1086.70	1206.80	1110.17	1122.20	1104.18
晚稻	961.30	831.81	743.30	810.04	817.10	794.40
小麦	9.61	8.01	7.54	7.77	7.78	7.59
玉米	199.17	202.82	220.30	223.25	234.11	225.69
高粱	2.45	3.64	4.19	3.81	3.91	3.90
其他谷物	3.57	3.06	3.25	3.15	3.15	2.98
春夏收杂粮	1.75	1.28	1.27	1.25	1.24	1.11
大麦	0.55	0.56	0.55	0.54	0.54	0.51
其他春夏收杂粮	1.20	0.72	0.72	0.71	0.70	0.60
秋收杂粮	1.82	1.78	1.98	1.90	1.91	1.87
荞麦	0.64	0.63	0.75	0.73	0.74	0.74
其他秋收杂粮	1.18	1.15	1.23	1.18	1.17	1.13
豆类	31.98	36.34	37.34	40.03	41.18	43.30
大豆	23.21	26.51	28.82	31.16	31.83	33.82
绿豆	2.17	2.41	2.42	2.34	2.36	2.32
蚕豌豆	5.90	6.70	5.39	5.85	6.32	6.50
红小豆	0.20	0.24	0.24	0.23	0.23	0.23
其他杂豆	0.50	0.48	0.47	0.45	0.44	0.43
薯类(折粮)	86.47	95.02	90.72	98.16	101.13	94.68
红薯	55.17	59.62	63.58	69.90	71.31	64.27
马铃薯	31.30	35.40	27.14	28.26	29.82	30.41

4-4 续表 3 单位：亿斤

项　　目	2017	2018	2019	2020	2021	2022
粮食	614.72	604.58	594.97	603.02	614.87	603.60
#春夏收粮食	9.71	10.28	8.27	8.63	9.03	9.12
#谷物	2.27	1.86	1.76	1.80	1.80	1.74
#秋收粮食	435.71	443.20	454.42	450.65	457.08	446.22
#谷物	419.46	425.35	435.31	429.84	435.85	426.01
谷物	591.03	578.31	569.36	575.39	586.41	576.01
稻谷	548.07	534.80	522.30	527.79	536.62	527.98
早稻	169.30	151.10	132.28	143.75	148.76	148.26
中稻与一季晚稻	186.51	217.34	241.36	222.03	224.44	220.84
晚稻	192.26	166.36	148.66	162.01	163.42	158.88
小麦	1.92	1.60	1.51	1.55	1.56	1.52
玉米	39.83	40.56	44.06	44.65	46.82	45.14
高粱	0.49	0.73	0.84	0.76	0.78	0.78
其他谷物	0.71	0.61	0.65	0.63	0.63	0.60
春夏收杂粮	0.35	0.26	0.25	0.25	0.25	0.22
大麦	0.11	0.11	0.11	0.11	0.11	0.10
其他春夏收杂粮	0.24	0.14	0.14	0.14	0.14	0.12
秋收杂粮	0.36	0.36	0.40	0.38	0.38	0.37
荞麦	0.13	0.13	0.15	0.15	0.15	0.15
其他秋收杂粮	0.24	0.23	0.25	0.24	0.23	0.23
豆类	6.40	7.27	7.47	8.01	8.24	8.66
大豆	4.64	5.30	5.76	6.23	6.37	6.76
绿豆	0.43	0.48	0.48	0.47	0.47	0.46
蚕豌豆	1.18	1.34	1.08	1.17	1.26	1.30
红小豆	0.04	0.05	0.05	0.05	0.05	0.05
其他杂豆	0.10	0.10	0.09	0.09	0.09	0.09
薯类(折粮)	17.29	19.00	18.14	19.63	20.23	18.94
红薯	11.03	11.92	12.72	13.98	14.26	12.85
马铃薯	6.26	7.08	5.43	5.65	5.96	6.08

4-5 粮食单位面积产量(2012-2022年)

单位：公斤/公顷

项　　目	2012	2013	2014	2015	2016	2017	2018	2019	2020	2021	2022
粮食	6154.17	5967.16	6078.09	6122.69	6091.62	6173.19	6366.81	6444.00	6341.28	6460.95	6333.03
#春夏收粮食	3151.64	3221.32	3217.79	3361.63	3509.09	3572.16	4154.41	4035.00	4057.00	3965.93	4049.18
#谷物	2456.28	3276.62	3267.16	3097.87	3147.80	3427.88	3459.96	3405.00	3380.81	3366.93	3379.95
#秋收粮食	6480.74	6112.46	6310.92	6330.15	6283.23	6417.27	6544.62	6645.00	6583.26	6672.90	6485.57
#谷物	6657.91	6309.79	6516.86	6530.10	6476.09	6617.69	6759.96	6877.50	6783.78	6885.69	6731.47
谷物	6327.52	6165.07	6284.36	6313.92	6264.48	6354.40	6555.07	6643.50	6508.12	6646.74	6541.36
稻谷	6424.09	6270.59	6392.29	6429.35	6369.51	6465.06	6670.02	6774.00	6607.52	6756.57	6653.49
早稻	5746.50	5947.51	5881.53	5944.50	5873.06	5845.19	6101.60	6042.00	5863.69	6098.72	6112.45
中稻与一季晚稻	7244.97	6574.46	6957.01	6982.49	6899.16	7221.90	7379.97	7533.00	7521.00	7586.53	7451.13
晚稻	6420.01	6346.50	6445.52	6461.99	6414.98	6411.96	6406.92	6415.50	6269.55	6422.23	6240.38
小麦	2430.14	3396.28	3377.29	3183.24	3071.97	3390.97	3430.41	3370.50	3341.94	3330.48	3391.42
玉米	5774.97	5374.40	5456.93	5421.07	5399.09	5444.68	5646.44	5698.50	5808.00	5888.08	5734.16
高粱	4411.76	3398.79	3548.55	3624.48	3836.07	3888.89	3791.67	3916.50	4347.00	4358.97	4271.63
其他谷物	2511.79	2513.55	2746.01	2626.69	3000.00	3131.58	3060.00	3060.00	3070.73	3079.18	2965.17
春夏收杂粮	2608.70	2592.20	2618.24	2568.31	3440.68	3645.83	3657.14	3628.50	3644.31	3615.16	3303.57
大麦	2500.00	2426.47	2625.00	2500.00	3466.67	3928.57	4000.00	3928.50	3941.61	3913.04	3805.97
其他春夏收杂粮	2626.97	2619.93	2617.19	2579.28	3431.82	3529.41	3428.57	3429.00	3446.60	3414.63	2970.30
秋收杂粮	2425.19	2444.44	2867.88	2677.17	2611.94	2757.58	2738.46	2781.00	2783.10	2808.82	2795.22
荞麦	2514.20	2478.63	3234.38	2874.25	2809.52	2909.09	2863.64	2907.00	2923.48	2948.21	2913.39
其他秋收杂粮	2384.36	2427.98	2675.94	2570.74	2521.74	2681.82	2674.42	2709.00	2703.25	2727.27	2722.89
豆类	2304.27	2164.08	2167.30	2183.25	2217.59	2267.95	2452.26	2503.50	2655.03	2640.59	2537.80
大豆	2370.04	2230.44	2229.22	2269.69	2312.06	2327.78	2489.20	2544.00	2717.55	2702.04	2560.18
绿豆	2472.99	2384.62	2065.28	2095.59	2000.00	2028.04	2077.59	2098.50	2110.87	2110.91	2067.74
蚕豌豆	2071.31	1902.41	2007.63	1874.55	1969.11	2137.68	2482.40	2532.00	2647.06	2631.14	2662.84
红小豆	1530.61	1541.10	1794.87	1858.41	2125.00	1818.18	1967.21	1951.50	1970.72	1932.77	1965.81
其他杂豆	2602.04	2274.88	2131.69	2570.20	1956.52	2631.58	2553.19	2554.50	2564.08	2500.00	2500.00
薯类(折粮)	5019.40	4378.87	4333.59	4381.58	4579.46	4614.69	5039.24	4993.50	5350.82	5290.33	4928.94
红薯	5715.23	4831.36	4942.39	4779.30	4815.30	4917.99	5022.75	5029.50	5551.20	5566.74	4959.10
马铃薯	3981.70	3661.62	3554.84	3872.81	4210.89	4162.23	5067.28	4908.00	4912.22	4728.83	4866.38

4-5　续表　　　　单位：公斤/亩

项　　目	2012	2013	2014	2015	2016	2017	2018	2019	2020	2021	2022
粮食	410.28	397.81	405.21	408.18	406.11	411.55	424.45	429.60	422.75	430.73	422.20
#春夏收粮食	210.11	214.75	214.52	224.11	233.94	238.14	276.96	269.00	270.47	264.40	269.95
#谷物	163.75	218.44	217.81	206.52	209.85	228.53	230.66	227.00	225.39	224.46	225.33
#秋收粮食	432.05	407.50	420.73	422.01	418.88	427.82	436.31	443.00	438.88	444.86	432.37
#谷物	443.86	420.65	434.46	435.34	431.74	441.18	450.66	458.50	452.25	459.05	448.76
谷物	421.83	411.00	418.96	420.93	417.63	423.63	437.00	442.90	433.87	443.12	436.09
稻谷	428.27	418.04	426.15	428.62	424.63	431.00	444.67	451.60	440.50	450.44	443.57
早稻	383.10	396.50	392.10	396.30	391.54	389.68	406.77	402.80	390.91	406.58	407.50
中稻与一季晚稻	483.00	438.30	463.80	465.50	459.94	481.46	492.00	502.20	501.40	505.77	496.74
晚稻	428.00	423.10	429.70	430.80	427.67	427.46	427.13	427.70	417.97	428.15	416.03
小麦	162.01	226.42	225.15	212.22	204.80	226.06	228.69	224.70	222.80	222.03	226.09
玉米	385.00	358.29	363.80	361.40	359.94	362.98	376.43	379.90	387.20	392.54	382.28
高粱	294.12	226.59	236.57	241.63	255.74	259.26	252.78	261.10	289.80	290.60	284.78
其他谷物	167.45	167.57	183.07	175.11	200.00	208.77	204.00	204.00	204.72	205.28	197.68
春夏收杂粮	173.91	172.81	174.55	171.22	229.38	243.06	243.81	241.90	242.95	241.01	220.24
大麦	166.67	161.76	175.00	166.67	231.11	261.90	266.67	261.90	262.77	260.87	253.73
其他春夏收杂粮	175.13	174.66	174.48	171.95	228.79	235.29	228.57	228.60	229.77	227.64	198.02
秋收杂粮	161.68	162.96	191.19	178.48	174.13	183.84	182.56	185.40	185.54	187.25	186.35
荞麦	167.61	165.24	215.63	191.62	187.30	193.94	190.91	193.80	194.90	196.55	194.23
其他秋收杂粮	158.96	161.87	178.40	171.38	168.12	178.79	178.29	180.60	180.22	181.82	181.53
豆类	153.62	144.27	144.49	145.55	147.84	151.20	163.48	166.90	177.00	176.04	169.19
大豆	158.00	148.70	148.61	151.31	154.14	155.19	165.95	169.60	181.17	180.14	170.68
绿豆	164.87	158.97	137.69	139.71	133.33	135.20	138.51	139.90	140.72	140.73	137.85
蚕豌豆	138.09	126.83	133.84	124.97	131.27	142.51	165.49	168.80	176.47	175.41	177.52
红小豆	102.04	102.74	119.66	123.89	141.67	121.21	131.15	130.10	131.38	128.85	131.05
其他杂豆	173.47	151.66	142.11	171.35	130.43	175.44	170.21	170.30	170.94	166.67	166.67
薯类(折粮)	334.63	291.92	288.91	292.11	305.30	307.65	335.95	332.90	356.72	352.69	328.60
红薯	381.02	322.09	329.49	318.62	321.02	327.87	334.85	335.30	370.08	371.12	330.61
马铃薯	265.45	244.11	236.99	258.19	280.73	277.48	337.82	327.20	327.48	315.26	324.43

4-6 粮食生产大县粮食播种面积(2022年)

单位：千公顷

地区	粮食作物播种面积	稻谷				玉米	其他粮食
			早稻	中稻	晚稻		
望城区	41.04	39.46	16.00	7.22	16.24	0.13	1.45
长沙县	74.02	62.28	23.67	13.11	25.50	3.99	7.75
浏阳市	80.70	74.42	20.03	34.73	19.66	1.49	4.79
宁乡市	107.83	101.70	35.67	29.69	36.34	3.06	3.07
渌口区	28.47	26.54	8.07	9.82	8.65	0.37	1.56
攸　县	61.39	58.84	18.67	20.51	19.66	0.55	1.99
茶陵县	37.39	36.10	11.53	12.56	12.01	0.23	1.06
醴陵市	69.71	65.43	23.34	17.16	24.94	2.16	2.11
湘潭县	83.60	81.83	28.58	22.71	30.55	0.59	1.18
湘乡市	65.92	64.21	26.43	11.11	26.67	1.20	0.51
衡阳县	85.76	78.06	29.57	16.53	31.96	2.46	5.24
衡南县	88.75	80.31	30.23	18.43	31.65	0.88	7.56
衡山县	32.71	31.03	11.56	7.45	12.02	0.12	1.57
衡东县	57.39	52.34	19.60	11.11	21.64	0.72	4.32
祁东县	69.39	61.90	21.57	17.10	23.23	3.22	4.28
耒阳市	74.07	67.88	23.60	17.89	26.39	1.09	5.10
常宁市	57.73	51.32	16.94	14.33	20.05	1.74	4.67
新邵县	48.99	38.99	12.23	14.53	12.23	5.05	4.95
邵阳县	69.81	56.70	19.14	18.44	19.11	7.45	5.66
隆回县	72.35	61.11	11.45	36.76	12.89	4.95	6.30
洞口县	73.54	63.83	19.60	24.72	19.51	4.82	4.89
新宁县	44.06	33.86	9.92	13.30	10.64	7.53	2.67
武冈市	67.65	54.44	17.32	19.94	17.18	8.82	4.39
邵东市	68.89	55.74	17.03	22.04	16.68	5.13	8.02
岳阳县	79.94	72.02	29.23	12.20	30.59	4.16	3.76
华容县	89.21	82.99	30.80	20.65	31.55	3.43	2.80
湘阴县	77.40	67.99	24.68	16.49	26.82	5.32	4.09
平江县	67.34	59.76	22.13	15.25	22.38	4.87	2.72
汨罗市	77.74	66.25	26.87	16.40	22.97	6.97	4.52
临湘市	56.27	49.73	18.14	12.41	19.18	1.66	4.88

4-6 续表 单位：千公顷

地区	粮食作物播种面积	稻谷	早稻	中稻	晚稻	玉米	其他粮食
鼎城区	106.00	101.79	41.37	17.07	43.34	1.85	2.36
安乡县	53.55	49.11	12.43	22.59	14.08	1.16	3.28
汉寿县	96.42	93.61	39.74	12.88	40.99	0.60	2.21
澧　县	77.80	68.01	19.39	28.73	19.89	4.35	5.43
临澧县	53.22	48.90	16.61	14.27	18.01	2.19	2.13
桃源县	118.94	106.15	38.67	27.48	40.00	6.64	6.15
石门县	48.31	27.54	3.01	21.23	3.30	12.96	7.81
慈利县	58.00	27.92	0.76	26.40	0.76	16.66	13.42
资阳区	42.80	40.60	17.85	4.30	18.45	0.72	1.48
赫山区	73.20	69.43	28.92	9.58	30.93	1.42	2.35
南　县	75.60	67.88	15.78	35.71	16.39	3.40	4.32
桃江县	58.93	52.48	15.87	19.91	16.70	3.27	3.18
安化县	44.73	29.65	4.38	20.64	4.62	10.84	4.25
沅江市	72.00	68.19	27.20	12.16	28.83	1.75	2.06
桂阳县	48.13	33.01	4.74	20.33	7.94	3.49	11.63
宜章县	45.67	31.07	10.87	8.93	11.27	10.90	3.70
永兴县	45.47	38.11	12.20	13.68	12.23	3.56	3.79
安仁县	45.31	41.13	16.58	7.97	16.59	1.36	2.82
零陵区	55.87	50.37	18.81	12.11	19.46	1.72	3.78
冷水滩	50.27	43.18	15.87	11.58	15.74	3.51	3.58
祁阳县	85.14	71.26	25.67	17.92	27.67	3.86	10.02
东安县	57.86	48.34	17.60	13.19	17.55	3.52	6.00
道　县	58.01	46.78	17.38	11.57	17.83	4.16	7.07
宁远县	48.45	40.60	11.47	16.21	12.92	2.02	5.83
江华县	38.84	26.07	8.60	8.71	8.76	10.91	1.86
沅陵县	44.56	29.51		29.51		8.80	6.24
溆浦县	54.27	32.45	0.05	32.35	0.05	15.02	6.80
芷江县	34.79	22.91		22.91		8.30	3.57
双峰县	78.24	66.45	26.20	13.76	26.49	7.66	4.12
新化县	75.79	56.41	13.80	27.51	15.10	12.65	6.73
涟源市	63.17	44.96	13.83	17.03	14.10	10.71	7.49
永顺县	38.69	24.83		24.83		5.73	8.12

4-7 粮食生产大县粮食产量(2022年)

单位：吨

地区	粮食作物总产	稻谷				玉米	其他粮食
			早稻	中稻	晚稻		
望城区	275000	267541	98158	58279	111104	945	6514
长沙县	490000	430365	151050	105268	174047	25948	33687
浏阳市	560000	530977	124268	277830	128879	9705	19318
宁乡市	725000	691257	208858	238930	243469	21140	12603
渌口区	192300	184747	50547	75700	58500	2127	5426
攸　县	425000	414755	119022	162033	133700	3500	6745
茶陵县	254200	249103	72250	99963	76890	1450	3647
醴陵市	477008	456363	148550	139080	168733	13054	7592
湘潭县	583900	575445	181470	187475	206500	3530	4925
湘乡市	458709	446415	168805	95625	181985	9535	2759
衡阳县	592800	553232	187832	141115	224285	17772	21796
衡南县	592169	557589	189644	149675	218270	6378	28202
衡山县	214000	205651	77821	62190	65640	917	7432
衡东县	379200	357048	124128	93450	139470	5354	16798
祁东县	433600	392764	136901	129302	126560	23596	17240
耒阳市	472700	442756	150466	144685	147605	7943	22001
常宁市	360900	331074	105689	112555	112830	12686	17140
新邵县	310900	256058	77242	108100	70716	35200	19642
邵阳县	459200	387363	120668	148200	118495	50100	21737
隆回县	520400	455747	72446	297500	85801	34800	29853
洞口县	488900	433347	125210	188800	119337	36750	18804
新宁县	295900	231401	62974	102850	65577	51700	12799
武冈市	454800	368654	109664	160850	98140	67850	18296
邵东市	449800	376217	108757	170516	96943	38350	35234
岳阳县	509823	471465	177702	95002	198762	24050	14308
华容县	546452	521011	185907	155431	179673	17400	8041
湘阴县	487492	443543	151763	127275	164504	30350	13599
平江县	419287	382401	125988	118165	138248	27550	9335
汨罗市	480355	428186	161393	128725	138068	38650	13519
临湘市	349377	325500	111985	90141	123374	9350	14527

4-7 续表 单位：吨

地区	粮食作物总产	稻谷	早稻	中稻	晚稻	玉米	其他粮食
鼎城区	685831	662964	259604	133480	269880	12952	9915
安乡县	350100	328793	71008	169732	88052	8679	12628
汉寿县	613300	599390	235932	100723	262735	4055	9855
澧　县	522500	468544	116412	229874	122258	31848	22108
临澧县	332600	305741	98667	105503	101572	16878	9981
桃源县	757100	689781	238092	221429	230260	43871	23448
石门县	298600	188335	17341	149707	21287	79891	30374
慈利县	330490	189130	4074	180729	4327	94862	46498
资阳区	272200	259447	109575	30096	119776	6014	6740
赫山区	489300	468799	179216	85287	204296	11350	9151
南　县	500100	462500	91448	280220	90832	22618	14982
桃江县	359700	329274	90756	143239	95279	18926	11501
安化县	238100	179648	24401	131102	24146	43455	14997
沅江市	451985	432674	158723	98296	175655	12551	6760
桂阳县	289087	219750	27654	143054	49042	17841	51496
宜章县	272893	198563	62884	69389	66290	57466	16863
永兴县	270588	237581	69448	97508	70625	16415	16592
安仁县	284001	265554	98654	55580	111320	8498	9948
零陵区	361800	333151	110722	99153	123277	12436	16214
冷水滩	317100	279695	96625	90458	92612	22999	14406
祁阳县	553200	480402	157612	147538	175252	24233	48565
东安县	370000	320349	105022	105580	109747	23671	25981
道　县	367100	310999	107113	93061	110825	29239	26862
宁远县	310300	265063	68797	116576	79690	14358	30879
江华县	232000	154354	49068	54999	50287	70691	6956
沅陵县	251900	197539		197539		33938	20423
溆浦县	356029	252767	308	252120	339	81092	22170
芷江县	232200	177301		177301		42752	12147
双峰县	507533	446820	168251	111984	166585	47995	12718
新化县	479515	376852	82140	200663	94050	79780	22882
涟源市	393746	306265	89249	127516	89501	65179	22302
永顺县	227484	157778		157778		32350	37357

4-8 粮食生产大县粮食单产(2022年)

单位：公斤/亩

地区	粮食作物单产	稻谷				玉米	其他粮食
			早稻	中稻	晚稻		
望城区	446.68	452.02	408.99	538.24	456.09	472.50	299.04
长沙县	441.32	460.70	425.49	535.35	455.00	433.55	289.68
浏阳市	462.64	475.67	413.63	533.38	436.94	434.56	268.95
宁乡市	448.24	453.14	390.39	536.46	446.65	460.37	273.79
渌口区	450.35	464.01	417.73	513.76	450.69	385.79	232.47
攸　县	461.54	469.91	425.05	526.57	453.37	422.81	225.43
茶陵县	453.29	459.97	417.61	530.76	426.67	427.10	230.32
醴陵市	456.19	464.96	424.40	540.38	451.01	402.54	239.56
湘潭县	465.63	468.80	423.36	550.43	450.63	400.23	278.39
湘乡市	463.90	463.51	425.79	573.77	454.96	529.72	358.79
衡阳县	460.82	472.50	423.52	569.29	467.78	480.96	277.31
衡南县	444.81	462.84	418.24	541.32	459.74	484.03	248.65
衡山县	436.12	441.89	448.99	556.36	364.10	509.27	316.13
衡东县	440.52	454.75	422.27	560.76	429.73	495.49	259.05
祁东县	416.56	423.04	423.08	504.23	363.24	489.03	268.50
耒阳市	425.47	434.84	425.10	539.14	372.84	488.04	287.51
常宁市	416.77	430.08	416.01	523.51	375.16	486.97	244.58
新邵县	423.11	437.78	420.98	495.85	385.55	464.87	264.79
邵阳县	438.50	455.45	420.26	535.68	413.29	448.24	255.96
隆回县	479.50	497.17	421.66	539.48	443.60	469.13	316.15
洞口县	443.21	452.58	425.80	509.24	407.72	508.51	256.43
新宁县	447.72	455.65	423.30	515.42	411.07	457.56	319.47
武冈市	448.17	451.43	422.06	537.65	380.92	512.97	277.70
邵东市	435.26	449.93	425.75	515.79	387.57	498.63	292.84
岳阳县	425.20	436.44	405.37	519.00	433.20	385.85	253.47
华容县	408.35	418.54	402.44	501.87	379.71	338.65	191.57
湘阴县	419.89	434.92	409.97	514.56	408.91	380.42	221.55
平江县	415.08	426.62	379.62	516.68	411.74	377.14	229.09
汨罗市	411.94	430.90	400.38	523.11	400.75	369.61	199.37
临湘市	413.95	436.34	411.56	484.25	428.79	376.11	198.53

4-8 续表　　单位：公斤/亩

地区	粮食作物单产	稻谷				玉米	其他粮食
			早稻	中稻	晚稻		
鼎城区	431.36	434.21	418.32	521.23	415.09	466.99	280.47
安乡县	435.83	446.36	380.72	500.83	416.91	497.08	256.57
汉寿县	424.05	426.88	395.77	521.45	427.33	449.31	297.39
澧　县	447.76	459.28	400.33	533.36	409.74	487.91	271.30
临澧县	416.67	416.85	395.92	492.88	375.93	513.63	312.77
桃源县	424.38	433.22	410.47	537.21	383.78	440.67	254.17
石门县	412.04	455.98	384.59	470.06	430.39	410.81	259.19
慈利县	379.87	451.64	357.37	456.36	381.33	379.58	230.95
资阳区	423.99	426.05	409.15	466.86	432.89	555.94	303.28
赫山区	445.63	450.14	413.11	593.43	440.39	531.32	259.99
南　县	441.01	454.22	386.30	523.17	369.40	443.23	231.43
桃江县	406.90	418.25	381.25	479.51	380.37	385.98	241.11
安化县	354.85	403.99	371.29	423.37	348.41	267.19	235.50
沅江市	418.50	423.00	389.01	538.88	406.19	477.76	219.10
桂阳县	400.39	443.82	388.70	469.11	411.97	340.75	295.07
宜章县	398.38	425.99	385.57	518.14	392.01	351.60	304.15
永兴县	396.75	415.60	379.47	475.30	384.91	307.20	291.50
安仁县	417.86	430.39	396.80	465.09	447.29	416.50	235.51
零陵区	431.73	440.91	392.53	545.76	422.40	482.20	286.30
冷水滩	420.51	431.81	405.95	520.92	392.32	436.84	268.29
祁阳县	433.18	449.41	409.33	548.86	422.19	418.79	323.25
东安县	426.33	441.83	397.79	533.64	417.00	448.66	288.46
道　县	421.89	443.23	410.87	536.45	414.31	468.51	253.27
宁远县	427.00	435.22	399.94	479.34	411.18	474.10	353.33
江华县	398.27	394.72	380.37	421.13	382.55	432.07	249.62
沅陵县	376.91	446.28		446.28		256.99	218.11
溆浦县	437.39	519.35	410.67	519.62	452.61	359.85	217.48
芷江县	445.02	515.92		515.92		343.27	226.74
双峰县	432.47	448.25	428.12	542.56	419.19	417.71	205.57
新化县	421.81	445.37	396.90	486.22	415.23	420.56	226.67
涟源市	415.56	454.09	430.31	499.11	423.03	405.74	198.41
永顺县	391.98	423.58		423.58		376.14	306.57

4-9 历年畜禽出栏量

年 份	生猪（万头）	牛（万头）	羊（万头）	禽（万只）
1983	1850.1	11.9	27.6	
1984	2128.9	10.1	28.8	
1985	2296.6	9.3	30.1	8458.6
1986	2471.8	9.9	28.5	9453.9
1987	2657.4	11.7	30.3	10255.8
1988	2813.7	15.3	32.6	10548.9
1989	2866.5	15.8	35.2	11384.5
1990	3092.1	16.3	35.3	11832.6
1991	3247.9	20.2	42.9	12607.1
1992	3536.3	26.5	50.1	14187.4
1993	3813.2	33.4	71.0	15872.9
1994	4372.6	43.5	101.5	18441.2
1995	5001.7	58.0	157.9	23198.2
1996	4387.5	87.0	319.1	28315.8
1997	5127.0	96.5	291.1	31458.2
1998	5467.3	109.0	331.3	35703.4
1999	5385.3	118.8	354.2	27967.5
2000	5491.3	128.1	397.1	30448.9
2001	5540.5	125.0	435.2	32672.0
2002	5653.1	146.8	526.0	35286.0
2003	5905.8	148.3	604.9	41497.0
2004	6088.7	154.6	662.1	42816.6
2005	6176.3	167.4	763.4	39209.8
2006	5126.9	121.7	638.9	32867.8
2007	4822.4	125.0	661.8	32806.7
2008	5165.2	125.2	682.1	34779.9
2009	5528.1	132.0	722.7	36895.8
2010	5750.4	134.1	711.6	38377.1
2011	5608.7	128.9	700.6	39292.2
2012	5920.4	131.1	720.7	41686.0
2013	5951.0	136.8	757.9	41324.9
2014	6279.0	139.1	795.4	40089.6
2015	6141.7	142.5	840.0	41528.0
2016	5990.8	143.4	888.5	42732.9
2017	6116.3	147.0	901.8	42263.8
2018	5993.7	152.7	911.0	42476.7
2019	4812.9	162.5	971.5	51057.0
2020	4658.9	174.6	983.3	54403.6
2021	6121.8	180.7	1064.1	54025.2
2022	6248.2	183.1	1101.4	55213.2

注：生猪2000年起为抽样调查数，牛2001年起为抽样调查数，1997年起禽为农普衔接数，2006—2016年猪牛羊禽数据为三农普衔接数。

4-10 历年畜禽存栏量

年 份	生猪(万头)	能繁母猪(万头)	牛(万头)	羊(万头)	禽(万只)
1983	2233.0	166.2	323.5	69.8	
1984	2337.1	157.4	334.7	63.9	
1985	2441.7	177.5	349.1	55.7	
1986	2596.9	208.5	364.7	58.0	
1987	2647.8	185.5	378.6	63.4	
1988	2694.4	188.4	383.8	63.8	
1989	2727.6	195.3	392.4	68.6	
1990	2798.3	204.6	399.2	66.5	
1991	2837.5	197.7	404.9	71.4	
1992	2912.1	218.9	411.6	79.4	
1993	3016.1	257.0	414.7	109.2	
1994	3171.8	260.3	420.5	140.0	
1995	3391.1	275.5	430.5	214.8	
1996	3008.0	247.1	469.4	390.2	
1997	3401.0	288.8	481.9	345.3	
1998	3492.2	280.7	489.0	336.6	
1999	3422.4	275.1	493.9	349.5	
2000	3583.8	360.2	504.8	375.2	
2001	3604.3	378.3	507.9	387.9	
2002	3908.5	394.4	534.0	483.0	22364.0
2003	4108.7	415.4	556.2	588.4	28611.0
2004	4343.4	430.2	583.6	671.1	26986.6
2005	4435.0	421.0	591.3	711.3	24949.1
2006	3452.5	349.2	405.7	499.1	24346.5
2007	3776.4	403.9	399.6	511.9	26103.1
2008	3924.5	425.4	399.5	523.9	26890.1
2009	4047.0	435.1	414.3	553.8	27111.6
2010	4063.9	433.1	401.7	552.7	27278.2
2011	4182.7	442.3	385.0	567.3	27583.5
2012	4275.5	443.9	381.8	565.6	29048.3
2013	4130.7	449.5	385.0	590.6	29950.4
2014	4227.8	442.3	389.2	622.1	31060.1
2015	4122.7	417.1	393.9	655.4	32147.1
2016	3983.1	398.7	374.1	648.1	33148.4
2017	3968.1	396.0	379.4	661.7	33012.8
2018	3822.0	378.7	385.4	668.3	32616.0
2019	2698.3	248.0	410.4	712.2	36333.2
2020	3734.6	351.6	438.1	433.3	37688.5
2021	4202.0	368.1	435.1	775.1	37456.1
2022	4116.2	369.6	441.8	801.4	36332.4

注：生猪2000年起为抽样调查数，牛2001年起为抽样调查数，1997年起禽为农普衔接数，2006—2016年猪牛羊禽数据为三农普衔接数。

4-11 历年畜禽产品产量

单位：万吨

年 份	猪肉	牛肉	羊肉	禽肉	牛奶	禽蛋
1983	103.6	0.8	0.3		10.2	18.1
1984	124.0	0.7	0.3		11.2	23.2
1985	137.5	0.7	0.3	9.3	10.3	24.4
1986	154.8	0.8	0.3	10.6	10.0	23.5
1987	162.6	0.9	0.3	11.5	11.1	22.6
1988	176.9	1.4	0.4	12.0	10.3	26.0
1989	178.8	1.3	0.4	13.4	10.0	26.3
1990	187.7	1.4	0.4	14.0	10.5	27.9
1991	197.0	1.9	0.5	15.2	11.8	29.1
1992	211.1	2.3	0.6	16.6	12.0	31.1
1993	233.7	3.0	0.8	19.4	11.5	33.6
1994	267.1	3.9	1.2	22.8	8.7	36.3
1995	310.1	5.3	1.9	28.0	8.2	46.6
1996	286.9	8.5	4.4		6.0	58.8
1997	343.5	10.8	4.2	33.6	7.7	44.5
1998	365.0	11.7	5.1	40.6	8.0	47.3
1999	364.9	13.0	5.4	42.6	10.3	49.6
2000	371.8	13.5	6.1	43.2	10.5	52.3
2001	389.8	13.2	6.7	46.4	18.5	54.7
2002	396.9	15.9	8.1	50.1	3.0	62.7
2003	419.3	16.1	9.4	57.3	5.2	64.6
2004	429.1	16.8	10.1	58.9	6.6	88.1
2005	437.0	18.2	11.6	54.2	6.9	92.1
2006	365.8	13.8	9.6	45.2	6.7	78.3
2007	348.9	14.3	10.5	47.0	4.8	85.6
2008	381.1	14.4	11.1	50.0	4.8	87.6
2009	396.8	14.8	11.7	52.3	4.8	89.0
2010	414.3	15.1	11.5	53.3	4.9	91.8
2011	408.5	14.7	11.3	54.7	5.1	93.6
2012	430.6	15.0	11.6	58.3	5.4	95.3
2013	434.2	16.0	12.3	57.5	5.6	95.7
2014	462.4	16.3	13.1	56.0	5.9	98.0
2015	452.8	16.8	13.9	58.1	6.1	101.6
2016	439.9	16.9	14.7	60.0	6.4	104.8
2017	449.6	17.0	14.9	59.2	6.1	103.2
2018	446.8	17.9	14.9	59.7	6.2	105.4
2019	348.5	19.0	15.9	73.4	6.3	114.7
2020	337.7	20.5	16.1	78.2	5.6	118.8
2021	443.1	21.3	17.5	77.8	5.7	117.9
2022	457.9	21.6	18.2	79.6	7.2	117.5

注：生猪2000年起为抽样调查数，牛2001年起为抽样调查数，1997年起禽为农普衔接数，2006—2016年猪牛羊禽数据为三农普衔接数。

4-12　各市(州)生猪监测调查主要指标(2022年)

市州	年末生猪存栏（万头）	年末能繁母猪存栏（万头）	生猪出栏（万头）	猪肉产量（万吨）
长沙市	216.4	18.8	367.8	26.9
株洲市	199.0	18.4	319.5	23.4
湘潭市	187.4	16.4	314.6	23.0
衡阳市	463.4	44.4	692.2	50.7
邵阳市	463.9	43.6	698.9	51.2
岳阳市	318.0	28.4	471.6	34.6
常德市	323.5	29.1	519.1	38.0
张家界市	62.8	5.7	95.9	7.0
益阳市	270.6	24.4	405.9	29.8
郴州市	408.4	36.5	618.6	45.4
永州市	550.8	46.4	793.3	58.1
怀化市	276.2	22.7	402.9	29.5
娄底市	277.4	26.0	410.4	30.1
湘西州	98.5	9.0	137.7	10.1

4-13　各市(州)牛监测调查主要指标(2022年)

市州	年末牛存栏（万头）	牛出栏（万头）	牛肉产量（万吨）	牛奶产量（万吨）
长沙市	11.3	6.0	0.7	0.6
株洲市	9.5	4.4	0.5	
湘潭市	7.4	2.8	0.3	0.1
衡阳市	31.2	12.0	1.4	
邵阳市	51.4	21.2	2.5	3.8
岳阳市	28.4	12.2	1.4	
常德市	42.3	18.5	2.2	1.4
张家界市	13.9	4.7	0.6	
益阳市	20.3	9.0	1.1	
郴州市	34.2	12.5	1.5	0.1
永州市	77.2	33.3	4.0	1.1
怀化市	49.5	20.5	2.4	0.2
娄底市	43.2	19.4	2.3	
湘西州	22.0	6.6	0.8	

4-14 各市(州)羊监测调查主要指标(2022年)

市州	年末羊存栏 (万头)	羊出栏 (万头)	羊肉产量 (万吨)
长沙市	51.4	70.1	1.2
株洲市	54.1	72.9	1.2
湘潭市	14.7	18.6	0.3
衡阳市	59.5	85.1	1.4
邵阳市	61.1	82.5	1.4
岳阳市	56.1	63.8	1.1
常德市	145.8	208.0	3.4
张家界市	20.3	32.3	0.5
益阳市	45.5	64.7	1.1
郴州市	45.2	66.9	1.1
永州市	81.3	116.9	1.9
怀化市	66.4	94.8	1.6
娄底市	53.3	71.8	1.2
湘西州	46.8	53.1	0.9

4-15 各市(州)家禽监测调查主要指标(2022年)

市州	年末家禽存笼 (万羽)	家禽出笼 (万羽)	家禽产量 (万吨)	禽蛋产量 (千吨)
长沙市	2609.8	4868.7	7.0	4.8
株洲市	1532.0	1970.3	2.8	4.7
湘潭市	1087.3	1402.8	2.0	4.5
衡阳市	6016.0	8618.4	12.5	22.0
邵阳市	3121.0	4561.5	6.6	1.9
岳阳市	2427.5	3166.4	4.6	7.5
常德市	5754.1	9740.8	14.1	37.8
张家界市	484.6	632.5	0.9	1.4
益阳市	2538.6	2824.5	4.1	15.5
郴州市	1541.9	2723.3	3.9	3.5
永州市	4691.7	7637.7	11.0	7.2
怀化市	2359.2	3846.7	5.5	1.6
娄底市	1677.1	2538.9	3.7	4.1
湘西州	491.7	680.7	1.0	1.0

4-16　粮食中间消耗(2022年)

项　　目	早籼稻	中籼稻	晚籼稻
平均每单位产值(元)	**997.30**	**1255.44**	**1058.70**
平均每单位中间消耗(元)	**564.29**	**587.62**	**483.46**
物质消耗	326.64	434.09	338.16
用种量	58.39	96.50	92.16
饲料、饲草			
肥料	153.73	195.01	149.60
燃料	14.85	26.76	15.63
农膜(棚膜、地膜)	9.87	4.81	
农药	78.19	83.34	68.53
水费	0.48	0.40	
用电量	2.80	3.13	6.05
棚架材料费	0.99		
小农具购置费	3.74	19.28	1.83
办公用品购置	0.33	0.16	0.06
其他物质消耗	3.27	4.71	4.30
生产服务支出	237.65	153.52	145.20
外雇运输费	15.84	11.16	5.80
外雇排灌费	5.49	7.27	6.07
外雇机械作业费	197.49	132.19	126.03
技术服务费	0.55		1.19
保险费	5.28	2.42	3.07
其他服务费	13.01	0.49	3.03

4-17　棉花中间消耗(2022年)

项　　目	棉花(籽棉)
平均每单位产值(元)	**1521.78**
平均每单位中间消耗(元)	**512.36**
物质消耗	502.67
用种量	56.18
肥料	259.56
农膜(棚膜、地膜)	2.24
农药	154.94
用电量	
小农具购置费	29.75
生产服务支出	9.70
外雇机械作业费	2.41
保险费	1.79
其他	

4–18 生猪、活牛中间消耗(2022年)

项 目	生猪		活牛		活羊		活鸡	
	上半年	下半年	上半年	下半年	上半年	下半年	上半年	下半年
平均每单位产值(元)	**2209.01**	**3029.75**	**16337.06**	**16453.69**	**1748.07**	**1655.61**	**98.18**	**99.54**
平均每单位中间消耗(元)	**1693.29**	**1791.93**	**7739.80**	**7726.65**	**189.58**	**210.42**	**54.39**	**49.45**
物质消耗	1626.57	1732.86	7573.38	7581.78	173.97	196.32	52.06	47.67
用种量	130.01	168.14	3806.31	4246.88	42.48	14.00	6.26	6.31
饲料、饲草	1419.82	1498.90	3337.31	3016.91	107.12	154.77	43.60	39.28
燃料	11.63	8.41	55.41	68.10	1.46	0.59	0.34	0.23
畜牧水产养殖用药品	36.37	37.79	40.14	109.27	11.87	13.95	1.21	1.18
水费	4.45	3.71	222.31	8.94	0.13	0.13	0.06	0.06
用电量	14.09	12.16	79.30	79.46	7.42	9.74	0.51	0.51
小农具购置费	3.77	0.88	12.48	27.14	0.74	0.70	0.00	0.01
办公用品购置	1.44	1.04	2.52	7.54	0.32	0.23	0.00	0.01
其他物质消耗	3.44	1.82	17.61	17.54	2.43	2.10	0.06	0.06
生产服务支出合计	66.72	59.07	166.42	144.88	15.62	14.10	2.33	1.78
外雇运输费	11.27	11.05	72.89	51.09	5.04	4.78	1.28	0.89
配种费	6.05	6.65	26.41	14.30		0.80		
防疫费	27.02	19.52	37.52	53.03	7.08	7.79	0.83	0.73
技术服务费	1.63	2.56	6.73	23.08	2.40			
保险费	10.83	9.29					0.01	
其他	9.93	9.04	21.90	3.37	0.86	0.72	0.21	0.16

4-19 各县(市、区)生猪监测调查主要指标(2022年)

地区	年末生猪存栏(万头)	年末能繁母猪存栏(万头)	生猪出栏(万头)	猪肉产量(万吨)
芙蓉区				
天心区	0.3	0.0	0.5	0.0
岳麓区	1.2	0.1	2.1	0.2
开福区	1.2	0.1	1.4	0.1
雨花区	0.4	0.0	0.8	0.1
望城区	17.2	1.7	30.8	2.3
长沙县	43.0	3.5	68.0	5.0
宁乡市	76.6	6.7	132.2	9.7
浏阳市	76.4	6.7	132.0	9.7
荷塘区	1.1	0.1	1.9	0.1
芦淞区	2.4	0.2	3.2	0.2
石峰区	0.4	0.0	0.7	0.1
天元区	3.4	0.3	4.5	0.3
渌口区	32.0	2.8	53.6	3.9
攸县	51.8	4.5	86.6	6.3
茶陵县	47.2	5.2	66.7	4.9
炎陵县	4.5	0.4	8.9	0.6
醴陵市	56.2	5.0	93.5	6.8
雨湖区	23.2	1.9	42.0	3.1
岳塘区	2.2	0.2	3.0	0.2
湘潭县	79.6	6.9	132.6	9.7
湘乡市	74.4	6.7	122.6	9.0
韶山市	8.0	0.8	14.5	1.1
珠晖区	2.4	0.3	6.1	0.5
雁峰区	0.5	0.1	1.0	0.1
石鼓区	1.1	0.1	1.8	0.1
蒸湘区	1.6	0.1	2.2	0.2
南岳区	1.1	0.1	1.9	0.1
衡阳县	84.7	8.0	131.6	9.7
衡南县	84.3	8.0	131.8	9.7
衡山县	42.9	4.2	62.6	4.6
衡东县	54.1	5.5	78.1	5.7
祁东县	58.7	5.7	82.3	6.0
耒阳市	76.2	6.8	109.8	8.1
常宁市	56.1	5.5	83.1	6.1
双清区	6.0	0.5	7.1	0.5
大祥区	6.1	0.6	8.0	0.6
北塔区	3.2	0.3	3.9	0.3
邵东市	54.0	5.3	84.4	6.2
新邵县	52.8	5.2	80.1	5.9

4-19 续表 1

地区	年末生猪存栏（万头）	年末能繁母猪存栏（万头）	生猪出栏（万头）	猪肉产量（万吨）
邵阳县	60.5	5.9	93.5	6.9
隆回县	55.3	5.2	84.3	6.2
洞口县	79.8	7.6	119.4	8.7
绥宁县	43.3	3.3	61.4	4.5
新宁县	26.4	2.6	41.6	3.1
城步苗族自治县	10.9	1.0	18.2	1.3
武冈市	65.9	6.2	97.0	7.1
岳阳楼区	1.6	0.2	3.6	0.3
云溪区	2.8	0.3	4.1	0.3
君山区	3.5	0.3	5.4	0.4
岳阳县	58.3	5.2	86.5	6.3
华容县	34.6	3.0	53.2	3.9
湘阴县	37.6	3.3	54.6	4.0
平江县	63.2	5.7	93.6	6.9
汨罗市	75.3	6.6	110.4	8.1
临湘市	41.3	3.8	60.4	4.4
武陵区	0.8	0.1	1.1	0.1
鼎城区	47.7	4.2	75.3	5.5
安乡县	27.7	2.7	49.1	3.6
汉寿县	38.1	3.4	63.0	4.6
澧县	46.3	4.1	67.8	5.0
临澧县	33.7	3.1	56.3	4.1
桃源县	47.5	4.3	75.0	5.5
石门县	43.9	4.0	67.6	5.0
津市市	38.0	3.3	63.8	4.7
永定区	6.9	0.7	12.6	0.9
武陵源区	1.3	0.1	2.2	0.2
慈利县	44.1	4.0	66.1	4.8
桑植县	10.5	0.9	15.0	1.1
资阳区	39.6	3.4	60.0	4.4
赫山区	43.1	4.2	60.0	4.4
南县	39.6	3.6	52.7	3.9
桃江县	46.1	4.2	67.3	4.9
安化县	62.5	5.6	105.1	7.7
沅江市	39.8	3.5	60.7	4.5
北湖区	5.4	0.5	9.7	0.7
苏仙区	43.7	3.9	64.9	4.8
桂阳县	56.0	5.0	79.7	5.8
宜章县	56.2	5.0	81.3	6.0
永兴县	46.6	4.0	67.8	5.0
嘉禾县	46.7	4.3	72.2	5.3

4-19 续表 2

地区	年末生猪存栏(万头)	年末能繁母猪存栏(万头)	生猪出栏(万头)	猪肉产量(万吨)
临武县	37.2	3.6	66.8	4.9
汝城县	33.1	3.2	49.4	3.6
桂东县	8.4	0.7	13.1	1.0
安仁县	30.0	2.6	41.9	3.1
资兴市	45.1	3.8	71.7	5.3
零陵区	58.0	5.0	84.0	6.2
冷水滩区	56.1	4.9	83.2	6.1
祁阳县	64.1	5.5	93.6	6.9
东安县	38.0	3.1	59.2	4.3
双牌县	21.8	1.9	31.5	2.3
道县	58.7	4.6	77.0	5.6
江永县	50.1	4.0	76.1	5.6
宁远县	63.1	5.5	92.3	6.8
蓝山县	52.5	4.3	67.6	5.0
新田县	40.6	3.1	58.3	4.3
江华瑶族自治县	47.9	4.4	70.6	5.2
鹤城区	8.5	0.7	12.3	0.9
中方县	15.2	1.3	21.9	1.6
沅陵县	21.6	1.8	31.2	2.3
辰溪县	22.9	1.9	34.0	2.5
溆浦县	67.5	5.5	96.1	7.0
会同县	17.1	1.4	23.8	1.8
麻阳苗族自治县	17.6	1.5	26.2	1.9
新晃侗族自治县	17.8	1.5	26.5	1.9
芷江侗族自治县	26.9	2.4	41.3	3.0
靖州苗族侗族自治县	29.4	2.2	42.3	3.1
通道侗族自治县	11.1	0.9	17.2	1.3
洪江市	20.5	1.8	30.1	2.2
娄星区	22.2	2.2	35.2	2.6
双峰县	71.8	6.8	98.1	7.2
新化县	80.3	7.7	111.7	8.2
冷水江市	21.5	1.9	34.1	2.5
涟源市	81.5	7.5	131.3	9.6
吉首市	8.0	0.8	8.3	0.6
泸溪县	9.1	0.7	12.3	0.9
凤凰县	12.3	1.2	17.5	1.3
花垣县	11.5	1.0	16.1	1.2
保靖县	17.1	1.3	30.3	2.2
古丈县	5.7	0.8	6.8	0.5
永顺县	17.8	1.6	22.8	1.7

4−20 各县(市、区)牛监测调查主要指标(2022年)

地区	年末牛存栏 (万头)	牛出栏 (万头)	牛肉产量 (万吨)	牛奶产量 (万吨)
芙蓉区				
天心区		0.0		
岳麓区	0.1	0.0		
开福区	0.0	0.0		
雨花区				
望城区	1.1	0.7	0.1	0.2
长沙县	0.9	0.7	0.1	0.1
宁乡市	5.4	2.9	0.3	0.3
浏阳市	3.8	1.7	0.2	
荷塘区	0.1	0.1		
芦淞区	0.1	0.0	0.0	
石峰区	0.0			
天元区	0.0	0.0	0.0	
渌口区	0.7	0.3	0.0	
攸县	3.6	1.6	0.2	
茶陵县	3.6	1.7	0.2	
炎陵县	0.7	0.3	0.1	
醴陵市	0.8	0.5	0.1	
雨湖区	0.2	0.3	0.1	
岳塘区	0.0	0.0		
湘潭县	1.8	1.2	0.2	0.0
湘乡市	5.3	1.2	0.1	0.0
韶山市	0.1	0.2	0.0	0.0
珠晖区	0.1	0.0		
雁峰区				
石鼓区	0.1			
蒸湘区	0.0			
南岳区	0.1			
衡阳县	4.3	2.3	0.3	
衡南县	5.4	2.1	0.2	
衡山县	2.5	0.5	0.1	
衡东县	3.2	0.8	0.1	
祁东县	3.2	1.0	0.1	
耒阳市	7.3	3.0	0.4	
常宁市	5.0	2.4	0.3	
双清区	0.4	0.2	0.0	0.1
大祥区	0.4	0.3	0.0	0.1
北塔区	0.2	0.2	0.0	
邵东市	2.3	1.0	0.1	
新邵县	6.8	2.5	0.3	

4-20 续表 1

地区	年末牛存栏（万头）	牛出栏（万头）	牛肉产量（万吨）	牛奶产量（万吨）
邵阳县	5.3	2.2	0.3	
隆回县	6.7	2.8	0.3	
洞口县	5.6	2.3	0.3	
绥宁县	7.3	2.9	0.4	
新宁县	6.7	3.5	0.4	
城步县	5.2	1.2	0.1	3.5
武冈市	4.6	2.3	0.3	0.1
岳阳楼区	0.1	0.0		
云溪区	0.4	0.2	0.0	
君山区				
岳阳县	4.5	2.0	0.2	
华容县	3.9	1.7	0.2	
湘阴县	3.7	1.7	0.2	
平江县	7.7	3.3	0.4	
汨罗市	5.6	2.3	0.3	
临湘市	2.4	1.0	0.1	
武陵区	0.3	0.2	0.0	
鼎城区	5.5	3.2	0.4	0.3
安乡县	1.3	0.6	0.1	
汉寿县	4.0	1.7	0.2	0.9
澧县	5.4	2.2	0.3	
临澧县	3.3	1.8	0.2	0.2
桃源县	11.9	4.1	0.5	
石门县	9.1	4.1	0.5	
津市市	1.4	0.5	0.1	
永定区	2.5	1.0	0.1	
武陵源区	0.0	0.1	0.0	
慈利县	8.3	2.7	0.3	
桑植县	3.1	0.9	0.1	
资阳区	1.2	0.5	0.1	
赫山区	1.8	0.8	0.1	
南县	3.0	1.3	0.2	
桃江县	5.4	2.2	0.3	
安化县	7.5	3.6	0.4	
沅江市	1.5	0.6	0.1	
北湖区	0.8	0.5	0.1	0.0
苏仙区	3.1	1.3	0.2	
桂阳县	3.0	1.1	0.1	
宜章县	4.6	1.7	0.2	
永兴县	3.9	1.6	0.2	
嘉禾县	1.5	0.7	0.1	0.0

4-20 续表 2

地区	年末牛存栏（万头）	牛出栏（万头）	牛肉产量（万吨）	牛奶产量（万吨）
临武县	5.5	1.7	0.2	
汝城县	0.5	0.2	0.0	
桂东县	2.7	1.1	0.1	0.0
安仁县	4.3	1.2	0.1	
资兴市	4.4	1.5	0.2	0.0
零陵区	4.5	2.6	0.3	
冷水滩区	2.9	1.3	0.2	
祁阳县	2.6	1.6	0.2	0.0
东安县	4.4	2.1	0.3	0.0
双牌县	7.6	4.1	0.6	
道县	16.5	6.4	0.8	
江永县	15.6	5.7	0.7	
宁远县	5.3	2.1	0.2	
蓝山县	4.2	1.7	0.2	
新田县	2.4	1.7	0.2	
江华瑶族自治县	11.2	4.0	0.4	1.1
鹤城区	0.7	0.4	0.0	0.0
中方县	1.5	0.6	0.1	
沅陵县	7.0	2.4	0.3	
辰溪县	2.9	1.2	0.1	
溆浦县	5.6	2.3	0.2	0.1
会同县	2.5	1.0	0.1	
麻阳苗族自治县	4.5	1.5	0.2	
新晃侗族自治县	8.8	4.8	0.7	
芷江侗族自治县	4.0	1.6	0.2	
靖州苗族侗族自治县	5.2	1.9	0.2	
通道侗族自治县	3.7	1.5	0.2	0.1
洪江市	3.2	1.3	0.2	0.0
娄星区	2.3	1.2	0.2	
双峰县	6.0	2.8	0.3	
新化县	16.7	7.0	0.8	
冷水江市	2.8	1.5	0.2	
涟源市	15.4	6.9	0.8	
吉首市	0.9	0.4	0.0	
泸溪县	2.6	0.6	0.1	
凤凰县	2.7	0.6	0.1	
花垣县	2.5	1.1	0.1	
保靖县	1.5	0.6	0.1	
古丈县	2.8	0.6	0.1	
永顺县	6.0	1.6	0.2	
龙山县	3.0	1.3	0.2	

4-21 各县(市、区)羊监测调查主要指标(2022年)

地区	年末羊存栏(万头)	羊出栏(万头)	羊肉产量(万吨)
芙蓉区			
天心区	0.1	0.1	
岳麓区	0.5	0.5	0.0
开福区		0.0	
雨花区	0.0	0.0	
望城区	2.0	2.3	0.0
长沙县	1.9	2.7	0.1
宁乡市	7.5	12.0	0.2
浏阳市	39.3	52.5	0.8
荷塘区	0.9	2.6	0.0
芦淞区	0.5	1.3	0.0
石峰区	0.4	0.5	0.0
天元区	0.8	1.5	0.0
渌口区	4.5	6.5	0.1
攸县	6.5	8.2	0.1
茶陵县	3.5	4.0	0.0
炎陵县	1.3	1.5	0.0
醴陵市	35.7	47.0	0.8
雨湖区	1.7	1.4	0.0
岳塘区	0.2	1.9	0.0
湘潭县	5.2	7.1	0.1
湘乡市	6.3	6.7	0.1
韶山市	1.3	1.5	0.0
珠晖区	0.1	0.1	0.1
雁峰区			
石鼓区			
蒸湘区	0.1	0.5	0.0
南岳区	0.3	0.9	0.0
衡阳县	6.5	9.6	0.1
衡南县	8.0	11.8	0.2
衡山县	4.2	6.3	0.1
衡东县	6.0	8.0	0.2
祁东县	10.6	18.4	0.4
耒阳市	11.5	12.7	0.1
常宁市	12.3	16.9	0.3
双清区	0.6	1.3	0.1
大祥区	1.0	2.1	0.1
北塔区	0.5	0.9	0.1
邵东市	2.6	3.5	0.1
新邵县	14.1	9.3	0.2

4-21 续表 1

地区	年末羊存栏（万头）	羊出栏（万头）	羊肉产量（万吨）
邵阳县	4.1	6.7	0.1
隆回县	7.3	11.3	0.2
洞口县	11.5	15.9	0.2
绥宁县	6.4	9.8	0.2
新宁县	5.4	6.7	0.1
城步县	2.9	5.7	0.1
武冈市	4.9	9.4	0.1
岳阳楼区	0.1	0.1	
云溪区	0.0	0.1	
君山区			
岳阳县	13.0	15.1	0.3
华容县	3.3	3.6	0.1
湘阴县	3.8	4.2	0.1
平江县	28.5	32.7	0.5
汨罗市	3.5	3.9	0.1
临湘市	3.8	4.2	0.1
武陵区	0.1	0.2	
鼎城区	8.2	17.3	0.3
安乡县	3.1	6.2	0.1
汉寿县	3.8	4.9	0.1
澧县	20.7	34.1	0.6
临澧县	13.9	20.6	0.3
桃源县	47.7	64.4	1.1
石门县	43.9	55.4	0.9
津市市	4.5	5.0	0.1
永定区	3.0	4.2	0.1
武陵源区	0.4	0.6	0.0
慈利县	12.0	17.8	0.3
桑植县	5.1	9.7	0.1
资阳区	1.3	1.2	0.0
赫山区	4.6	5.6	0.1
南县	6.4	7.0	0.1
桃江县	4.9	5.8	0.1
安化县	27.4	43.7	0.7
沅江市	1.0	1.5	0.0
北湖区	2.4	3.8	0.1
苏仙区	8.9	15.0	0.3
桂阳县	6.3	8.7	0.2
宜章县	2.8	4.5	0.1
永兴县	8.0	10.1	0.2
嘉禾县	2.3	2.8	0.1

4-21 续表 2

地区	年末羊存栏（万头）	羊出栏（万头）	羊肉产量（万吨）
临武县	6.9	10.7	0.2
汝城县	0.4	0.2	0.0
桂东县	1.4	3.0	0.0
安仁县	1.0	1.4	0.0
资兴市	4.9	6.8	0.1
零陵区	4.4	6.4	0.1
冷水滩区	6.3	7.0	0.1
祁阳县	6.5	9.3	0.2
东安县	8.2	10.2	0.2
双牌县	23.1	30.3	0.5
道县	11.2	18.9	0.3
江永县	3.3	4.9	0.1
宁远县	1.9	3.0	0.1
蓝山县	3.2	5.6	0.1
新田县	5.0	7.7	0.1
江华瑶族自治县	8.3	13.6	0.2
鹤城区	0.7	1.4	0.0
中方县	1.1	2.8	0.0
沅陵县	19.1	22.1	0.4
辰溪县	5.9	8.3	0.1
溆浦县	4.5	7.6	0.1
会同县	10.0	13.4	0.2
麻阳苗族自治县	5.0	7.9	0.1
新晃侗族自治县	4.9	8.4	0.1
芷江侗族自治县	3.7	6.6	0.1
靖州苗族侗族自治	4.1	4.5	0.1
通道侗族自治县	2.9	4.7	0.1
洪江市	4.5	7.3	0.1
娄星区	3.0	6.5	0.1
双峰县	6.5	9.1	0.2
新化县	16.9	19.7	0.3
冷水江市	7.4	8.7	0.1
涟源市	19.4	27.8	0.4
吉首市	2.1	3.0	0.0
泸溪县	4.8	4.5	0.1
凤凰县	3.3	2.9	0.0
花垣县	3.4	6.3	0.1
保靖县	5.4	9.2	0.2
古丈县	3.6	5.5	0.1
永顺县	10.1	9.6	0.2
龙山县	14.1	12.1	0.2

4-22 各县(市、区)家禽监测调查主要指标(2022年)

地区	年末家禽存笼 (万羽)	家禽出笼 (万羽)	家禽产量 (万吨)	禽蛋产量 (千吨)
芙蓉区				
天心区	5.2	5.8	0.0	0.0
岳麓区	49.0	40.8	0.1	0.2
开福区	7.8	6.2	0.0	0.0
雨花区	2.6	4.7	0.0	0.0
望城区	271.5	253.9	0.4	1.2
长沙县	250.0	281.3	0.4	0.8
宁乡市	1189.7	2914.1	4.4	1.2
浏阳市	834.0	1361.9	1.8	1.5
荷塘区	29.2	29.9	0.1	0.1
芦淞区	35.6	44.8	0.1	0.2
石峰区	13.9	33.7	0.0	0.1
天元区	47.9	92.7	0.1	0.1
渌口区	135.3	197.9	0.3	0.6
攸县	499.4	536.3	0.7	1.7
茶陵县	87.9	176.6	0.3	0.8
炎陵县	61.5	118.5	0.2	0.1
醴陵市	621.3	740.1	1.1	1.1
雨湖区	59.7	143.2	0.2	0.1
岳塘区	15.5	36.2	0.1	0.0
湘潭县	673.0	868.9	1.2	3.2
湘乡市	314.9	321.2	0.5	1.1
韶山市	24.1	33.4	0.1	0.2
珠晖区	24.7	42.3	0.0	0.1
雁峰区	19.9	43.7	0.0	0.1
石鼓区	30.1	60.3	0.1	0.1
蒸湘区	29.9	58.9	0.1	0.3
南岳区	23.5	44.2	0.1	0.1
衡阳县	1175.4	1728.3	1.7	4.0
衡南县	899.8	1204.6	2.0	3.3
衡山县	548.4	728.3	1.0	2.0
衡东县	534.1	743.1	0.9	1.9
祁东县	786.2	1252.3	1.5	3.8
耒阳市	1302.5	1870.7	4.0	4.1
常宁市	641.5	841.8	1.2	2.4
双清区	79.4	180.6	0.2	0.1
大祥区	90.6	179.7	0.3	0.1
北塔区	89.5	170.4	0.3	0.1
邵东市	367.3	470.8	0.6	0.5
新邵县	342.9	422.3	0.6	0.3

4-22 续表 1

地区	年末家禽存笼（万羽）	家禽出笼（万羽）	家禽产量（万吨）	禽蛋产量（千吨）
邵阳县	412.1	497.9	0.7	0.3
隆回县	364.6	554.5	0.7	0.3
洞口县	348.5	667.8	1.1	0.1
绥宁县	173.4	310.7	0.5	0.0
新宁县	250.0	316.1	0.5	0.1
城步苗族自治县	140.8	179.8	0.2	0.0
武冈市	461.9	610.8	0.9	0.1
岳阳楼区	53.8	70.5	0.1	0.2
云溪区	157.5	227.7	0.4	0.5
君山区	78.7	108.9	0.2	0.3
岳阳县	467.8	594.1	0.8	1.4
华容县	424.7	533.9	0.8	1.2
湘阴县	338.4	439.0	0.6	1.1
平江县	330.9	434.3	0.7	1.1
汨罗市	398.2	509.7	0.7	1.2
临湘市	177.6	248.2	0.4	0.6
武陵区	37.5	33.3	0.1	0.1
鼎城区	834.3	1354.1	2.0	6.0
安乡县	378.6	359.7	0.5	2.3
汉寿县	448.2	729.7	1.1	3.6
澧县	606.7	925.5	1.3	6.5
临澧县	692.1	1673.6	2.4	3.5
桃源县	1315.1	2194.7	3.2	11.5
石门县	1264.7	2180.1	3.1	2.0
津市市	177.0	290.2	0.4	2.2
永定区	123.3	141.5	0.1	0.2
武陵源区	4.3	17.3	0.0	0.0
慈利县	259.4	356.5	0.6	1.0
桑植县	97.6	117.2	0.1	0.2
资阳区	233.2	297.3	0.5	1.1
赫山区	574.2	601.7	0.9	4.4
南县	462.3	524.9	0.8	3.4
桃江县	439.6	467.9	0.6	2.2
安化县	390.9	434.3	0.6	1.9
沅江市	438.4	498.5	0.7	2.5
北湖区	47.5	97.5	0.1	0.2
苏仙区	186.0	274.0	0.4	0.2
桂阳县	163.1	289.3	0.4	0.2
宜章县	170.1	466.1	0.7	0.4
永兴县	255.4	457.4	0.7	0.6
嘉禾县	66.5	224.0	0.3	0.1

4-22 续表 2

地区	年末家禽存笼 (万羽)	家禽出笼 (万羽)	家禽产量 (万吨)	禽蛋产量 (千吨)
临武县	172.2	412.4	0.6	0.2
汝城县	174.1	62.9	0.1	0.9
桂东县	32.7	44.4	0.1	0.1
安仁县	168.0	197.9	0.3	0.5
资兴市	106.3	197.4	0.3	0.3
零陵区	501.2	868.4	1.4	0.6
冷水滩区	367.0	751.6	1.1	0.6
祁阳县	995.9	1289.2	1.9	2.0
东安县	624.0	1014.1	1.3	1.5
双牌县	195.2	253.6	0.3	0.2
道县	570.5	848.3	1.2	0.7
江永县	217.1	425.1	0.6	0.5
宁远县	216.4	436.1	0.7	0.4
蓝山县	214.4	333.6	0.5	0.2
新田县	457.7	922.6	1.4	0.3
江华瑶族自治县	332.3	495.1	0.7	0.2
鹤城区	98.1	160.9	0.3	0.1
中方县	143.2	263.2	0.4	0.1
沅陵县	168.2	279.0	0.5	0.1
辰溪县	432.3	503.7	0.8	0.3
溆浦县	287.6	551.1	0.7	0.2
会同县	206.7	258.2	0.3	0.1
麻阳苗族自治县	200.9	322.6	0.5	0.2
新晃侗族自治县	41.8	83.1	0.1	0.1
芷江侗族自治县	221.4	621.3	0.8	0.1
靖州苗族侗族自治县	161.8	215.2	0.3	0.2
通道侗族自治县	87.7	137.4	0.2	0.0
洪江市	309.5	451.3	0.7	0.1
娄星区	336.7	452.7	0.6	0.5
双峰县	286.5	384.3	0.6	1.0
新化县	404.6	623.5	0.9	1.1
冷水江市	143.6	287.5	0.4	0.2
涟源市	505.7	790.9	1.2	1.3
吉首市	50.0	82.5	0.1	0.2
泸溪县	90.2	121.8	0.2	0.1
凤凰县	47.1	66.5	0.1	0.1
花垣县	54.8	78.4	0.1	0.1
保靖县	56.2	82.5	0.1	0.1
古丈县	30.5	51.0	0.1	0.1
永顺县	107.9	145.7	0.2	0.3
龙山县	55.0	52.3	0.1	0.2

五、监测调查

资料整理人员：王　耿　汤宇舟　徐　磊

5-1 脱贫县农村基础设施建设、人口及资源情况(2022年)

项　　目	脱贫县
基础设施	
通硬化路的自然村占全部自然村的比重(%)	98.1
主干道路面经过硬化处理的自然村占全部自然村的比重(%)	96.0
通广播电视信号的自然村占全部自然村的比重(%)	99.5
通宽带的自然村占全部自然村的比重(%)	98.6
通信信号覆盖的自然村占全部自然村的比重(%)	100.0
有幼儿园/学前班的村占调查村的比重(%)	52.8
有小学的村占调查村的比重(%)	53.3
有卫生室的村占调查村的比重(%)	99.7
有合法行医证医生的村占调查村的比重(%)	97.5
人口状况	
平均每个村户籍人口数(人)	2219.12
平均每个村常住户数(户)	558.21
平均每个村常住人口数(人)	1754.42
资源状况	
人均耕地面积(亩)	0.99
其中：人均有效灌溉面积(亩)	0.52
人均园地面积(亩)	
人均林地面积(亩)	3.05
人均牧草面积(亩)	0.01
人均养殖水面面积（亩）	

5-2 脱贫县村级受灾、救济、社会保障情况(2022年)

项　　目	脱贫县
当年遭遇严重自然灾害的村的比重(%)	84.1
自然灾害的类型构成(%)	
旱灾	73.2
水灾	20.4
植物病虫害	9.9
冷冻灾害	1.6
干热灾害	
动物疫情	5.1
泥石流或山体滑坡	5.1
地震	
台风	
其他灾害	2.5
当年收到过救济救灾款物的村的比重(%)	47.4
当年收到过救济救灾款物的农户比例(%)	2.5
当年享受农村最低生活保障人数比重(%)	2.7
当年参加城乡居民基本医疗保险人数比重(%)	78.6
当年参加城乡居民基本养老保险人数比重(%)	
当年存在地方病的村的比重(%)	1.3

5-3 脱贫县农村人口、劳动力就业情况(2022年)

项　目	脱贫县
家庭成员的基本情况	
户均人口(人)	4.2
户均常住人口(人)	3.2
男	1.6
女	1.6
常住人口的年龄组成	
0-5岁人口比重(%)	4.8
6-15岁人口比重(%)	20.7
16岁以上人口比重(%)	74.5
常住人口的民族构成	
汉族(%)	70.8
少数民族(%)	29.2
户均常住劳动力(人)	**2.0**
常住劳动力负担系数	**2.1**
常住劳动力受教育程度(%)	
未上学	4.5
小学	37.6
初中	41.4
高中	13.4
大专及以上	3.0
常住劳动力行业构成(%)	
农、林、牧、渔产业	58.9
采矿业	0.4
制造业	3.6
电力热力燃气及水生产供应业	1.0
建筑业	11.6
批发和零售业	6.9
交通运输仓储和邮政业	2.7
住宿和餐饮业	1.4
信息传输软件业和信息技术服务业	0.3
金融业	0.2
房地产业	0.1
租赁和商务服务业	0.2
科学研究和技术服务业	0.0
水利环境和公共设施管理业	0.2
居民服务修理和其他服务业	6.2
教育	1.1
卫生和社会工作	1.3
文化体育和娱乐业	0.4
公共管理社会保障和社会组织	3.5
国际组织	

5-4 脱贫县农户住房、土地及生产性固定资产(2022年)

项　　目	脱贫县
年末住户状况	
居住住房主要建筑材料(%)	
钢筋混凝土	25.0
砖混材料	51.1
砖瓦砖木	21.9
竹草土坯	0.2
其他	1.8
户均居住住房建筑面积(平方米)	211.8
户均自有现住房市场价估计值(万元)	22.31
主要饮水来源(%)	
经过净化处理的自来水	53.3
受保护的井水和泉水	36.6
不受保护的井水和泉水	6.6
江河湖泊水	0.3
收集雨水	0.1
桶装水	2.4
其他	0.7
每百户年末拥有生产性固定资产	
生产用房及建筑面积(平方米)	**740.43**
大中型拖拉机(台)	0.20
小型、手扶拖拉机(台)	3.60
产品畜(头)	13.44
每百户年末拥有耐用消费品状况	
家用汽车(辆)	20.28
摩托车(辆)	68.31
洗衣机(台)	90.89
电冰箱、柜(台)	101.74
彩色电视机(台)	105.77
空调(台)	41.87
固定电话(线)	4.83
移动电话(部)	279.73
其中：接入互联网	
计算机(台)	21.71

5-5 脱贫县农村居民人均可支配收入、总收入(2022年)

单位：元

项　　目	脱贫县
可支配收入	**14714**
工资性收入	6015
工资	5864
实物福利	47
其他	104
经营净收入	3701
第一产业经营净收入	1813
农业	1008
林业	162
牧业	573
渔业	70
第二产业经营净收入	213
第三产业经营净收入	1675
财产净收入	225
转移净收入	4773
实物可支配收入	1239
总收入(未扣除生产费用)	**17866**
工资性收入	6015
工资	5864
实物福利	47
其他	104
经营性收入	6305
第一产业经营收入	3226
农业	1662
林业	179
牧业	1269
渔业	116
第二产业经营收入	300
第三产业经营收入	2779
财产性收入	231
转移性收入	5315

5-6　脱贫县农村居民人均总支出(2022年)

单位：元

指　　标	脱贫县
总支出	**20612**
生活消费支出	14295
食品烟酒	4513
衣着	702
居住	3487
生活用品及服务	745
交通通信	1369
教育文化娱乐	1893
医疗保健	1388
其他用品和服务	198
生产经营费用支出	2437
第一产业经营费用支出	1352
农业	617
林业	16
牧业	673
渔业	46
第二产业经营费用支出	73
采矿业	0
制造业	16
电力、热力、燃气及水生产和供应业	0
建筑业	57
第三产业经营费用支出	1012
财产性支出	6
转移性支出	543
部分商业保险支出	40
购置资产及非经常性转移支出	2944
借贷性支出	347

5-7 脱贫县农村居民人均现金收支情况(2022年)

单位：元

指　　标	脱贫县
现金收入	**16306**
现金工资性收入	5968
工资	5864
其他工资性收入	104
现金经营性收入	5181
第一产业现金经营收入	2102
农业	1027
林业	110
牧业	856
渔业	109
第二产业现金经营收入	300
采矿业	2
制造业	73
电力、热力、燃气及水生产和供应业	11
建筑业	214
第三产业现金经营收入	2779
现金财产性收入	231
现金转移性收入	4926
现金支出	**17081**
现金生活消费支出	10919
生产经营现金费用支出	2282
第一产业经营现金费用支出	1197
农业	600
林业	16
牧业	535
渔业	46
第二产业经营现金费用支出	73
采矿业	0
制造业	16
电力、热力、燃气及水生产和供应业	0
建筑业	57
第三产业经营现金费用支出	1012
现金财产性支出	6
现金转移性支出	543
部分商业保险支出	40
购置资产及非经常性转移支出	2944
借贷性支出	347

5-8 脱贫县农村居民人均食物消费量(2022年)

单位：公斤

指　　标	脱贫县
谷物消费量	167.41
薯类消费量	1.13
豆类消费量	9.92
油脂类消费量	10.45
蔬菜及菜制品消费量	89.44
肉类消费	35.17
禽类消费	14.61
水产品消费	8.27
蛋类及蛋制品消费	9.81
奶和奶制品消费	3.53

5-9 脱贫县农村居民健康状况(2022年)

单位：%

指　　标	脱贫县
有病能否及时就医构成	
是	99.9
否	0.1
不能及时就医的主要原因构成	
经济困难	21.8
医院太远	65.0
没有时间	
本人不重视	
小病不用医	
其他	13.2

5-10 制造业采购经理(PMI)分月指数(2022年)

单位：%

指　　标	1月	2月	3月	4月	5月	6月
制造业采购经理指数	48.5	49.4	49.6	48.2	49.8	50.2
生产	49.9	50.9	51.8	46.0	50.9	53.3
新订单	47.8	48.7	48.4	43.5	48.5	48.9
新出口订单	47.7	44.3	45.7	44.3	44.2	49.1
在手订单	39.4	42.4	43.3	45.6	45.4	43.5
产成品库存	45.9	44.4	48.1	47.8	48.6	51.0
采购量	49.0	52.2	48.5	47.8	50.0	51.5
进口	50.1	59.3	52.5	50.8	47.9	51.3
主要原材料购进价格	54.2	61.4	66.6	68.2	60.3	56.5
出厂价格	49.3	52.3	54.9	53.6	51.4	48.6
原材料库存	46.8	47.1	46.7	46.3	48.9	47.6
从业人员	48.1	49.0	50.6	49.3	50.3	51.6
供应商配送时间	50.9	49.5	51.2	38.9	49.7	52.4
生产经营活动预期	59.1	59.5	59.8	57.2	54.7	57.6

5-10 续表

单位：%

指　　标	7月	8月	9月	10月	11月	12月
制造业采购经理指数	49.5	48.7	50.2	49.3	48.2	47.4
生产	47.5	45.5	51.9	50.7	48.1	46.4
新订单	51.9	48.1	49.6	50.6	45.5	45.5
新出口订单	49.7	50.6	44.6	53.2	45.3	47.3
在手订单	41.8	40.9	41.3	42.0	47.3	37.5
产成品库存	43.9	42.5	40.6	42.5	51.4	41.3
采购量	48.8	50.7	49.9	47.6	48.4	45.5
进口	51.7	53.5	48.4	46.5	44.2	48.2
主要原材料购进价格	43.6	52.4	53.0	51.3	57.4	53.3
出厂价格	42.6	48.3	50.4	48.1	52.2	47.5
原材料库存	48.1	54.3	50.6	42.3	48.2	44.2
从业人员	49.1	50.0	49.7	46.1	49.3	43.1
供应商配送时间	50.7	50.4	50.9	46.5	47.6	39.2
生产经营活动预期	54.0	60.2	62.2	59.3	56.4	47.7

5-11 制造业采购经理(PMI)按企业规模分月指数(2022年)

单位：%

指　　标	1月	2月	3月	4月	5月	6月	7月	8月	9月	10月	11月	12月
制造业采购经理指数	**48.5**	**49.4**	**49.6**	**48.2**	**49.8**	**50.2**	**49.5**	**48.7**	**50.2**	**49.3**	**48.2**	**47.4**
按企业规模分												
大型企业	54.6	55.4	56.1	50.2	51.6	52.9	56.3	54.1	55.1	53.5	52.5	49.5
中型企业	50.2	48.0	49.9	46.1	50.9	51.3	50.0	52.0	49.2	50.4	50.7	53.5
小微型企业	45.1	48.0	47.0	48.8	48.4	48.5	46.7	44.6	49.1	47.1	45.0	42.7

附录一、各省（自治区、直辖市）主要社会经济指标

附录1-1 各省(区、市)人均可支配收入(新口径)(2022年)

单位：元

地区	全体居民			城镇常住居民			农村常住居民		
	2022	2021	增速(%)	2022	2021	增速(%)	2022	2021	增速(%)
全国	**36883**	**35128**	**5.0**	**49283**	**47412**	**3.9**	**20133**	**18931**	**6.3**
北京	77415	75002	3.2	84023	81518	3.1	34754	33303	4.4
天津	48976	47449	3.2	53003	51486	2.9	29018	27955	3.8
河北	30867	29383	5.1	41278	39791	3.7	19364	18179	6.5
山西	29178	27426	6.4	39532	37433	5.6	16323	15308	6.6
内蒙	35921	34108	5.3	46295	44377	4.3	19641	18337	7.1
辽宁	36089	35112	2.8	44003	43051	2.2	19908	19217	3.6
吉林	27975	27770	0.7	35471	35646	-0.5	18134	17642	2.8
黑龙江	28346	27159	4.4	35042	33646	4.1	18577	17888	3.8
上海	79610	78027	2.0	84034	82429	1.9	39729	38521	3.1
江苏	49862	47498	5.0	60178	57743	4.2	28486	26791	6.3
浙江	60302	57541	4.8	71268	68487	4.1	37565	35247	6.6
安徽	32745	30904	6.0	45133	43009	4.9	19575	18368	6.5
福建	43118	40659	6.0	53817	51140	5.2	24987	23229	7.6
江西	32419	30610	5.9	43697	41684	4.8	19936	18684	6.7
山东	37560	35705	5.2	49050	47066	4.2	22110	20794	6.3
河南	28222	26811	5.3	38484	37095	3.7	18697	17533	6.6
湖北	32914	30829	6.8	42626	40278	5.8	19709	18259	7.9
湖南	**34036**	**31993**	**6.4**	**47301**	**44866**	**5.4**	**19546**	**18295**	**6.8**
广东	47065	44993	4.6	56905	54854	3.7	23598	22306	5.8
广西	27981	26727	4.7	39703	38530	3.0	17433	16363	6.5
海南	30957	30457	1.6	40118	40213	-0.2	19117	18076	5.8
重庆	35666	33803	5.5	45509	43502	4.6	19313	18100	6.7
四川	30679	29080	5.5	43233	41444	4.3	18672	17575	6.2
贵州	25508	23996	6.3	41086	39211	4.8	13707	12856	6.6
云南	26937	25666	5.0	42168	40905	3.1	15147	14197	6.7
西藏	26675	24950	6.9	48753	46503	4.8	18209	16935	7.5
陕西	30116	28568	5.4	42431	40713	4.2	15704	14745	6.5
甘肃	23273	22066	5.5	37572	36187	3.8	12165	11433	6.4
青海	27000	25919	4.2	38736	37745	2.6	14456	13604	6.3
宁夏	29599	27904	6.1	40194	38291	5.0	16430	15337	7.1
新疆	27063	26075	3.8	38410	37642	2.0	16550	15575	6.3

附录1-2　各省(区、市)人均消费支出(新口径)(2022年)

单位：元

地　区	全体居民			城镇常住居民			农村常住居民		
	2022	2021	增速(%)	2022	2021	增速(%)	2022	2021	增速(%)
全　国	**24538**	**24100**	**1.8**	**30391**	**30307**	**0.3**	**16632**	**15916**	**4.5**
北　京	42683	43640	-2.2	45617	46776	-2.5	23745	23574	0.7
天　津	31324	33188	-5.6	33824	36067	-6.2	18934	19285	-1.8
河　北	20890	19954	4.7	25071	24192	3.6	16271	15391	5.7
山　西	17537	17191	2.0	21923	21965	-0.2	12091	11410	6.0
内　蒙	22298	22658	-1.6	26667	27194	-1.9	15444	15691	-1.6
辽　宁	22604	23831	-5.1	26652	28438	-6.3	14326	14606	-1.9
吉　林	17898	19605	-8.7	21835	24421	-10.6	12729	13411	-5.1
黑龙江	20412	20636	-1.1	24011	24422	-1.7	15162	15225	-0.4
上　海	46045	48879	-5.8	48111	51295	-6.2	27430	27205	0.8
江　苏	32848	31451	4.4	37796	36558	3.4	22597	21130	6.9
浙　江	38971	36668	6.3	44511	42193	5.5	27483	25415	8.1
安　徽	22542	21911	2.9	26832	26495	1.3	17980	17163	4.8
福　建	30042	28440	5.6	35692	33942	5.2	20467	19290	6.1
江　西	21708	20290	7.0	25976	24587	5.6	16984	15663	8.4
山　东	22640	22821	-0.8	28555	29314	-2.6	14687	14299	2.7
河　南	19019	18391	3.4	23539	23178	1.6	14824	14073	5.3
湖　北	24828	23846	4.1	29121	28506	2.2	18991	17647	7.6
湖　南	**24083**	**22798**	**5.6**	**29580**	**28294**	**4.5**	**18078**	**16951**	**6.6**
广　东	32169	31589	1.8	36936	36621	0.9	20800	20012	3.9
广　西	18343	18088	1.4	22438	22555	-0.5	14658	14165	3.5
海　南	21500	22242	-3.3	26418	27565	-4.2	15145	15487	-2.2
重　庆	25371	24598	3.1	30574	29850	2.4	16727	16096	3.9
四　川	22302	21518	3.6	27637	26971	2.5	17199	16444	4.6
贵　州	17939	17957	-0.1	24230	25333	-4.4	13172	12557	4.9
云　南	18951	18851	0.5	26240	27441	-4.4	13309	12386	7.4
西　藏	15886	15342	3.5	28265	28159	0.4	11139	10577	5.3
陕　西	19848	19347	2.6	24766	24784	-0.1	14094	13158	7.1
甘　肃	17489	17456	0.2	25207	25757	-2.1	11494	11206	2.6
青　海	17261	19020	-9.2	21700	24513	-11.5	12516	13300	-5.9
宁　夏	19136	20024	-4.4	24213	25386	-4.6	12825	13536	-5.2
新　疆	17927	18961	-5.5	24142	25724	-6.1	12169	12821	-5.1

附录1-3 各省(区、市)居民消费和商品零售价格指数(2022年)

上年同期=100

地 区	居民消费价格指数	商品零售价格指数
国 家	**102.0**	**102.7**
北 京	101.8	101.8
天 津	101.9	102.0
河 北	101.8	102.5
山 西	102.1	103.7
内蒙古	101.8	103.8
辽 宁	102.0	102.6
吉 林	102.1	103.1
黑龙江	101.9	102.5
上 海	102.5	101.7
江 苏	102.2	102.9
浙 江	102.2	103.2
安 徽	102.0	102.7
福 建	101.9	102.7
江 西	102.0	102.6
山 东	101.7	102.3
河 南	101.5	102.7
湖 北	102.1	102.8
湖 南	**101.8**	**103.2**
广 东	102.2	102.5
广 西	101.9	102.2
海 南	101.6	102.1
重 庆	102.1	102.5
四 川	102.0	102.9
贵 州	101.6	103.0
云 南	101.6	103.1
西 藏	101.5	102.7
陕 西	102.1	103.1
甘 肃	101.9	103.7
青 海	102.4	103.2
宁 夏	102.3	102.4
新 疆	101.8	102.8

附录1-4　全国36个大中城市居民消费和商品零售价格指数(2022年)

上年同期=100

地　区	居民消费价格指数	商品零售价格指数
平均指数	**102.1**	**102.5**
北京市	101.8	101.8
天津市	101.9	102.0
石家庄市	101.2	101.9
太原市	102.1	103.8
呼和浩特市	102.1	103.6
沈阳市	101.7	102.6
大连市	102.2	102.2
长春市	101.9	103.1
哈尔滨市	101.9	102.2
上海市	102.5	101.7
南京市	102.2	102.6
杭州市	102.4	102.9
宁波市	102.3	104.1
合肥市	102.4	102.7
福州市	102.4	103.1
厦门市	101.8	102.4
南昌市	101.8	102.8
济南市	101.4	102.2
青岛市	102.0	102.8
郑州市	101.2	102.4
武汉市	102.3	102.8
长沙市	**101.7**	**103.3**
广州市	102.4	102.5
深圳市	102.3	102.7
南宁市	101.7	102.2
海口市	101.1	101.8
重庆市	102.1	102.5
成都市	102.4	102.8
贵阳市	101.9	103.1
昆明市	101.7	102.7
拉萨市	101.8	102.9
西安市	102.2	103.1
兰州市	102.3	103.8
西宁市	102.5	103.0
银川市	102.0	102.2
乌鲁木齐市	101.6	103.1

附录1-5 各省(区、市)居民

地区	居民消费价格总指数	一、食品烟酒	粮食	鲜菜	畜肉	水产品	蛋
国家	**102.0**	**102.4**	**102.8**	**102.8**	**95.7**	**101.9**	**107.2**
北京市	101.8	103.1	101.2	101.2	97.7	103.5	106.1
天津市	101.9	102.2	102.9	98.8	97.4	98.6	107.4
河北省	101.8	102.7	104.3	99.8	96.4	100.6	106.4
山西省	102.1	103.7	105.7	103.1	96.4	100.5	105.8
内蒙古	101.8	102.0	102.7	100.8	96.2	97.3	105.8
辽宁省	102.0	102.9	101.2	105.2	96.5	101.7	107.5
吉林省	102.1	102.5	102.6	106.8	95.9	97.9	107.4
黑龙江省	101.9	102.2	102.1	99.8	96.9	101.4	108.5
上海市	102.5	104.5	103.4	112.3	98.3	106.8	116.0
江苏省	102.2	102.6	102.8	103.0	97.4	99.7	106.8
浙江省	102.2	102.6	101.4	102.8	96.0	102.5	104.8
安徽省	102.0	102.7	102.0	102.3	97.3	96.6	108.3
福建省	101.9	102.4	100.4	103.1	94.6	105.5	107.9
江西省	102.0	102.2	101.0	104.5	95.3	100.7	109.0
山东省	101.7	102.3	105.5	100.7	95.2	102.3	107.3
河南省	101.5	102.1	106.0	97.5	95.7	96.2	107.2
湖北省	102.1	102.2	101.1	103.6	95.7	97.0	106.7
湖南省	**101.8**	**101.4**	**102.3**	**102.4**	**95.5**	**97.4**	**107.8**
广东省	102.2	102.9	101.6	106.2	93.5	105.8	106.4
广西区	101.9	101.9	100.4	101.3	93.2	104.0	106.8
海南省	101.6	102.5	100.5	101.8	95.9	107.1	106.1
重庆市	102.1	103.9	101.7	106.8	99.8	101.8	108.9
四川省	102.0	101.9	103.8	101.8	96.2	100.7	105.8
贵州省	101.6	101.0	100.6	101.9	93.4	99.5	107.4
云南省	101.6	101.1	101.5	101.0	94.0	99.4	107.0
西藏区	101.5	100.8	100.5	102.2	99.1	102.0	114.1
陕西省	102.1	102.6	104.6	100.1	96.6	98.0	109.2
甘肃省	101.9	102.8	105.1	102.3	93.5	98.8	108.3
青海省	102.4	102.8	103.8	103.8	97.7	101.1	108.8
宁夏区	102.3	102.2	104.6	100.5	96.6	99.8	105.9
新疆区	101.8	101.4	101.9	107.1	94.3	103.2	106.8

消费价格分类指数(2022年)

上年同期=100

鲜　果	二、衣着	三、居住	四、生活用品及服务	五、交通通信	六、教育文化娱乐	七、医疗保健	八、其他用品和服务
112.9	**100.5**	**100.7**	**101.2**	**105.2**	**101.8**	**100.6**	**101.6**
115.4	100.6	100.6	101.6	105.0	100.6	100.7	101.6
113.0	101.4	100.3	101.6	105.9	101.8	100.2	100.3
115.2	99.7	100.7	100.6	104.5	101.4	100.5	101.8
118.3	101.6	100.4	100.8	104.6	101.3	100.3	101.4
113.2	100.3	100.5	101.1	105.8	101.2	100.3	101.8
113.4	99.2	100.5	100.9	105.9	101.8	100.1	101.8
111.3	99.7	101.9	101.4	104.9	101.2	100.7	101.7
111.6	101.0	101.3	100.6	105.5	100.9	100.5	101.3
112.0	99.0	101.0	102.0	104.4	103.5	102.1	100.6
112.3	101.2	100.9	102.0	104.9	101.6	101.9	101.8
112.1	100.4	100.7	101.8	105.1	103.1	100.3	101.8
116.0	101.3	99.8	101.0	105.3	102.8	100.9	102.0
114.5	100.0	100.9	101.3	104.9	101.4	100.3	101.5
117.5	100.5	100.9	100.8	105.6	102.1	100.2	101.6
112.8	100.3	100.5	101.1	104.8	100.4	100.4	101.8
112.6	100.4	100.1	101.1	104.4	101.3	100.7	101.4
110.9	101.0	101.4	101.4	104.7	102.3	100.3	102.4
112.3	**101.3**	**100.7**	**101.2**	**106.3**	**100.9**	**101.0**	**101.6**
112.7	100.6	100.6	101.2	105.8	102.2	100.4	101.6
113.5	100.7	100.4	100.5	104.5	104.0	100.9	101.0
111.2	100.0	99.3	100.6	105.0	102.1	100.0	100.5
117.4	100.0	99.9	101.4	105.5	101.6	99.7	100.6
110.6	101.4	101.0	101.3	105.4	102.0	100.6	101.7
109.1	100.6	100.5	100.8	105.4	101.5	100.3	101.4
106.7	100.4	100.2	100.8	105.4	101.6	100.8	102.2
102.9	100.8	100.5	100.5	106.1	100.3	99.9	102.0
112.5	100.5	101.1	101.0	103.8	103.4	100.8	101.9
112.5	100.4	100.8	100.9	105.0	100.9	100.5	101.2
114.2	101.5	101.1	101.2	104.7	103.6	100.4	100.9
106.4	99.2	100.9	101.4	106.8	101.5	102.3	101.1
113.2	99.8	101.4	101.0	106.1	100.7	100.0	102.3

附录1-6　全国36个大中城市居民

地　区	居民消费价格总指数	一、食品烟酒					
			粮食	鲜　菜	畜　肉	水产品	蛋
平均指数	**102.1**	**103.0**	**102.6**	**103.9**	**96.5**	**103.2**	**107.6**
北京市	101.8	103.1	101.2	101.2	97.7	103.5	106.1
天津市	101.9	102.2	102.9	98.8	97.4	98.6	107.4
石家庄市	101.2	102.3	103.1	100.5	97.2	99.0	107.2
太原市	102.1	104.1	105.0	106.1	97.0	102.7	108.1
呼和浩特市	102.1	102.9	104.0	102.3	97.0	96.0	110.5
沈阳市	101.7	103.5	98.9	110.8	96.1	99.6	104.8
大连市	102.2	102.7	101.7	102.8	97.0	101.5	110.2
长春市	101.9	103.3	104.8	110.8	96.8	97.5	106.7
哈尔滨市	101.9	102.2	100.5	100.8	99.4	101.3	106.2
上海市	102.5	104.5	103.4	112.3	98.3	106.8	116.0
南京市	102.2	102.7	102.5	102.7	99.2	100.0	107.5
杭州市	102.4	102.7	99.9	105.9	95.6	102.9	102.9
宁波市	102.3	103.1	102.9	100.9	95.2	104.1	103.2
合肥市	102.4	103.6	100.1	100.6	98.3	97.5	108.0
福州市	102.4	104.0	99.6	108.0	96.2	103.6	112.4
厦门市	101.8	101.3	101.1	100.9	93.6	105.4	106.4
南昌市	101.8	102.3	100.0	102.8	97.0	100.0	107.8
济南市	101.4	102.3	103.5	99.5	95.6	105.2	110.8
青岛市	102.0	103.0	106.2	105.5	93.8	105.5	105.5
郑州市	101.2	101.7	107.1	99.9	94.3	93.0	106.1
武汉市	102.3	102.6	101.5	103.4	96.2	98.0	105.5
长沙市	**101.7**	**101.3**	**102.7**	**100.3**	**96.1**	**97.8**	**108.9**
广州市	102.4	103.3	105.4	103.1	91.7	105.1	101.7
深圳市	102.3	103.4	99.1	104.0	95.0	106.2	108.3
南宁市	101.7	102.1	100.6	99.9	93.7	104.6	107.2
海口市	101.1	101.9	99.1	102.7	95.1	106.8	104.1
重庆市	102.1	103.9	101.7	106.8	99.8	101.8	108.9
成都市	102.4	102.4	105.9	99.8	96.5	103.5	104.5
贵阳市	101.9	101.4	101.6	103.9	95.3	101.1	107.1
昆明市	101.7	101.6	103.3	101.6	94.9	98.9	107.8
拉萨市	101.8	101.1	100.9	105.8	97.5	103.3	129.7
西安市	102.2	103.2	104.8	99.0	96.9	98.2	110.8
兰州市	102.3	103.6	105.3	99.5	93.5	99.0	111.1
西宁市	102.5	103.4	105.1	104.2	98.6	101.0	107.9
银川市	102.0	102.6	105.2	101.6	98.7	102.4	105.6
乌鲁木齐市	101.6	102.4	102.7	110.2	97.1	105.6	107.7

消费价格分类指数(2022年)

上年同期=100

鲜　　果	二、衣着	三、居住	四、生活用品及服务	五、交通通信	六、教育文化娱乐	七、医疗保健	八、其他用品和服务
113.4	**100.6**	**100.6**	**101.5**	**105.1**	**102.3**	**100.5**	**101.3**
115.4	100.6	100.6	101.6	105.0	100.6	100.7	101.6
113.0	101.4	100.3	101.6	105.9	101.8	100.2	100.3
110.2	99.3	100.5	99.9	103.0	100.8	100.4	101.8
117.5	102.1	100.4	100.7	104.3	101.0	100.1	100.8
114.6	100.4	99.5	101.8	106.9	102.1	100.0	101.3
117.4	98.0	99.3	101.0	105.7	101.4	99.8	101.7
108.9	99.7	100.1	101.5	106.5	103.6	100.1	101.3
111.6	99.8	100.1	101.9	104.8	101.1	100.8	101.2
109.7	101.8	101.0	100.7	105.5	101.0	100.0	101.1
112.0	99.0	101.0	102.0	104.4	103.5	102.1	100.6
110.4	101.4	100.8	102.9	104.1	102.1	102.6	101.8
111.1	99.9	100.9	101.6	104.6	106.4	99.4	101.9
115.7	99.7	100.4	101.0	105.8	102.2	101.8	101.5
118.4	101.2	100.3	101.4	104.8	103.2	100.3	102.1
122.1	100.9	100.1	102.0	105.9	101.6	100.4	102.1
110.3	101.7	102.0	101.4	104.0	101.3	100.3	100.2
118.6	101.5	100.3	100.6	105.8	101.0	100.3	103.2
115.1	101.0	99.8	101.6	104.3	100.6	100.4	100.7
112.0	100.8	100.8	101.4	105.8	100.3	100.7	101.5
111.2	101.2	98.4	101.6	104.5	103.2	100.4	101.3
109.2	100.7	101.8	101.4	104.8	102.7	100.2	102.3
111.2	**101.8**	**100.9**	**101.4**	**106.2**	**100.1**	**100.4**	**101.2**
120.9	101.6	100.8	100.5	105.7	102.8	100.4	100.7
108.3	100.9	100.3	101.3	105.5	102.6	100.0	102.3
110.3	99.5	100.6	101.6	104.5	102.6	99.1	103.1
110.3	100.5	97.9	100.4	104.6	102.4	99.1	100.3
117.4	100.0	99.9	101.4	105.5	101.6	99.7	100.6
113.1	103.3	101.3	102.9	105.8	102.0	99.7	102.0
106.7	100.8	100.9	101.0	105.8	101.9	101.1	100.9
105.5	100.6	100.1	100.5	106.0	100.9	101.6	102.4
104.5	100.6	100.4	100.9	107.6	100.9	100.3	104.2
115.2	102.3	100.7	100.8	103.3	104.2	100.0	101.4
114.6	100.3	101.6	100.7	105.3	100.7	100.5	100.8
115.4	102.2	100.9	101.5	103.9	104.3	100.4	100.4
104.1	99.1	100.0	101.7	106.9	101.0	101.9	100.3
114.0	97.8	99.6	101.2	106.6	100.8	99.9	102.1

附录1-7 各省(区、市)工业生产者出厂与购进价格指数(2022年)

上年同期=100

地区	工业生产者出厂价格指数	工业生产者购进价格指数
全国	**104.1**	**106.1**
北京	102.3	106.2
天津	105.8	104.4
河北	100.5	104.7
山西	111.4	109.7
内蒙古	108.6	111.2
辽宁	107.9	110.1
吉林	101.9	104.6
黑龙江	110.9	110.0
上海	102.6	104.9
江苏	103.2	105.8
浙江	104.0	106.1
安徽	103.2	104.0
福建	102.9	105.2
江西	103.5	109.4
山东	105.1	105.8
河南	105.0	105.7
湖北	103.4	107.8
湖南	**102.0**	**104.8**
广东	103.0	104.1
广西	102.5	107.3
海南	115.0	119.8
重庆	102.3	104.4
四川	102.8	105.8
贵州	105.7	111.2
云南	105.4	107.9
西藏	104.1	
陕西	107.3	106.2
甘肃	110.9	113.5
青海	112.2	114.0
宁夏	111.1	117.6
新疆	112.3	114.6

附录1-8　35个大中城市新建商品住宅同比价格指数(2022年)

上年同期=100

地　区	1月	2月	3月	4月	5月	6月	7月	8月	9月	10月	11月	12月
北京市	105.5	105.5	105.7	105.8	105.9	105.8	105.5	105.8	106.1	105.9	105.7	105.8
天津市	101.3	101.0	100.5	99.7	98.6	97.6	96.5	95.8	95.7	95.9	96.0	96.0
石家庄市	98.0	98.3	98.0	97.8	97.1	96.9	96.4	96.3	95.6	95.9	96.8	97.1
太原市	97.4	97.1	97.1	96.3	95.7	96.0	95.7	95.5	95.5	95.3	95.1	95.4
呼和浩特市	98.9	98.9	99.1	98.6	98.3	97.7	98.0	96.8	97.3	97.7	98.2	96.9
沈阳市	101.2	100.6	100.0	99.2	98.2	97.6	96.8	95.8	95.5	95.2	94.9	94.8
大连市	104.3	103.6	102.0	101.2	99.8	98.5	97.8	97.0	96.3	95.4	95.1	95.1
长春市	100.9	100.8	100.9	100.6	100.1	99.3	98.8	98.7	97.7	96.9	96.5	95.7
哈尔滨市	97.5	96.2	95.2	94.4	93.6	93.2	93.0	92.8	92.5	92.2	92.0	92.4
上海市	104.2	104.1	104.1	103.8	103.4	103.4	103.5	103.7	103.8	104.0	104.0	104.1
南京市	104.0	104.1	103.6	102.4	101.0	100.6	100.6	100.9	100.3	99.9	100.6	100.3
杭州市	105.8	106.0	106.2	106.3	106.1	106.3	106.6	106.5	106.5	106.4	106.6	106.4
宁波市	103.3	103.5	102.8	102.0	101.3	100.8	100.3	100.3	100.4	100.9	101.2	101.8
合肥市	102.5	101.2	100.1	99.5	99.4	99.7	100.3	100.4	100.7	101.5	101.9	101.6
福州市	103.2	103.1	101.6	100.4	99.7	99.6	99.7	99.0	98.2	97.9	98.0	97.7
厦门市	103.3	102.3	101.7	101.0	99.7	99.4	98.6	97.6	97.0	96.1	96.4	96.1
南昌市	100.5	100.8	100.8	100.7	100.9	100.3	100.9	100.8	101.2	101.5	101.9	101.8
济南市	105.0	104.8	104.5	103.5	102.9	101.7	101.4	101.0	100.9	101.5	102.0	101.9
青岛市	103.7	103.4	103.3	102.6	102.0	101.9	100.8	100.3	100.1	100.1	100.2	100.6
郑州市	101.5	100.8	99.4	98.4	97.5	96.6	96.4	96.2	96.2	96.2	96.4	96.6
武汉市	103.2	102.4	101.5	99.7	98.2	97.1	96.3	94.7	93.9	93.6	94.2	94.4
长沙市	**106.9**	**106.0**	**105.9**	**105.5**	**104.8**	**103.9**	**103.2**	**103.0**	**102.7**	**102.7**	**103.0**	**103.2**
广州市	104.5	104.2	103.0	102.0	101.0	100.3	100.4	100.3	100.1	100.2	100.2	100.4
深圳市	103.5	103.8	104.5	103.9	103.9	103.6	103.0	101.6	100.9	100.5	100.0	99.8
南宁市	101.8	100.9	100.2	99.9	99.6	99.2	98.0	97.7	97.5	97.0	96.5	96.6
海口市	103.7	102.8	103.0	102.3	102.4	101.5	100.8	100.7	100.6	100.5	100.8	101.0
重庆市	108.3	108.5	108.1	106.1	103.9	103.4	103.1	101.2	101.4	100.8	100.7	100.0
成都市	102.5	102.5	102.7	102.9	103.4	104.5	105.1	105.3	106.2	107.2	108.0	109.0
贵阳市	100.3	99.5	99.3	99.2	98.7	98.7	97.9	97.8	98.0	98.0	98.4	98.6
昆明市	99.4	99.2	98.1	97.1	96.6	97.1	97.2	97.2	97.3	97.3	97.5	97.0
西安市	105.9	106.1	105.6	105.2	104.9	104.2	104.1	103.6	102.5	101.8	101.4	102.0
兰州市	101.6	100.6	99.7	98.4	97.7	96.7	95.8	95.0	94.5	94.2	94.5	94.4
西宁市	102.7	101.2	100.4	99.8	98.0	97.5	96.9	96.0	95.5	95.3	95.7	96.4
银川市	107.7	106.8	106.6	106.2	105.4	104.7	104.2	104.3	103.5	102.7	101.8	102.3
乌鲁木齐市	102.6	102.3	102.9	103.2	103.2	102.9	102.3	101.4	101.1	101.2	101.7	101.7

附录1-9　35个大中城市二手住宅同比价格指数(2022年)

上年同期=100

地　区	1月	2月	3月	4月	5月	6月	7月	8月	9月	10月	11月	12月
北京市	108.0	107.4	107.2	106.5	105.3	104.5	104.1	103.9	104.6	105.2	104.1	103.9
天津市	100.7	100.8	100.1	99.3	98.0	97.4	96.5	95.8	94.4	93.9	96.5	93.6
石家庄市	96.1	95.9	95.5	95.1	95.1	95.0	95.3	95.5	95.6	95.6	95.3	96.6
太原市	96.0	95.6	95.1	93.8	94.7	95.2	94.5	94.5	94.5	94.3	94.5	95.3
呼和浩特市	98.2	97.6	97.1	97.0	96.6	96.0	96.0	94.9	95.0	95.5	96.0	94.9
沈阳市	101.1	99.7	98.5	97.6	97.0	96.3	95.4	94.5	94.1	93.8	95.4	93.1
大连市	103.2	102.4	101.3	99.7	98.6	98.2	97.8	97.1	96.2	95.4	97.8	94.9
长春市	99.2	99.0	99.2	99.4	97.4	96.3	95.5	94.9	94.5	94.1	95.5	93.6
哈尔滨市	97.9	96.6	95.5	94.0	92.8	91.6	91.1	90.5	90.5	90.3	91.1	90.9
上海市	105.8	105.3	104.6	103.7	103.0	102.3	102.4	102.8	103.9	103.9	102.4	102.6
南京市	102.7	101.3	100.3	99.1	97.6	96.5	96.3	96.6	96.6	96.2	96.3	96.3
杭州市	104.8	104.6	103.6	102.7	101.6	101.4	100.6	100.0	99.8	99.5	100.6	99.1
宁波市	101.8	101.5	100.9	100.1	99.4	99.2	99.1	98.6	98.5	98.3	99.1	98.4
合肥市	101.5	100.5	99.5	98.2	97.3	97.6	98.1	98.4	98.8	98.8	98.1	98.6
福州市	101.8	100.8	99.8	99.3	98.9	98.1	97.8	97.7	97.6	97.4	97.8	96.9
厦门市	101.0	100.4	100.1	100.0	100.4	100.4	99.6	99.0	98.7	98.6	99.6	98.4
南昌市	99.0	99.0	99.2	98.6	98.2	98.0	98.5	98.6	98.4	98.6	98.5	98.3
济南市	100.7	100.8	100.5	99.1	98.2	97.6	97.0	96.4	96.7	96.6	97.0	96.5
青岛市	101.1	100.8	100.5	99.4	98.7	99.0	98.4	97.9	97.5	97.0	98.4	96.6
郑州市	100.5	99.8	99.2	98.2	97.3	96.2	95.4	94.9	94.7	94.7	95.4	94.3
武汉市	101.3	100.1	99.1	98.1	97.3	95.9	95.4	94.9	94.4	94.2	95.4	93.9
长沙市	**104.4**	**103.7**	**102.9**	**101.9**	**101.4**	**100.7**	**99.9**	**99.6**	**99.6**	**99.9**	**99.9**	**99.9**
广州市	104.1	103.8	102.7	102.0	101.3	101.2	100.6	100.0	99.8	99.8	100.6	99.5
深圳市	98.5	97.4	96.7	97.2	97.4	96.6	96.5	96.4	96.5	96.5	96.5	96.3
南宁市	97.7	97.3	96.8	96.6	96.1	95.4	95.1	94.6	94.5	94.0	95.1	93.9
海口市	107.2	106.6	106.6	105.8	105.1	104.7	103.1	102.1	100.8	99.9	103.1	98.7
重庆市	104.7	104.4	103.7	101.9	100.5	100.1	100.2	99.8	99.1	98.5	100.2	97.9
成都市	103.6	103.3	103.2	103.6	103.8	105.4	106.7	106.8	107.0	107.5	106.7	109.1
贵阳市	97.8	97.7	96.6	96.0	95.0	94.6	94.1	94.8	95.3	95.0	94.1	96.0
昆明市	100.6	99.4	99.5	99.5	99.5	100.1	99.8	100.8	101.5	101.2	99.8	101.9
西安市	104.5	103.2	102.7	101.8	100.4	99.6	99.3	98.5	97.9	97.9	99.3	97.7
兰州市	100.4	99.4	98.7	97.9	96.4	96.0	95.2	95.0	94.9	94.8	95.2	94.9
西宁市	100.7	99.6	99.4	99.3	98.7	97.5	97.0	96.8	96.5	96.3	97.0	96.8
银川市	101.9	101.1	100.2	99.1	97.8	97.3	96.8	96.8	96.5	96.5	96.8	96.4
乌鲁木齐市	98.0	97.0	97.4	96.9	97.0	96.5	96.4	96.6	97.1	97.6	96.4	97.7

附录1-10　各省(区、市)主要农作物播种面积(2022年)

地　区	粮食(千公顷)
全　国	**118332.1**
北　京	76.7
天　津	376.7
河　北	6443.8
山　西	3150.3
内蒙古	6951.8
辽　宁	3561.5
吉　林	5785.1
黑龙江	14683.2
上　海	122.8
江　苏	5444.4
浙　江	1020.4
安　徽	7314.2
福　建	837.6
江　西	3776.4
山　东	8372.2
河　南	10778.4
湖　北	4689.0
湖　南	**4765.5**
广　东	2230.3
广　西	2829.3
海　南	273.0
重　庆	2046.7
四　川	6463.5
贵　州	2788.7
云　南	4211.0
西　藏	192.6
陕　西	3017.5
甘　肃	2699.8
青　海	303.5
宁　夏	692.3
新　疆	2433.9

注：以上数据来源于国家统计局2022年粮食产量数据的公告。

附录1-11　各省(区、市)主要农作物总产量(2022年)

地　区	粮食 (万吨)
全　国	**68652.8**
北　京	45.4
天　津	256.2
河　北	3865.1
山　西	1464.3
内蒙古	3900.6
辽　宁	2484.5
吉　林	4080.8
黑龙江	7763.1
上　海	95.6
江　苏	3769.1
浙　江	621.0
安　徽	4100.1
福　建	508.7
江　西	2151.9
山　东	5543.8
河　南	6789.4
湖　北	2741.1
湖　南	**3018.0**
广　东	1291.5
广　西	1393.1
海　南	146.6
重　庆	1072.8
四　川	3510.5
贵　州	1114.6
云　南	1958.0
西　藏	107.3
陕　西	1297.9
甘　肃	1265.0
青　海	107.3
宁　夏	375.8
新　疆	1813.5

注：以上数据来源于国家统计局2021年粮食产量数据的公告。

附录二

附录2-1　主要统计调查项目

住户收支与生活状况调查　住户收支与生活状况调查是国家重要统计调查项目，即通过对城乡居民家庭的经济和社会活动调查，反映城乡居民的生产、收入、消费、积累和社会活动情况的统计调查项目。开展住户收支与生活状况调查的目的是全面、准确、及时了解城乡居民收入、消费及其他生活状况，客观监测居民收入分配格局和不同收入层次居民的生活质量，更好地满足研究制定城乡统筹政策和民生政策的需要，为国民经济核算和居民消费价格指数权重制定提供基础数据。

住户收支与生活状况调查包括分省住户调查和分市县住户调查。分省住户调查以省为总体进行抽样，主要目的是准确反映全国及分省居民收支水平、结构、增长速度，收入分配格局以及政策对居民生活状况的影响。从2013年开始，国家在湖南13个市的市政府驻地的所有市辖区和湘西自治州首府吉首市以及部分有代表性的县市共抽选600余个小区6000余个住户进行常年入户登记调查，其调查数据代表全国和湖南全省。根据全省及各市州、县市区政府管理的需要，以准确反映分市县居民收支水平和增长速度为主要目的，在国家调查的基础上，分市县住户调查以市县为总体，对全省所有县市区进行抽样调查，一般每个县市的样本为120-140个住户。

消费价格调查　消费价格调查主要从事居民消费价格和城镇低收入居民基本生活费用价格调查。湖南消费价格调查专业的职能是：组织贯彻和实施流通消费价格统计制度；按规定编制和发布相应的价格指数；开展市场物价变动的分析与预测工作，为国家宏观调控提供决策参考依据；为党政领导和社会各界提供有关价格指数和分析资料。

生产价格调查　生产价格调查包括工业生产者价格调查和房地产价格调查。工业生产者价格调查包括工业企业产品第一次出售时的出厂价格和企业作为中间投入的原材料、燃料、动力购进价格（下简称工业生产者购进价格），调查主要目的在于及时、准确、科学地反映各工业行业产品价格水平及其变化趋势和变动幅度，为国民经济核算、宏观经济分析和调控、理顺价格体系等提供科学、准确的依据。房地产价格调查内容包括新建住宅和二手住宅销售价格、面积、金额等相关基础资料，主要目的是为了解重点城市房地产价格变动情况，分析研究房地产价格变动对社会经济发展的影响，满足国家宏观调控的需要。

农产品价格调查　农产品价格调查包含农产品生产者价格与指数、农产品集贸市场价格，是国家的重要统计项目之一。该调查是通过对农业生产经营单位和农产品集贸市场的调查，反映主要农产品生产者价格和集贸市场价格的调查项目，开展农产品价格调查的目的是监测农产品价格的变化，用农产品价格信息引导农村产业结构调整和农民增收，研究农业市场竞争力与农产品供求情况，满足国民经济核算需要。调查结果直接上报国家统计局。

农产品价格调查实施国家统一的方案，数据采集采取农户记账和访问调查相结合的方法。全省共抽选41个县（市区）690户农户和10个农产品集贸市场进行农产品价格调查。

以省为总体粮食产量抽样调查 以省为总体粮食产量抽样调查在全省43个县（市区）的300个村900个200米*200米样方中进行，逐丘登记调查样方农作物播种面积，早、中、晚稻抽取地块进行单产实割实测，其他粮食作物在每个调查村抽选农户入户登记面积和产量。根据调查组播种面积和单产情况推算全省各季粮食播种面积和总产。

以县为总体粮食产量调查 以县为总体粮食产量调查在全省65个粮食生产大县中进行，每县由国家统计局随机抽选15个村开展调查，调查方式与以省为总体一致，根据调查点播种面积和产量情况，结合大面积种植情况推算评估各粮食大县各季粮食播种面积和产量。

农产品中间消耗调查 农产品中间消耗调查在全省41个县（市区）随机抽取样本开展。

主要畜禽监测调查 为了及时准确反映全国畜牧业生产发展情况，为党和政府制定畜牧业发展政策，推动社会主义新农村建设提供科学依据，国家统计局按照《国务院关于促进生猪生产发展，稳定市场供应的意见》国发〔2007〕22号要求，在全国组织各调查总队开展主要畜禽监测调查。

主要畜禽监测调查分为以省为总体的猪牛羊禽监测调查和以生猪调出大县为总体的生猪生产监测调查两部分。全省猪牛羊禽监测调查的范围是全省所有的农户及畜禽生产经营单位，调查对象是辖区内猪牛羊禽大型养殖场户、抽中样本村的所有中小型养殖场户。生猪调出大县监测调查的范围是全省享受国家财政奖励的生猪调出大县的所有农户及生猪生产经营单位，调查对象是县辖区内全部生猪大型养殖场户、抽中样本村的所有中小型养殖场户。

大型养殖场户在全省范围内采取全数调查。中小型养殖场户及散养农户采取抽样调查，并推算全县总体数据。

农户固定资产投资抽样调查 改革开放以来，随着农村社会经济的全面发展，农村固定资产投资占全社会固定资产投资的比重也日益提高。农村固定资产投资统计调查数据的准确与否，直接影响着国民经济核算的质量和对宏观经济形势的趋势判断。

统计部门于1987年开始进行农户固定资产投资抽样调查统计，至2005年，农村固定资产投资包括农户固定资产投资与非农户固定资产投资。2005年11月国家统计局下发了《乡村社会经济调查方案》，要求只调查农村农户固定资产投资，不调查农村非农户投资（这部分由省统计局投资处进行统计）。农户投资从住户调查资料中取得，农户建房投资在农村住户调查村调查所有建房户。具体包括：农村农户固定资产投资情况和农户建房投资情况。

制造业采购经理指数调查 是通过对企业采购经理的月度调查结果统计汇总、编制而成的指数，它涵盖了企业采购、生产、流通等各个环节，是国际上通用的监测宏观经济走势的先行性指数之一，具有较强的预测、预警作用。PMI通常以50%作为经济强弱的分界点，PMI高于50%时，反映制造业经济扩张；低于50%，则反映制造业经济收缩。

调查范围涉及《国民经济行业分类》中制造业的31个行业大类，从全省抽取了302家样本企业进行调查。

脱贫县农村住户监测调查 国家统计局根据《中共中央国务院关于实现巩固拓展脱贫攻坚成果同乡村振兴有效衔接的意见》精神，开展脱贫县农村住户监测调查。为了提高监测的准确性和科学性，国家统计局建立一套完善的调查制度，通过对脱贫县农村居民现金和实物收支情况、住户成员及劳动力从业情况、居民家庭住房和耐用消费品拥有情况、家庭经营和生产投资情况、社区基本情况、县（市）社会经济基本情况等的追踪监测，反映脱贫县农村居民收支状况、变化趋势和帮扶成效，客观衡量居民生活改善情况，掌握脱贫县的宏观经济背景和社会发展状况，为科学制定巩固拓展脱贫攻坚成果、接续推进乡村振兴相关政策提供参考依据。

脱贫县农村住户监测调查实施国家统一的调查方案。数据采集采取调查户记账、访问调查及搜集有关部门数据等方法，主要表式有三种：即社区调查表、住户调查表、个人调查表。为保证调查内容的可靠性，通过科学抽样方法建立一套抽样调查网点，湖南共抽选 40 个脱贫县 3140 户进行农村住户调查，抽选 314 个村进行村级情况调查，调查样本每五年全部轮换一次。这套网点的调查数据是代表湖南脱贫县农村住户监测的法定数据。网点调查由国家统计局湖南调查总队负责实施，调查结果直接上报国家统计局。

农民工监测调查　农民工监测调查通过定期收集农民工相关信息，准确反映农民工数量、流向、结构、就业、收支、生活、社会保障及创业等情况，从宏观上把握农民工发展变化情况，为制定科学的农民工政策、加强和改善农民工工作提供科学依据。

农民工监测调查制度从 2008 年开始建立，初期为年报和半年报，从 2010 年开始，每季度定期进行调查。采用抽样调查方式进行，调查范围覆盖全国所有国家调查队所在的市级、县级国家调查队所在地区，主要调查农村地区农民工输出情况，故又称为“输出地农民工监测调查”。本项调查由国家统计局统一组织实施，湖南调查样本约 3460 户左右，五年进行一次样本大轮换。

附录2-2　主要统计指标解释

一、住户调查

住宅　指人工建造的，有墙、顶、门、窗等结构，具有独立入口，供人居住的房屋或场所。包括单元房、筒子楼、平房、四合院、独栋别墅等普通住宅，也包括工棚、工厂的集体宿舍，餐馆、发廊以及办公室等有人居住的场所。

住户　指居住在一个住宅内，共同分享生活开支或收入的一群人。居住在同一房间内、不共同分享生活开支的人群，每个人都视为一个住户。住家保姆、住家家庭帮工视为单独的住户。

住户成员　指居住在一个住宅内，所有与本住户分享生活开支或收入的人员。

常住成员　指住户成员中，经常在家居住、或者调查期内居住时间超过一半的人员，以及本住户供养的学生。常住成员是住户收支的调查对象。

可支配收入　指调查户在调查期内获得的、可用于最终消费支出和储蓄的总和，即调查户可以用来自由支配的收入。可支配收入既包括现金，也包括实物收入。按照收入的来源，可支配收入包含四项，分别为：工资性收入、经营净收入、财产净收入和转移净收入。计算公式为：

可支配收入=工资性收入+经营净收入+财产净收入+转移净收入

工资性收入　指就业人员通过各种途径得到的全部劳动报酬和各种福利，包括受雇于单位或个人、从事各种自由职业、兼职和零星劳动得到的全部劳动报酬和福利。

经营净收入　指住户或住户成员从事生产经营活动所获得的净收入，是全部经营收入中扣除经营费用、生产性固定资产折旧和生产税之后得到的净收入。计算公式为：

经营净收入=经营收入-经营费用-生产性固定资产折旧-生产税

财产净收入　指住户或住户成员将其所拥有的金融资产、住房等非金融资产和自然资源交由其他机构单位、住户或个人支配而获得的回报并扣除相关的费用之后得到的净收入。财产净收入包括利息净收入、红利收入、储蓄性保险净收益、转让承包土地经营权租金净收入、出租房屋净收入、出租其他资产净收入和自有住房折算净租金等。财产净收入不包括转让资产所有权的溢价所得，这应该计入“非收入所得”。

转移性收入　指国家、单位、社会团体对住户的各种经常性转移支付和住户之间的经常性收入转移。包括养老金或退休金、社会救济和补助、政策性生产补贴、政策性生活补贴、救灾款、经常性捐赠和赔偿、报销医疗费、住户之间的赡养收入，以及本住户非常住成员寄回带回的收入等。转移性收入不包括住户之间的实物馈赠。

消费支出　指住户用于满足家庭日常生活消费需要的全部支出，包括用于消费品的支出和用于服务性消费的支出。根据用途不同，消费支出可划分为食品烟酒、衣着、居住、生活用品及服务、交通通信、教育文化娱乐、医疗保健、其他用品及服务八大类。根据来源不同，消费支出可划分为现金消费支出、实物消费支出（含自产自用、来自单位、来自政府和其他社会组织）。

中位数　指将所有调查户按人均收入水平从低到高顺序排列，处于最中间位置的调查户的人均收入。

二、物价调查

居民消费价格指数　是反映一定时期内居民消费价格变动趋势和程度的相对数。居民消费价格指数分为食品烟酒、衣着、居住、生活用品及服务、交通和通信、教育文化和娱乐、医疗保健、其他用品和服务八个大类。

工业生产者价格指数　是反映工业产品价格变化趋势和变动幅度的统计指标，是工业品价格在不同时间和空间条件下平均变动的相对数。工业生产者价格包括工业品第一次出售时的出厂价格和企业作为中间投入的原材料、燃料、动力购进价格，是进行国民经济核算和经济管理的重要依据。

房地产价格指数　是反映房地产市场价格水平变动趋势和变动程度的相对数。包括新建住宅销售价格和二手住宅销售价格两项价格指数，其中新建住宅销售价格又包括保障性住房和新建商品住宅价格指数。目前使用较多的是新建商品住宅价格指数。

农产品生产者价格指数　是反映农产品生产者第一手（直接）出售其产品时实际获得的单位产品价格水平变动程度的相对数。开展农产品生产者价格调查是为了全面收集农产品生产者价格资料，客观反映农产品生产者价格水平和结构变动情况，满足农业与国民经济核算需要，为各级政府制定农业保护与农产品流通政策提供决策依据，向社会各界提供优质的农产品价格信息服务。

三、农业调查

常用耕地　指耕地总资源中专门种植农作物并经常进行耕种、能够正常收获的土地。

农作物播种面积　指实际播种或移植有农作物的面积。凡是实际种植有农作物的面积不论种植在耕地上还是非耕地上，也不论面积大小，均应统计。

全年农作物总播种面积　指上年秋冬播和本年春播、夏播以及南方地区的晚秋播，在本日历年度内（自 1 月 1 日到 12 月 31 日）收获的全部作物播种面积的总和。

夏收粮食　指上年秋冬播和本年春季播种、夏季收获的全部粮食作物，如冬小麦、大麦、元麦、蚕豆、豌豆、马铃薯等。不包括早稻和夏马铃薯。在湖南，夏收粮食又称作春夏收粮食或春收粮食。

秋收粮食　指本年春、夏季播种，秋季收获的粮食作物；在夏收作物收割后的耕地上播种、秋季收获的粮食作物也应计算在内。如：中稻、一季晚稻、早玉米、晚玉米、早高粱、晚高粱、谷子、甘薯（红薯）、大豆等。

生猪期末存栏 指本调查期末饲养生猪的总量，包括 15 公斤以下仔猪、待育肥猪（架子猪）和种猪等数量之和。

能繁殖母猪 是指猪龄约在 9 个月（包括 9 个月）以上的、具备繁殖能力的母猪。

自宰肥猪头数 指本调查期内自行宰杀的肥猪数量。本指标不包括因疾病等原因而被迫宰杀的生猪数量。

出售肥猪头数 指本调查期内以各种形式出售给任何单位或个人的已育肥肥猪的数量。但不包括出售仔猪、待育肥猪（架子猪）、种猪的数量。

生猪出栏头数 = 自宰肥猪头数 + 出售肥猪头数

肉类总产量 指调查期内各种牲畜及家禽、兔等动物肉产量总计。

农林牧渔业中间消耗 指农林牧渔业生产经营过程中所消耗的货物和服务的价值，包括物质产品消耗和非物质性服务消耗。物质产品消耗是指农林牧渔业生产过程中所消耗的各种物质产品的价值，包括外购的和计入总产出的自给性物质产品消耗，如种籽、饲料、肥料、农药、燃料、用电量、小农具购置、原材料消耗等；支付物质生产部门的各种服务费包括修理费、生产用外雇运输费、生产用邮电费等，以及其他物质消耗；非物质性服务消耗是指支付给非物质生产部门的各种服务费，如畜禽配种费、畜禽防疫医疗费、科研费、旅馆、车船费、金融服务费、保险服务费、广告费等。

四、农户固定资产投资调查

固定资产 指使用年限在规定的年限以上，单位价值在规定的标准以上，并在使用过程中保持原来物质形态的资产。农户所有的使用年限在两年及以上、单位价值在 1000 元以上的房屋建筑物、机器设备、器具工具等资产应作为固定资产统计。

固定资产投资完成额 指以货币形式表现的在一定时期内建造和购置固定资产的工作量以及与此有关的费用的总称。实际完成投资额根据建筑安装工程的实际完成工作量，实际已开始安装的设备、工具、器具的购置费，以及其他费用的实际发生额计算，包括消耗的建筑材料，购置设备、工具器具、大牲畜的费用，以及建造和购置固定资产所发生的人工费和其他有关的费用。

按投资来源分为：①国内贷款；②自筹资金；③其他。

按投资构成分为：①建筑工程；②安装工程；③设备工器具购置；④其他。

五、企业调查

制造业采购经理指数 简称 PMI，是通过对制造业采购经理的月度调查统计汇总、编制而成的指数，反映了经济的变化趋势，是经济运行活动的重要评价指标和经济变化的晴雨表，是经济监测的先行指标。由五个扩散指数即新订单指数、生产指数、从业人员指数、供应商配送时间指数、主要原材料库存指数加权而成。常以50%作为经济强弱的分界点：即当指数高于50%时，被解释为经济扩张的讯号。当指数低于50%，尤其是非常接近40%时，则有经济萧条的忧虑。

六、脱贫县农村住户监测调查

脱贫县　包括原832个国家扶贫开发工作重点县和集中连片特困地区县，以及新疆阿克苏地区7个市县原贫困地区。湖南省脱贫县，即原湖南贫困地区，包括原国家扶贫开发工作重点县和集中连片特困地区县，共40个县。

七、农民工监测调查

农民工　指户籍仍在农村，在本地从事非农产业或外出从业6个月及以上的劳动者。

本地农民工　指在户籍所在乡镇地域以内从业的农民工。

外出农民工　指在户籍所在乡镇地域外从业的农民工。